中南大学一流学科创新能力提升计划资助

中南大学 哲学社会科学学术成果文库

高新技术创新知识产权问题研究

刘 强 著

中国社会科学出版社

图书在版编目(CIP)数据

高新技术创新知识产权问题研究／刘强著．—北京：中国社会科学出版社，2021.2

（中南大学哲学社会科学学术成果文库）

ISBN 978－7－5203－8018－8

Ⅰ.①高… Ⅱ.①刘… Ⅲ.①高技术企业—知识产权—管理—研究—中国 Ⅳ.①D923.404

中国版本图书馆 CIP 数据核字(2021)第 040789 号

出 版 人　赵剑英
责任编辑　孔继萍
责任校对　刘　娟
责任印制　郝美娜

出　　版　中国社会科学出版社
社　　址　北京鼓楼西大街甲 158 号
邮　　编　100720
网　　址　http://www.csspw.cn
发 行 部　010－84083685
门 市 部　010－84029450
经　　销　新华书店及其他书店

印　　刷　北京君升印刷有限公司
装　　订　廊坊市广阳区广增装订厂
版　　次　2021 年 2 月第 1 版
印　　次　2021 年 2 月第 1 次印刷

开　　本　710×1000　1/16
印　　张　17.75
插　　页　2
字　　数　216 千字
定　　价　108.00 元

《中南大学哲学社会科学学术成果文库》和《中南大学哲学社会科学博士论文精品丛书》出版说明

在新世纪，中南大学哲学社会科学坚持“基础为本，应用为先，重视交叉，突出特色”的精优发展理念，涌现了一批又一批优秀学术成果和优秀人才。为进一步促进学校哲学社会科学一流学科的建设，充分发挥哲学社会科学优秀学术成果和优秀人才的示范带动作用，校哲学社会科学繁荣发展领导小组决定自2017年开始，设立《中南大学哲学社会科学学术成果文库》和《中南大学哲学社会科学博士论文精品丛书》，每年评审一次。入选成果经个人申报、二级学院推荐、校学术委员会同行专家严格评审，一定程度上体现了当前学校哲学社会科学学者的学术能力和学术水平。“散是满天星，聚是一团火”，统一组织出版的目的在于进一步提升中南大学哲学社会科学的学术影响及学术声誉。

中南大学科学研究部

2017年9月

摘　　要

绪论包括对高新技术含义的解读，以及相关创新活动与知识产权制度之间矛盾的辨析。高新技术是指在一个国家技术发展背景下，具有较高技术水平、具有新兴产业特点、具有前沿性并代表技术和产业发展方向，能够在较为广泛的范围内推动经济社会发展和产业升级的技术，在现阶段主要涵盖人工智能、生物医药、航空航天、新材料、新能源等技术领域。高新技术创新与知识产权制度之间存在的基本矛盾是高新技术创新现代化与知识产权制度发展相对滞后之间的矛盾。在基本矛盾之下存在三个方面的从属矛盾：高新技术创新类人化与知识产权创造制度相对保守之间的矛盾；高新技术创新开放化与知识产权许可相对僵化之间的矛盾；高新技术实施网络化与知识产权保护制度相对固化之间的矛盾。

第一章研究人类胚胎干细胞专利问题。(1) 人类胚胎干细胞具有重要的医疗价值。我国《专利审查指南》对干细胞技术可专利性的规定有积极修改，缓解了与鼓励技术发展的科技政策之间存在的矛盾。近年来，专利复审部门对人类胚胎干细胞发明的审查决定在可专利性客体范围以及其他实质性授权要件方面确立了具体规则。我国应当对违反伦理道德的人类胚胎干细胞种类、干细胞溯源、人胚胎工业或商业目的应用的判断标准等问题上放宽标准，并在新颖性、创造性、实用性、充分公开等方面体现干细胞发明的特殊性，促进干细胞技术和产业的发展。（2）日本专利法上有关胚胎干细胞发明的伦理观念曾发生过转变，并进行了部门法之间的协调。日本在胚胎干细胞发明实用性、创造性审查方面体现了特殊性，通过科技政策推动专利授权规则发展，并且较为合理地解决了发明专利授权与反垄断政策之间的互动问题。借鉴日本胚胎干细胞发明可专利性标准，我国应当从传统的抽象伦理观过渡到具体伦理观，注重科技政策与专利规则之间的协调，并适度拓展胚胎干细胞可专利性范围。（3）英国人类胚胎干细胞可专利性理念开放，认为涉及人类胚胎本身的干细胞发明违反道德观念。英国人类胚胎干细胞可专利标准较为宽松，认可非全能干细胞具备可专利性，对于干细胞来源及用途给予特定豁免。我国关于人类胚胎干细胞专利的审查标准可以借鉴英国制度经验，允许非全能干细胞获得专利授权，以“14 天”作为获取干细胞的胚胎发育时间界限，允许基于医疗和科研目的应用干细胞发明，以期完善我国人类胚胎干细胞专利审查标准。（4）随着以人类胚胎干细胞为代表的生物技术的发展，实用性标准在专利审查中具有更为重要的现实意义。美国、欧盟及英国的专利实用性标准及其在人类胚胎干细胞发明中的适用为我国提供了域外借鉴。我国专利实用性标准有可实施性、再现性、有益性等，与其他国家相比，标准较高。我国应当合理界定专利实用性标准，使其与科技政策相结合，并且与相关产业竞争力相适应。

第二章研究高新技术创新与知识产权司法审判问题。（1）推进国家治理体系和治理能力现代化是我国当前全面深化改革的总目标。我国知识产权司法审判体制改革是国家治理现代化的一个重要方面，应将其纳入司法改革的体系化框架。坚持规范论和实证论的路径选择，既从横向方面考量世界潮流的总体走向，又从纵向方面考量我国历史的进步方向。应当充分体现知识产权审判兼具商事审判和技术审判的双重属性，制定相应的专门化程序和审理规则，解决平行程序的迅捷化改革及技术审判的专业化改革等核心问题，采用“跟进式”和“渐进式”策略，提升知识产权司法保护的品质和国家治理能力。(2) 我国知识产权审判应当在技术化改革基础上进行商事化改革，体现知识产权实体法的商事性质，凸显当事人知识产权创造、运用活动及知识产权诉讼行为的营利属性。知识产权司法审判理念要相对区别于普通民事审判，并在保障营利与兼顾公平、市场导向与利益平衡、尊重意思自治与减少交易成本、保障交易安全与促进价值实现等方面进行商事化转型。在审判机制方面，要以商事法官或商事调查官为重点推进组织机构建设，引入法庭之友，并解决举证责任、诉讼利益分配及过错行为加重责任等问题，体现知识产权审判商事化改革取向。(3) 中国和欧盟近年来均在知识产权专门法院的建设上取得突破，欧盟计划成立统一专利法院，我国知识产权法院已经设立。知识产权专门法院有助于统一司法标准、避免重复诉讼、提高司法权威，并激励专利申请的积极性和创新活力。中欧知识产权专门法院在审级设置、机构配置和管辖权限等方面各有特点，并且分别采用了技术审查官和技术法官促进审判人员的专业化。在制度运行过程中，要注意克服专门法院过度专业化和中小企业公平参与诉讼机会缺失等问题。通过制度完善可以充分发挥知识产权专门法院的作用，促进知识产权制度的有效运转。

第三章研究高新技术创新知识产权管理与人才培养问题。(1) 高校科技成果混合所有制中高校和发明人将共同享有科技成果，明确划分各自所有的权利份额，并且根据该份额行使权利，获得收益并承担责任。在专利制度领域，混合所有制面临职务发明权属约定范围限制及专利共有权约定范围限制等问题。有必要明确职务发明权属约定优先原则，允许专利共有人约定共有份额并进行自由转让，使得混合所有制改革具有明确的法律基础，促进我国高校科技成果转化。（2）复合型知识产权人才应当具备职业理念、专业知识和执业能力三个层面的素质，并且此类人才培养具有前瞻性、层次性及系统性的特点。国家战略规划和政策措施已将培养复合型知识产权人才纳入其中，从战略层面重视其培养工作，强调知识产权人才培养的体系化建设与分类管理，并将学历教育与非学历教育并重。应当从职业责任感、创新精神、协同精神及全球化视野等方面对复合型知识产权人才进行职业理念的培养。由此，可以提高复合型知识产权人才培养质量，促进知识产权事业持续健康发展。（3）复合型知识产权人才培养模式在高校人才培养模式与国家及社会需求对接、人才培养的差异化及特色化、人才培养模式与评价机制相衔接等方面尚面临问题。为此，有必要合理解决复合型知识产权人才培养中的机构建设、专业设置、课程配置、教学方式、师资建设等问题，从而在相应培养模式下更好地培养具有职业理念、专业知识和执业技能的知识产权专门人才，促进知识产权事业发展。

第四章研究其他领域高新技术创新知识产权问题。（1）新型冠状病毒肺炎疫情引发药品等医疗发明专利问题。对于新型冠状病毒基因序列可专利客体问题，可以采用较为宽松的授权标准，从而鼓励对于病毒的基础性研究和利益分享。在新冠肺炎药品研发领域，应当通过建立专利池促进技术整合，降低交易成本，避免专利丛林问题。在新冠肺炎药品专利实施中，有必要积极通过颁发专利强制许可提高患者以合理价格获得药品的可能性。在新冠肺炎医疗发明专利政策方面，应当与我国发展水平相适应，加强法律制度及行政部门之间的协调配合，进行动态管理并加强国际合作。由此，可以有效解决疫情所带来的专利问题，提高应对疫情的医疗水平，并早日消除疫情影响。(2）智慧医疗领域研发活动较为活跃。人工智能算法是该领域的重要研究工具，研究工具专利延展性许可成为一种重要的许可形式。在智慧医疗研究工具专利延展性许可规制方面，存在专利权滥用规则门槛较高、延展性许可费标准不明确、相关市场界定复杂等困境。为此，有必要降低人工智能算法研究工具专利权滥用门槛、明确计算延展性许可费的影响因素、合理界定智慧医疗研发领域的相关市场、推进人工智能算法研究工具的开放共享，从而解决延展性许可问题，促进智慧医疗研发活动。(3）有害技术获得专利权的问题受到广泛关注，为推动专利制度改革和完善提供了契机。为应对该问题，应当在界定妨害公共利益的发明创造的范围、明确专利权的属性与权能、提高专利实用性判别标准、设定专利说明书对技术方案负面效果披露义务、允许依职权宣告专利无效和明确无效宣告法律效力，以及限制有害技术通过专利文献途径公开等方面进行制度完善，以期有效应对有害技术专利问题并消除公众的误解，充分发挥专利制度的功能。

目　录

绪　论

一　高新技术含义解读

高新技术概念及其含义的发展历经了一定的历史进程，是在经济全球化、技术信息化背景下逐步被纳入各国政府科技政策和法律规范之中的，有必要对其进行解读。高新技术这一词汇最早出现于西方国家，是对产品以及产业中含有较高技术含量以及水平经过一系列评估之后得到的结果。[①] 顾名思义，相对于传统技术而言，高新技术所涉及技术领域和技术成果的特点主要体现在“高”和“新”两个方面。首先，高新技术的技术水平较高，不再是19世纪以前机械化、电气化时代技术的简单重复，而是以新一代计算机技术和生物医药技术为代表以及主要推动力量的技术领域，在技术水平和产品工艺的技术性能方面远超传统技术。在20世纪80年代初，美国有关国际辞典第一

① 李巍：《高新技术企业涉税风险及其税负内控管理》，《管理观察》2017年第32期。

次将高新技术定义为应用或者涉及顶尖形式的技术。[1] 由此可以看到，高新技术代表了一个时代最为先进的技术水平，也超越了历史上任何其他时代科学技术的水平。其次，高新技术是新技术，这体现在技术内容和研发手段具有不同以往的新特点。在研发内容上，随着科技水平的提高，技术研发的对象和领域不断向宏观和微观两个方面发展。2010 年修订的《江苏省发展高新技术条例》规定，其所称高新技术系高技术和知识含量高、技术先进的新技术的简称。高技术是指处于当代科学技术前沿，知识密集，技术密集，对经济和社会发展有重大影响，能较快转化成新兴产业或者能大幅度提高产业附加值的技术和技术群。该条例第 2 条将高新技术区分为高技术和新技术两种类型，所称高新技术系高技术和知识含量高、技术先进的新技术的简称。在研发手段上，借助人工智能、互联网、区块链、生物科技等领域研发工具水平的提高，随着研发人员能够采用的研发手段也发生了革命性的变化，研发效率不断提高，研发成果以更为快速的状态呈现在世人面前。

我国学界和科技界对高新技术概念的重视和研究是在改革开放以后逐步发展起来的。在改革开放初期，我国国内企业技术水平不高，新技术主要依靠从国外引进，因此发展我国高新技术的主要任务是消化吸收国外先进技术。我国在 20 世纪 90 年代中期以前对高新技术产品没有明确的定义，在政策指导方面也存在模糊之处。[2] 此后，随着我国自主创新能力不断增强，《专利法》等保护高新技术知识产权的法律制度逐步建立和完善，对高新技术创新的政策推动和法律保障也

① 李巍：《高新技术企业涉税风险及其税负内控管理》，《管理观察》2017 年第 32 期。

② 张为付、武齐：《外国直接投资与我国对外贸易的实证研究》，《国际贸易问题》2005 年第 12 期。

日趋成熟。在现实需求不断发展的基础上，对高新技术含义及其发展规律的研究也逐步发展起来。学者们首先倾向于从字面意义角度对高新技术的含义进行界定。有学者认为，高新技术又被称为高技术、高科技、新兴性科技。[①] 高新技术的字面含义确实能较为确切地体现其首要特点，即较高的技术水平和较新的研发领域。随着知识经济时代的到来，从科学研究到技术开发的时间周期越来越短，这不仅意味着技术开发本身的形态和方式会发生显著变化，也会导致传统知识产权制度面临诸多不适应之处。有学者认为，“高新技术是指凭借科学研究、科学发明在原领域中革新的运作或在新领域中的发展”。[②] 这体现了高新技术发展的两个主要领域：一是利用新技术对传统技术或者产业进行改造，如利用人工智能或者互联网技术对工程机械等传统产业进行升级，实现“人工智能 + 传统产业 = 新型产业”的转型发展效果。二是高新技术在新兴技术领域的萌芽和发展。部分高新技术是在全新的技术条件和技术背景下产生的，在传统工业时代难以实现。尽管人工智能、3D 打印、生物基因等技术在多年前的小说或者电影中曾经作为虚构情节出现，体现了人们对于科技发展的美好愿望，但是当时并未将其作为能够在未来实现的技术对待。然而，高新技术发展的速度和水平还是超出了人们的想象，也切实地改变了社会生活。因此，虽然高新技术的含义本身可能还保持原来的基本内容，但是其涵盖的技术领域和技术成果的范围与二三十年前相比已经不可同日而语。高新技术的地域属性和时代特点也是对其含义进行解读的重要方面。对技术是否“高”“新”的界定必须在一定参照系的基础上进

---

① 陆文娟：《黄石市高新技术产业金融供给侧改革研究》，《湖北师范大学学报》（哲学社会科学版）2017 年第 5 期。

② 梁璐、刘曦昊：《高新技术企业金融资产配置与财务绩效的相关性研究》，《财务与金融》2019 年第 5 期。

行，这个参照系就是特定国家在特定发展时代背景下的技术水平和技术能力。高新技术固然可以在全世界范围内用相对统一的标准加以衡量，但是在不同国家和不同时代背景中能够成为“高新”的技术范围仍然会存在显著差别。有学者认为，中国对高新技术的定义是：新型技术、创新的成熟技术以及专利技术、专业技术和本国本地区没有的技术。[①] 国家相关政策文件也对高新技术及其含义进行了解读，并且主要从所涵盖的高新技术领域进行归纳。2016 年科技部、财政部、国家税务总局发布的《高新技术企业认定管理办法》依托《国家重点支持的高新技术领域》对高新技术企业所在技术及产业领域进行认定。这些领域包括：电子信息、生物与新医药、航空航天、新材料、高技术服务、新能源与节能、资源与环境、先进制造与自动化。有学者认为，我国定义高新技术的概念，指的是“863 计划”所选择的将会对社会经济和社会发展有着重大影响的生物、航天、信息、激光、自动化、能源以及新材料技术 7 个高新技术领域内的新技术。[②] 因此，援引政府战略及规划政策文件对高新技术含义及其技术领域进行解读也是厘清该概念的重要路径。2019 年修订的《湖南省高新技术发展条例》第 2 条对于“高新技术”的含义进行了较为明确的界定，认为是“列入国家和省划定的高新技术领域范围，处于当代科学技术前沿，能够对国民经济和社会发展产生重要影响并可较快转化成新兴产业、促进传统产业转型升级或者大幅度提高产品附加值的技术”。2010 年修订的《江苏省发展高新技术条例》对高技术进一步界定处于当代科学技术前沿，知识密集、技术密集、对经济和社会发展有重大影响，

---

① 陈默：《高新技术产业发展的影响因素分析》，《现代经济信息》2016 年第 4 期。

② 刘凯、于维同：《促进高新技术产业发展的法律支撑制度设计——以沈阳市为例》，《商场现代化》2015 年第 7 期。

能较快转化成新共产业或者能大幅度提高产业附加值的技术和技术群。2009 年制定的《浙江省高新技术促进条例》第 2 条将“高新技术”认定为“科技含量高，应用性强，具有创新性、先导性等特征，能促进现有产业改造提升或者转化为新兴产业的技术”。在上述地方性法规对“高新技术”的定义中，一方面突出了高新技术本身的前沿性和先进性，另一方面突出了高新技术对经济社会发展的引领和带动作用，特别是需要能够转化为对产业发展的有力推动。

本书认为，高新技术是指在一个国家技术发展背景下，具有较高技术水平、具有新兴产业特点、具有前沿性并代表技术和产业发展方向，能够在较为广泛的范围内推动经济社会发展和产业升级的技术，在现阶段主要涵盖人工智能、生物医药、航空航天、新材料、新能源等技术领域。

值得注意的是，高新技术在国民经济中的地位越来越重要，其发展速度也高于经济发展的总体水平，不仅在质上起到提高经济技术水平的推动作用，而且在量上越来越成为经济发展的重要引擎。2019 年，深圳高新技术产业产值已接近 26278 亿元。[①] 2018 年，江苏高新技术产业实现产值 5.63 万亿元，占全省规模工业企业总产值比重的 43.77%，对江苏经济增长做出了突出贡献。[②] 高新技术企业能够获得税收减免的政策优惠，在专利申请等知识产权保护方面的需求也较为强烈。为此，有必要研究高新技术创新与知识产权制度之间的辩证关系，为通过知识产权制度变革促进高新技术创新提供理论支撑，并为在高新技术创新背景下推动知识产权制度的发展提供论证基础。

---

① 胡蓉：《深圳高科技大跨越带来的启示》，《深圳商报》2020 年 6 月 19 日第 A01 版。

② 沈晓梅等：《江苏高新技术产业效率评价与驱动因素分析——基于 Malmquist - CLAD 的实证检验》，《华东经济管理》2020 年第 7 期。

二　高新技术创新与知识产权制度矛盾辨析

高新技术创新与知识产权制度发展之间存在密切的互动关系，一方面高新技术创新活动需要得到知识产权制度所提供的法律保障，另一方面高新技术创新也推动知识产权制度规则不断发展并更为适应于技术创新的需求。多位学者从高新技术产品、高新技术企业、高新技术产业等角度对知识产权制度在促进高新技术创新中的重要作用进行解读，提出“建立完善、有效的知识产权制度，改善知识产权保护的方式和手段，加强知识产权保护的力度”[①]，或者完善与知识产权相关的科技成果创造、产业化及信息公开技术等[②]。有学者认为中国提高专利保护强度有利于增加从其他国家进口高技术产品，特别是从技术发达国家进口国内难以生产的高技术产品。[③] 考虑到国际层面技术产业链的不断分化与组合，必要时可从国外通过产品进口、技术许可等方式获得高新技术是提高我国科技水平和产品水平的重要路径。因此，加强知识产权制度建设和完善知识产权执法机制将有力地推动高新技术创新活动，促进其转化实施。还有学者从更为微观的层面对提升高新技术企业知识产权管理绩效等问题提出加强企业内部知识产权管理等

① 陈柳钦：《高新技术产业发展的知识产权支持研究》，《新疆社会科学》2007 年第 6 期。

② 隋文香、张子睿：《促进高新技术产品创新的知识产权政策研究》，《科技与法律》2008 年第 4 期。

③ 魏浩：《知识产权保护强度与中国的高新技术产品进口》，《数量经济技术经济研究》2016 年第 12 期。

措施。[1] 我国知识产权制度的主要发展动力，已经从改革开放初期的应对外部国际贸易领域的谈判压力，转变为国内企业（尤其是高新技术企业）及有关产业自身创新发展的内生需求。自 2008 年颁布《国家知识产权战略纲要》以来，我国知识产权制度发展的主动性越来越强，《专利法》和《著作权法》已经分别进行了第四次和第三次修改，国内企业在主要知识产权法律以及相应具体制度规则（如《专利审查指南》）修改完善时积极主动发出呼声或者提出诉求，使得法律规范能够更好地回应企业创新发展的需求。

高新技术创新与知识产权制度之间存在“技术—政策—法律”三者互动问题，必然存在矛盾之处。[2] 首先，高新技术创新与知识产权制度之间存在基本矛盾是：高新技术创新现代化与知识产权制度发展相对滞后之间的矛盾（见图 0—1）。人工智能、云计算、区块链、物联网、生物医药等领域的高新技术发展日新月异，各国竞相在高新技术领域投入资金和在其他研发资源着力进行科技研发和技术实施，但是在高新技术知识产权保护法律制度发展方面则存在相对滞后的问题，影响了通过知识产权制度对高新技术创新进行有效地激励和保护。

其次，在基本矛盾之下有三个方面从属矛盾：

（1）高新技术创新类人化与知识产权创造制度相对保守之间的矛盾。高新技术创新具有类人化特点，即能够在一定程度上模拟人类的思维或者行为。这种类人化特点主要体现在两个方面：一是创新手段的类人化，例如人工智能可以模拟人类在智力成果领域的研

---

① 唐恒等：《高新技术企业知识产权管理与绩效分析》，《中国科技论坛》2011 年第 5 期。

② 刘强、母运龙：《人工智能科技政策与知识产权立法互动研究》，载陈云良主编《经济法论丛》（总第 33 卷），法律出版社 2019 年版。

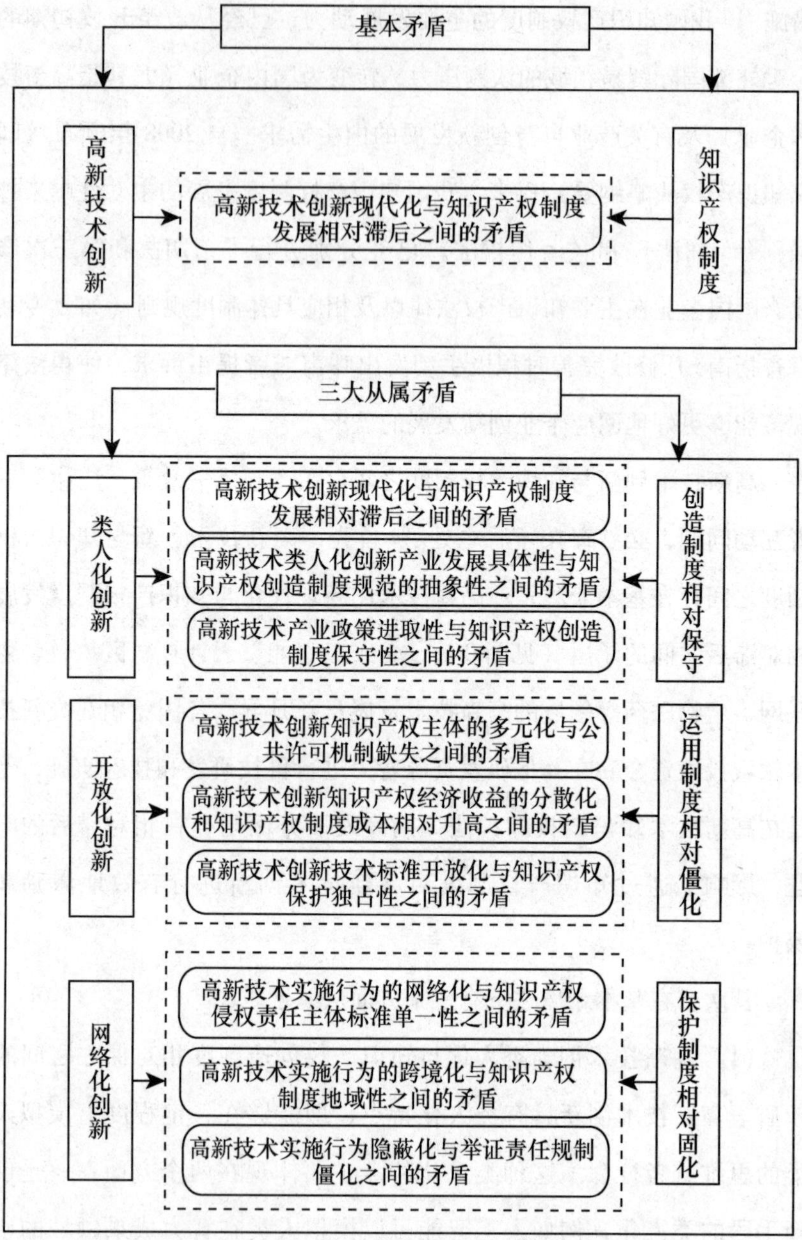

图0—1　高新技术创新与知识产权制度矛盾逻辑结构图

发思维，生成符合《著作权法》或者《专利法》保护标准的作品或者发明[①]；二是创新结果的类人化，其中包括创新结果在智力成果表现形式方面的类人化和创新结果在有形形态方面的类人化，前者主要是包含人工智能算法的发明创造等可以在技术手段上实现人类技术活动的发明[②]，后者主要体现为人类胚胎干细胞等在生物功能上属于人类个体雏形的发明[③]。高新技术创新类人化与知识产权创造制度相对保守之间的矛盾包括三个次级从属层面的矛盾：高新技术类人化创新动态性与知识产权创造制度保守性之间的矛盾；高新技术类人化创新伦理观念具体性与知识产权授权标准的抽象性之间的矛盾；高新技术产业政策进取性与知识产权创造制度保守性之间的矛盾。要解决高新技术创新类人化与知识产权创造制度相对保守之间的矛盾，需要突破传统上“以自然人为中心”的知识产权主体规则，扩大专利授权主体、客体的范围，使得知识产权制度内容更加丰富，为人类的发展做出贡献。在新型冠状病毒性肺炎（以下简称新冠肺炎）药物等研发领域，应当通过积极的产业政策推动知识产权法律规则及专利审查标准的发展。同时，也应当注意防范有害技术获得专利授权并产生负面效果的可能性。

（2）高新技术创新开放化与知识产权许可相对僵化之间的矛盾。高新技术创新具有开放化的特点，不同技术研发或者实施主体之间通过协同创新能够实现科技研发能力及效果的大幅度提升。[④] 然而，知识产权制度相对而言存在僵化的现象，尤其是“先许可，后使用”的传统知识产权许可机制不适应高新技术创新活动开放化、灵活化、快

---

① 刘强：《人工智能对知识产权制度的理论挑战及回应》，《法学论坛》2019 年第 6 期。

② 刘强：《人工智能算法发明可专利性问题研究》，《时代法学》2019 年第 4 期。

③ 参见本书第一章。

④ 刘强、刘忠优：《协同创新战略与专利制度互动研究》，《科技与法律》2018 年第 1 期。

速化的趋势。例如，在开放创新社区中实现的开放源代码软件和开放源代码硬件能够促进计算机软件或者3D打印产品的开放化创新，但是与传统知识产权许可机制存在相背离的情况。① 考虑到部分创新活动并不能产生显著的经济效益而主要是为下游创新活动提供技术基础，知识产权许可谈判所消耗的交易成本（包括经济成本、时间成本、机会成本等）将严重阻碍许可协议的有效达成和充分实施。② 知识产权许可机制实施问题甚至会影响对创新成果能否获得专利授权或者其他知识产权保护的认定。在人类胚胎干细胞可专利性问题中，考虑到此类技术是下游医疗产品（如再生医疗技术）研发的必要研发工具，因此不给予其专利授权反而可能避免对下游研发活动产生过于严格的管制效果。③ 高新技术创新开放化与知识产权许可相对僵化之间的矛盾也包括三个次级从属层面的矛盾：高新技术创新知识产权主体的多元化与公共许可机制缺失之间的矛盾；高新技术创新知识产权经济收益的分散化和知识产权制度成本相对升高之间的矛盾；高新技术创新技术标准开放化与知识产权保护独占性之间的矛盾。解决高新技术创新开放化与知识产权许可相对僵化之间的矛盾，有助于加强使用人在许可协议谈判中的权利保障，需要通过构建高校科技成果混合所有制、合理规制延展性专利许可、明确专利许可费用司法认定标准、有效适用标准制定组织的合理非歧视原则、专利侵权禁止令救济制度等，实现专利权人权利刺激技术创新竞争和公共利益的平衡发展。

（3）高新技术实施网络化与知识产权保护制度相对固化之间的矛盾。高新技术实施活动呈现网络化特点：一是单个技术实施可能依赖

---

① 刘强：《3D打印与知识产权法》，知识产权出版社2017年版，第21页。

② 刘强：《机会主义行为规制与知识产权制度完善》，《知识产权》2013年第5期。

③ 彭耀进：《中国干细胞知识产权保护的困境与对策》，《生命科学》2016年第8期。

多个网路用户的合作行为，二是单个技术实施可能需要多个其他技术进行网络化协同，由此才能产生使技术得到有效实施的效果。[①] 然而，知识产权制度在专利许可及专利侵权判定中的既有的规则存在相对固化的问题，使其与高新技术实施活动网络化特点存在矛盾。高新技术实施网络化与知识产权保护制度相对固化之间的矛盾同样存在三个次级从属层面的矛盾：高新技术实施行为网络化与知识产权侵权责任主体标准单一性的矛盾；高新技术实施行为跨境化与知识产权制度地域性之间的矛盾；高新技术实施行为隐蔽化与举证责任规则僵化之间的矛盾。解决高新技术实施网络化与知识产权保护制度相对固化之间的矛盾，需要突破传统上网络跨境侵权认定的困境，同时在侵权责任规制方面，调整知识产权人与侵权行为人之间在诉讼程序中的举证责任，平衡双方就高新技术实施所产生的利益共享与分配问题。值得注意的是，高新技术发展与商业模式更新之间的关系越来越密切，人工智能、大数据、云计算等技术对商业模式的影响也越来越显著，能够大幅度提高商业模式对消费者的适应性，增加技术产品或者服务的商业价值。在知识产权案件司法审判中，也呈现越来越强的商事化特点。[②] 为此，有必要结合我国《民法典》和知识产权司法审判体制机制的改革对此加以回应。此外，应当加强复合型知识产权人才培养，以满足高新技术创新所带来的知识产权创造、运用、保护和管理中的人才需求。

① 刘强：《技术网络化背景下的专利侵权判定——以云计算技术专利权为视角》，《北方法学》2014 年第 2 期。

② 参见本书第二章。

第一章 人类胚胎干细胞专利问题

第一节 我国人类胚胎干细胞可专利性问题

一 人类胚胎干细胞可专利性问题的由来

（一）人类胚胎干细胞技术发展引发可专利性问题

在高新技术创新中，作为生物技术领域十分重要的组成部分，人类胚胎干细胞（human embryo Stem Cells）因其具有很高的医疗价值而广受关注。干细胞作为人类基本类型细胞的一种，在生物学上处于尚未分化的状态，能够分化为组织及器官细胞。① 高度的自主更新和分化性是胚胎干细胞最显著的特点，这使得科学家认为其能够成为治疗帕金森、神经疾病和心血管等重大疾病的关键。② 但是，人类胚胎

① 目前获得人体胚胎干细胞有体外受精、选择性流产、体细胞核移植、孤雌胚胎四种方式。参见王延光《人类胚胎干细胞的来源与伦理思考》，《医学与哲学》2002 年第 2 期。

② 吴秀云、潘荣华：《人胚胎干细胞发明的可专利性探讨》，《科技管理研究》2015 年第 6 期。

干细胞有自身的特殊性，其来源、应用、获得方式等不可避免地与社会伦理道德观念有所冲突，导致其可专利性存在争议。人类胚胎干细胞是存在于人类早期胚胎中的一种具有发育全能性的高度未分化的原始细胞类型，在一定诱导条件下可以分化为组成人体的各种细胞，进而发育成完整的生命个体。[①] 人类胚胎干细胞蕴含巨大的医疗和商业潜力，故21世纪被称为“干细胞治疗时代”，该技术是新时期生命科学和医疗研究的前沿热点。但是，因为人类胚胎干细胞研究涉及破坏和毁灭人类胚胎，所以道德和伦理问题成为笼罩在相关研究上空的阴霾。胚胎干细胞的技术研究不仅带动着生物医疗技术的产业化，还关系材料科学、计算机技术、现代制造工程技术和生命科学等众多技术的相互渗透和发展。[②] 胚胎干细胞的可专利性问题影响着技术的创新和应用，而涉及胚胎干细胞可专利性的因素包括伦理道德、公共秩序、政策，以及包括实用性、新颖性和创造性在内的专利授权实质要件等。

当前，我国人类胚胎干细胞库拥有的资源量在全球名列前茅，干细胞基础研究水平与欧美同步，有关发明授予专利权问题值得研究。[③] 狭义的可专利性问题涉及人类胚胎干细胞发明是否属于可专利客体，广义的可专利性问题则涉及专利新颖性、创造性、实用性及说明书充分公开等实质性要件问题。在我国专利授权制度中，复审程序不仅为被驳回的专利申请人提供行政救济，而且在复审决定中所体现的审查意见还发挥着明确审查标准的业务指导作用。[④] 因此，相关复审审查

---

① 肇旭：《人类胚胎干细胞研究的伦理观分析》，《伦理学研究》2012年第1期。

② 裴雪涛：《干细胞与再生医学研究及其产业化前景》，《生物产业技术》2009年第3期。

③ 刘媛：《欧美人类胚胎干细胞技术的专利适格性研究及其启示》，《知识产权》2017年第4期。

④ 白鸽等：《从复审角度评析人胚胎干细胞的可专利性》，《中国发明与专利》2017年第11期。

决定对我国人类胚胎干细胞可专利性问题研究具有重要价值。

（二）人类胚胎干细胞专利涉及伦理问题

人类胚胎干细胞是胚泡内层细胞团的一组细胞，也是具有自我更新能力的多潜能细胞，在适当的条件下可以分化成人类机体细胞和组织（除胎盘和脐带等少数器官外），并最终发育为器官。[①] 它能在体外长期增殖且保持不分化状态和发育潜能。[②] 人类胚胎干细胞可以用于细胞治疗（cell therapy）、验证药物安全性和有效性，以及作为模型研究癌症和疾病进展[③]，具有非常重要的医疗价值和广阔的应用前景。

人类胚胎干细胞可专利性涉及专利法上的伦理道德判断，尤其是作为干细胞主要来源的胚胎在法律地位上是否等同于人。根据当前技术水平，在人类胚胎中提取干细胞不可避免地要对胚胎进行破坏。如果胚胎等同于人，是人类生命的一种形式，那么破坏胚胎提取干细胞等同于终止人类发育，势必违反人类社会公认的伦理道德，也不被法律所允许。此外，在干细胞技术转移和公共健康问题方面，作为基础性生物研究工具的干细胞发明，若被专利权人所垄断，既有可能造成下游研发者无法自由地获得该技术并进行后续研发，也会降低患者对干细胞医用材料的可获得性，危及公共健康等问题的解决。[④] 由此，

① 王玥等：《从专利角度分析国际干细胞技术研发态势》，《竞争情报》2017 年第 3 期。

② National Institutes of Health，"Guidelines for Human Stem Cell Research"，https：//stemcells. nih. gov/policy/2009 - guidelines. htm，2017 - 12 - 10.

③ 吴秀云、潘荣华：《人胚胎干细胞发明的可专利性探讨》，《科技管理研究》2015 年第 6 期。

④ R. Arora，"Rising Issues Relating to Balancing Public Access With Patentability in the Field of Human Embryonic Stem Cell Research in India"，*OIDA International Journal of Sustainable Development*，Vol. 6，No. 2，2013，pp. 65 - 76.

干细胞发明专利所涉及的公共利益值得关注。

（三）专利授权标准与科技政策之间的矛盾

我国人类胚胎干细胞相关研究近年来发展迅速，自干细胞建系技术出现以来，相关专利申请数量总体上呈增长趋势。① 根据专利检索，截至 2020 年 7 月，国家知识产权局公布的我国人类胚胎干细胞相关专利申请量达到 10535 件。② 这很大程度上得益于我国政府的支持，主要体现在与人类胚胎干细胞研究相关的科技政策文件中，如《国家中长期科学和技术发展规划纲要（2006—2020 年）》《干细胞研究国家重大科学研究计划“十二五”专项规划》均鼓励干细胞和组织工程等前沿技术研究与应用，争取实现干细胞与治疗性克隆等方面的关键性突破。2016 年，国务院和科技部还印发《“十三五”国家科技创新规划》及《关于发布国家重点研发计划干细胞及转化研究等重点专项 2017 年度项目申报指南的通知》，进一步将干细胞作为生物技术和临床医学的研究重点。

对于人类胚胎干细胞的可专利性，我国法律规定曾采取相对保守的态度。《专利法》第 5 条排除了对违反社会公德发明创造授予专利的可能性。2019 年 9 月《专利审查指南》修改后，胚胎的工业或商业目的应用、人类胚胎干细胞及其制备方法，以及处于各形成和发育阶段的人体（包括人的生殖细胞、受精卵、胚胎及个体），均认为不属于违反伦理道德而不能被授予专利权的发明。③ 对于干细胞研究给

---

① 白鸽等：《从复审角度评析人胚胎干细胞的可专利性》，《中国发明与专利》2017 年第 11 期。

② 数据来源为国家知识产权局官方网站，2020 年 7 月根据检索式“关键词 =（干细胞 and 人）”进行检索得到。

③ 参见本章第三节。

予扶持的科技政策，已较为充分地体现在专利审查标准中，两者之间尚未得到有效衔接的矛盾得到缓解。专利复审部门在此前审查决定中，尽管承认人类胚胎干细胞在医疗方面具有巨大应用潜力，但是仍然认为其并不因此而当然具备可专利性。[①] 在 2019 年 9 月修改《专利审查指南》之前，人类胚胎干细胞相关的核心发明创造在我国不能被授予专利权，这可能会阻碍该领域的研发投资活动，不利于技术和产业发展。

二　人类胚胎干细胞发明可专利性客体

专利审查中对于人类胚胎干细胞发明可专利性客体的认定，将涉及违反伦理道德规范的人类胚胎干细胞种类，人类胚胎干细胞的溯源，以及人类胚胎的工业或商业目的应用等问题。2019 年之前，我国专利复审及无效审查部门为国家知识产权局专利复审委员会，此后更名为国家知识产权局专利局复审和无效审理部。总体而言，专利复审部门传统上所采用的认定标准较为严格，有必要在干细胞技术发展新背景下予以放宽。

（一）违反伦理道德的人类胚胎干细胞种类

首先，由自然状态人类胚胎所产生干细胞可以分为三类，包括单能干细胞、多能干细胞和全能干细胞。其中，全能干细胞保留了人类胚胎的核心生物学功能，具有发育成完整人体的可能性。专利复审部门尚未对人类胚胎干细胞技术进行系统回应，在审查决定中将申请专利涉及的人类胚胎干细胞是否具有发育成完整人体的可能性作为判断

① 参见国家知识产权局专利复审委员会 17820 号、27204 号审查决定。

标准。该标准在“人多能干细胞生长和分化的技术”[①]“从灵长类动物胚胎干细胞制备胚状体的方法”[②] 等审查决定中均有阐述。并且，在“人胚胎干细胞衍生的造血细胞”[③] 审查决定中，专利复审委员会认为，“未分化的人胚胎干细胞群”本身具有分化的全能性，其可以分化发育为人的完整个体，可将其归为处于各个形成和发育阶段的人体，不能被授予专利权的发明。在“核重新编程因子”[④] 审查决定中，专利复审委员会认为，对于不具有发育全能性的人类细胞而言，并不属于人胚胎的范围，因此围绕其进行的生物学方法发明不违反伦理道德。在“源于人单性生殖胚泡的患者特异性干细胞系”审查决定中，专利复审委员会对“人类胚胎”的范围做出了宽泛的解释[⑤]：“人类胚胎”是从受精卵开始到新生儿出生前任何阶段的胚胎形式[⑥]；卵细胞、精子细胞等是发育形成胚胎乃至人所必需的生殖细胞，虽然自然状态下其本身不能单独发育成人体，但属于伦理道德范畴中所规定的发育阶段的人体。所以，对于“人类胚胎”的理解还应考虑其是否违反了伦理道德，其不应仅限于从自然状态下的受精卵开始到新生儿出生前的形式。值得注意的是，对于自然状态胚胎并无来源限制，依赖其所完成的技术方案均属于违反伦理道德的发明。在“重编程分化细胞和从重编程的细胞产生动物和胚胎干细胞的高效方法”审查决定中，专利复审委员会认为：“人类胚胎”的来源包括任意来源的胚胎，因而人卵裂球属于人胚胎形式，复审请求人所述的植入前的胚

---

① 参见国家知识产权局专利复审委员会 17820 号审查决定。

② 参见国家知识产权局专利复审委员会 22325 号审查决定。

③ 参见国家知识产权局专利复审委员会 27204 号审查决定。

④ 参见国家知识产权局专利复审委员会 26398 号审查决定。

⑤ 参见国家知识产权局专利复审委员会 73216 号审查决定。

⑥ 胚胎包括卵裂期、桑椹期、囊胚期、着床期、胚层分化期的胚胎等，参见国家知识产权局专利复审委员会 18784 号复审决定。

胎、从捐献者体内采集卵细胞后准备当作医学垃圾废弃的受精卵或早期胚胎收集而得到的胚胎，以及捐献者不想要的极早期胚胎也均属于上述范畴。①

其次，通过人工手段所形成的干细胞也不断出现。随着体细胞核移植、细胞重编程、孤雌胚胎、诱导多能细胞等新生物技术的发展，能够产生人类胚胎功能的细胞组织的手段不断拓宽，人类胚胎概念的范围也有扩大趋势。根据上述新技术，可以不破坏自然状态人类胚胎而获得干细胞，从而在一定程度上回避了传统干细胞技术产生的伦理问题。专利复审部门对于“人类胚胎”采用了宽泛解释的立场，认为其并不仅限于自然状态下人类胚胎的发育过程，也包括未受精的和不能发育到成熟期的胚胎形式。在“一种获得孤雌胚胎干细胞系的方法”审查决定中，专利复审委员会将伦理道德标准和《人胚胎干细胞研究伦理指导原则》第 2 条的规定结合起来，认定从生命伦理层面出发，生殖细胞（例如卵子）起源的干细胞属于人类胚胎干细胞，因此卵细胞孤雌激活获得的孤雌胚胎属于人类胚胎。② 在该决定中，专利复审委员会拒绝应复审请求考虑欧洲关于孤雌胚胎伦理问题的最新裁决观点，认为中欧在该问题伦理道德观念上存在差异。③ 相对而言，专利复审委员会对于体细胞核移植技术的伦理问题采取比较宽容的态度，未将其作为人类胚胎来对待。在“通过种间核移植制备胚胎细胞

① 参见国家知识产权局专利复审委员会 91797 号审查决定。

② 参见国家知识产权局专利复审委员会 89657 号审查决定。《指导原则》第 2 条：本指导原则所称的人胚胎干细胞包括人胚胎来源的干细胞、生殖细胞起源的干细胞和通过核移植所获得的干细胞。

③ 此处所指欧洲案件应当是欧洲法院审理的国际干细胞公司专利申请案 International Stem Cell Corporation v. Comptroller General of Patents, Designs and Trade Marks, Case C－364/13. 在该案中，法院认为孤雌细胞不具备发育成为人类的内在能力，所以不属于人类胚胎，具备授予专利权的条件。

或干细胞样细胞系”复审决定中，专利复审委员会仅将该技术与克隆人技术进行对照，未涉及是否属于“人胚胎”及其工业或商业目的应用的问题。[①] 并且指出，在判断发明涉及的伦理道德问题时，既要考虑发明目的是否与克隆人有关，还要考察权利要求技术方案是否只能应用于克隆人而无其他实质性用途，只有符合上述条件才属于未违背伦理道德的发明。

由此可见，传统上我国专利审查实践对专利法伦理道德规范的适用存在滞后性，难以应对人类胚胎干细胞技术和专利申请的发展，不利于我国人类胚胎干细胞技术及产业的进一步发展。应当注重专利审查标准与胚胎干细胞科学研究领域的伦理道德规范相衔接。其一，对于符合伦理道德途径所获得的自然胚胎，据此完成的干细胞发明属于可授予专利的范围。如前所述，已有复审援引了《人胚胎干细胞研究伦理指导原则》，但是仅在人类胚胎概念层面进行了参照，未考虑到该原则承认依赖特定来源胚胎进行的科学研究是符合伦理道德观念的，其中就包括体细胞核移植、体外受精时多余的配子或囊胚，以及自愿捐献的胚胎等，应当保持专利法领域与科学研究领域在同一伦理道德规范适用方面的一致性。在德国，对于胚胎生命和胚胎人类尊严的保护常常受到限制或豁免，可以让位于母体尊严、科学研究、医疗健康等其他更为重要的社会价值，某些情形下对胚胎进行破坏（如流产等）属于合法行为。[②] 其二，对于非自然来源胚胎应当认为符合伦理道德，据此完成的干细胞发明属于可授予专利的范围。对细胞重编程、孤雌胚胎、诱导多能细胞等新型干细胞技术进行伦理判断时，应

① 参见国家知识产权局专利复审委员会 4237 号审查决定。

② P. H. D. Batista, “Zur Patentierung menschlicher embryonaler Stammzellen – kritische Würdigung der Entscheidung des EuGH im Fall Brüstle”, *GRUR Int*, 2013, pp. 514 – 524.

当将审查标准从宽解释，从而使得专利法能够包容符合道德的胚胎干细胞发明。

（二）人类胚胎干细胞的溯源问题

专利复审部门的传统观点认为，只要专利申请所涉及干细胞的原始来源是人类胚胎，不论经过多少次分化和繁殖，均不能被赋予专利权。如在“人多能干细胞生长和分化的技术”审查决定中，专利复审委员会认为，专利申请技术方案所依赖的原料来源于直接从人胚泡中分离的多能干细胞，或者来源于已经建立的干细胞品系，其原始来源均需要从人胚胎中获得，都属于违反伦理道德的发明创造。① 在“从灵长类动物胚胎干细胞制备胚状体的方法”审查决定中，专利复审委员会认为，即便按照该专利申请权利要求的方法制备的胚状体只涉及细胞，并不能发育为完整的个体，但是因为其获得的途径必然是人胚胎，因此仍然不能被授予专利权。② 因此，专利复审委员会对干细胞来源采取的无限溯源的立场，严格限制了可授予专利发明的范围。

2010年，在“诱导人胚胎干细胞向肝脏细胞分化的方法及其专用培养基”复审决定中，专利复审委员会首次认可通过商业购买方式获得的人类胚胎干细胞系不违反伦理道德以及《专利法》第5条的规定。③ 在此之后，专利复审委员会基本确立了该标准，认为采用已经建立的、商品化的，并具有成熟、稳定性的人类胚胎干细胞系作为原始材料的相关发明创造具有可专利性。这一标准在“从人多能干细胞产生心肌细胞系细胞”“衍生自人胚胎干细胞的用于脊髓损伤的再髓

① 参见国家知识产权局专利复审委员会17820号审查决定。
② 参见国家知识产权局专利复审委员会22325号审查决定。
③ 参见国家知识产权局专利复审委员会24343号审查决定。

鞘化和治疗的少突胶质细胞”“人胚胎干细胞向胰腺内分泌谱系的分化”等复审决定中都有体现。①

目前，关于人类胚胎干细胞的溯源问题主要涉及两方面：其一，对于干细胞原始来源不再追溯。当发明创造涉及来自人的生物材料时，对其追根溯源都将归于来自人体或人胚胎，因此对人类胚胎干细胞相关发明创造原始材料的获得方式进行无限溯源，则认为其违反《专利法》第5条的规定会导致限制范围过宽的问题，不利于干细胞技术获得专利保护。② 其二，认可已经建立的、商品化的，并具有成熟、稳定性的人类胚胎干细胞系。如果干细胞发明涉及H1、H7、H9和BG01v等几类商品化的干细胞系，既能限制人胚胎滥用，又符合当前生物技术领域的惯常研究方法，同时不违背社会公德。③ 在德国Brüstle专利授权案中，法院认为如果可以使用现有技术方法通过不破坏胚胎而产生干细胞，该方法以及基于其实施的治疗方法可以被授予专利权。④ 值得注意的是，目前专利复审部门认可的人类胚胎干细胞系范围不能随意扩大。如在“由人类多能干细胞产生间充质干细胞的方法以及通过所述方法产生的间充质干细胞”审查决定中，专利复审委员会认为，复审请求人不能证明申请说明书中记载的车医院的人类胚胎干细胞以及车医院的“3号”人类胚胎干细胞株是成熟且已商业化的品系，因而认定复审请求人陈述的理由不具有说服力。⑤

---

① 分别参见国家知识产权局专利复审委员会46359号、42698号、115088号审查决定。

② 滕雷：《涉及胚胎干细胞的发明是否违反专利法第五条》，《中国知识产权报》2012年11月21日第11版。

③ 滕雷：《涉及胚胎干细胞的发明是否违反专利法第五条》，《中国知识产权报》2012年11月21日第11版。

④ 唐华东、王大鹏：《对我国人胚胎干细胞专利法律保护的思考》，《知识产权》2013年第5期。

⑤ 参见国家知识产权局专利复审委员会125779号审查决定。

（三）人胚胎工业或商业目的应用的判断标准

与人类胚胎干细胞溯源问题相似，判断人胚胎应用方式的标准总体上呈现由严到宽的趋势。在“重编程分化细胞和从重编程的细胞产生动物和胚胎干细胞的高效方法”及“来自人胚胎干细胞的间充质细胞和成骨细胞”复审决定中，专利复审委员会认为，尽管该发明“不必破坏人类胚胎”，但是只要涉及从人类胚胎中获取胚胎干细胞，则必须使用人胚胎，由于其仍然要使用人胚胎作为原料进行生产，因此属于人胚胎的工业或商业目的的应用，也同样违反伦理道德。[①] 之后，在专利复审委员会逐渐认可几类特定的人类胚胎干细胞系的基础上，判断人胚胎的工业或商业目的的应用的标准逐渐放宽。如在“诱导人胚胎干细胞向肝脏细胞分化的方法及其专用培养基”审查决定中，专利复审委员会认为，如果诱导分化方法的实施并不必然需要破坏人类胚胎，则在审查时不应触及人类胚胎的工业或商业目的的应用问题，也不因此否认其可专利性。[②] 在“使胚胎干细胞分化成表达 AQP-1 的细胞的方法”审查决定中，专利复审委员会认为，如果实施发明时所需的人类胚胎干细胞来自成熟的商品化人类胚胎干细胞系，因而无须破坏任何人类胚胎，则发明并不涉及人胚胎工业或商业目的的应用，不违反社会公德。[③] 类似观点在之后的多个复审决定中均有体现。[④]

对于人胚胎工业或商业目的的应用判断标准进行改进时，应当将符合伦理道德的科学研究或医疗使用与不符合伦理道德的工业及商业目

① 参见国家知识产权局专利复审委员会 91797 号、20548 号审查决定。

② 参见国家知识产权局专利复审委员会 24343 号审查决定。

③ 参见国家知识产权局专利复审委员会 76279 号审查决定。

④ 参见国家知识产权局专利复审委员会 103528 号、113180 号、114270 号、115107 号、115088 号审查决定。

的利用相区别。禁止人胚胎的工业或商业目的应用主要是防止出现如买卖胚胎、器官或组织、私自培育人体等，损害人类的权利，违反社会公德。但是，若提取人类胚胎干细胞的目的具有合法性，例如主要是对胚胎本身进行修复或者其他医疗目的，就不属于违反伦理道德的情况。欧盟立法机构表示，对于人类胚胎“工业或商业目的的应用”的禁止不应适用具有治疗或者诊断目的的发明。①《欧盟生物技术发明法律保护指令》第6条第2款在立法过程中，就曾将较为笼统的“使用人类胚胎方法”改为“人类胚胎工业或者商业目的使用”。因此，对于医疗等非工业或者商业目的使用行为不应排除在可专利性范围之外，《专利审查指南》在解释时也要注意人类胚胎符合道德使用行为可授予专利的问题。

三 人类胚胎干细胞专利授权的其他实质性要件

当人类胚胎干细胞相关发明创造符合伦理道德标准，能够成为专利授权客体时，专利新颖性、创造性、实用性以及充分公开等实质性要件将在是否授予专利权决定中起到重要作用。

（一）新颖性

专利新颖性是指发明不同于申请日以前已经为公众所知的现有技术，并且应当与其具有实质性区别。具备新颖性是专利申请为人类智力宝库做出贡献的基础性条件，也是获得专利授权的首要前提。根据新颖性判断规则，如果现有技术中对于某个技术特征使用了下位概

① J. Straus, “Zur Patentierung humaner embryonaler Stammze llen in Europa – Verwendet die Stammzellforschung menschliche Embryonen für industrielle oder kommerzielle Zwecke?” *GRUR Int* 59, No. 11, 2010, pp. 911 – 923.

念，而专利申请要求保护的技术方案采用了上位概念则不具备新颖性，反之则具有新颖性。[①] 在胚胎干细胞发明中，细胞、成熟细胞、干细胞等概念频繁出现，细胞属于后两者的上位概念，而成熟细胞和干细胞则属于并列关系互不包含。在“用于在细胞中诱导多能性的方法”专利复审案中[②]，原专利申请要求保护一种用于在细胞中诱导或维持多能性的方法，主要发明点是将细胞与增加生物学活性的物质相接触，而现有技术公开的技术方案与其主要差别在于将类似方法仅用于诱导干细胞或非成熟细胞，审查部门认为其不具有新颖性。为克服该缺陷，申请人在提交复审请求时将发明主题修改为“一种用于将成熟细胞诱导成多能性的方法”，复审委据此认可其具有新颖性。因此，要合理界定与干细胞有关发明中的生物学概念之间的上下位关系，体现干细胞在功能定位上与成熟细胞的差别，并由此判定新颖性。

（二）创造性

专利创造性是指发明与现有技术相比具有突出的实质性特点和显著的进步。在人类胚胎干细胞相关复审决定中，创造性问题主要涉及人类胚胎干细胞的分化和培养，大体可分为两类：其一，诱导技术在不同生物学对象之间的移植使用问题。将诱导多能细胞技术用于诱导胚胎干细胞不具有创造性。在“源自人胚胎干细胞的胰岛细胞”复审决定中，权利要求限定了已建立灵长动物多能干细胞细胞系和已建立人胚胎干细胞细胞系。[③] 专利复审委员会认为，本领域技术人员已知能够诱导胰腺干细胞成为具有内分泌功能的胰岛细胞的技术方案时，

① 参见《专利审查指南》第2部分第3章第3.2.2节。

② 参见国家知识产权局专利复审委员会112535号审查决定。

③ 参见国家知识产权局专利复审委员会87640号审查决定。

完全有动机考虑对更容易获得的、已建立的人类胚胎干细胞的细胞系尝试使用对比文件教导的细胞因子或其组合，诱导胚胎干细胞通过相同或相似的分化途径，分化为胰岛细胞。因此，权利要求不具有创造性。此外，干细胞诱导等技术在不同动物物种之间、不同分化器官之间的移植需要克服明显的技术障碍，可以获得创造性。在“用于诱导多能干细胞分化成神经前体细胞的方法”复审决定中，专利复审委认为，通过抑制剂诱导干细胞分化为不同类型细胞（例如神经前体细胞、心肌细胞以及阻止异养骨化）涉及不完全相同的调控通路，因此本领域技术人员无法以抑制剂在一种分化途径中的调控水平直接推断其在其他分化途径中的调控水平，也无法将不同抑制剂在不同分化途径中的调控水平直接类比。[①] 该发明具有创造性。其二，对干细胞系培养特征性标记物发明，如果能解决存在的技术问题，并且产生了有益的技术效果，则具有创造性。如在詹森生物科技公司“人胚胎干细胞的分化”复审决定中，权利要求请求保护一种产生表达胰腺内胚层谱系特征性标记物的细胞群的方法。[②] 专利复审委员会认为，本领域技术人员缺少完成发明的技术启示，权利要求非显而易见，因此专利申请具备创造性。类似的阐述在多个复审决定中均有体现。[③] 而在生命扫描有限公司“人胚胎干细胞的分化”复审决定中，专利复审委员会认为，仅从实施例以及附图无法得出细胞培养添加剂 B27 在对所有多能干细胞分化为 DE 谱系细胞的诱导分化作用中起到了意料不到的效果，也无法得出 B27 与激活素 A 的组合相比于胎牛血清（FBS）与激活素 A 的组合产生了显著的效果。[④] 因此，该技术方法不符合专利

---

① 参见国家知识产权局专利复审委员会 105440 号审查决定。

② 参见国家知识产权局专利复审委员会 117908 号审查决定。

③ 参见国家知识产权局专利复审委员会 115426 号、115088 号、98883 号审查决定。

④ 参见国家知识产权局专利复审委员会 85395 号审查决定。

创造性规定。

（三）实用性

专利实用性是指发明或实用新型能够在产业上制造或者使用，并且能够产生积极效果。基于干细胞来源的特殊性，相关发明创造可能涉及用外科手术方法从人体获取胚胎等其他组织细胞的步骤。《专利审查指南》对于非治疗目的外科手术方法否定了实用性，原因在于需要依靠医疗人员所具有的专业技能，并且实施效果因人而异不具有重复再现性。[①] 但是，如果干细胞发明步骤中并不必然包含外科手术方法，则不能否定其实用性。在“衍生自人胚胎干细胞的用于脊髓损伤的再髓鞘化和治疗的少突胶质细胞”复审决定中，专利复审委员会认为：首先，权利要求涉及的技术方案均未包括从非胚胎组织中获得多能干细胞的分离步骤；其次，权利要求的技术方案只与已经建立的灵长类多能干细胞系或人胚胎干细胞系相关。[②] 因此，只要发明步骤中所包含的非治疗目的外科手术分离方法并非技术方案中不可分割的一部分，就符合《专利法》关于实用性的规定。有关人类胚胎干细胞发明实用性问题将在本章第四节详细论述。

（四）充分公开及申请文件修改

专利申请人充分公开与发明有关的技术内容是获得专利权保护的基础性条件，也是换取专利授权所应当向社会支付的“对价”。根据《专利法》第26条第3款的规定，发明或者实用新型专利申请说明书应当满足充分公开的要求。此外，为防止专利申请人不恰当地扩大保

① 参见《专利审查指南》第2部分第5章第3.2.4节。
② 参见国家知识产权局专利复审委员会42698号审查决定。

护范围，节约审查资源，在专利申请及复审无效程序中，不得将超出原申请文件的技术内容补充到专利文件中。根据《专利法》第33条的规定，申请人对发明和实用新型专利申请文件的修改，不得超出原说明书和权利要求书记载的范围。

首先，不需要公开技术方案背后所蕴含的自然规律。由于生物技术的复杂性，即使能够完成有关技术方案的发明及确定其技术效果，生物学功能产生的机理未必得到澄清。但这并不影响本领域技术人员通过实施发明获得技术效果，因此不存在公开不充分问题。在“一种提高哺乳动物核移植胚胎早期发育率的方法”专利复审案中，尽管申请文件没有对使用“饥饿处理核细胞”来实现“提高核移植胚胎早期发育率”的机理进行论述，但是专利复审委员会仍然认为该专利申请“对如何处理非人哺乳动物的核细胞、如何将处理过的核细胞用于核移植的各个步骤以及工作环境各项指标做出了清楚地描述”，因此已经完成充分公开的义务。[①]

其次，允许删除得不到说明书支持的技术方案。因人类胚胎干细胞相关发明创造的特殊性，专利申请人为避免触及伦理道德标准会隐藏有关技术内容，导致公开不充分。在复审申请中，若删除了发明内容中因违反伦理道德而不被授予专利的部分，即涉及公开不充分、得不到实施例支持的技术方案，则该修改视为没有超出原说明书和权利要求书记载的范围。在“制备多潜能干细胞的方法，试剂盒及用途”复审决定中，专利复审委员会认为，驳回决定和前置审查意见中指出，涉及使用猴耳部皮肤的成纤维细胞作为靶细胞的技术方案公开不充分，复审请求人提交的权利要求书中，已删除了“灵长类动物”的技术方

① 参见国家知识产权局专利复审委员会8617号审查决定。

案，即已删除了涉及猴耳部皮肤的成纤维细胞作为靶细胞诱导多潜能干细胞的技术方案，因此修改后的权利要求克服了公开不充分的缺陷。[①] 在“对多能性干细胞和心肌细胞以外的分化细胞诱导细胞死亡的方法”复审决定中，专利复审委员会认为，复审请求人提交的说明书采取具体放弃的方式排除了三处属于因违反伦理道德而不能被授予专利权的发明，是对不可实施的情况采取的具体“放弃”的修改。[②] 因此，修改后的说明书符合《专利法》修改不得超范围的规定。

人类胚胎干细胞研究作为现代生物技术领域重要的组成部分，对我国科技水平提升和公共健康事业发展有着重要价值。我国该领域近年来干细胞研究发展迅速，应当在《专利法》伦理道德条款及实质性审查标准中保持宽容态度，避免传统伦理观念阻碍新型干细胞技术获得专利权，并体现干细胞发明在技术上的特殊性，从而促进该领域技术的开发和实施，增进患者健康福利。

第二节　日本人类胚胎干细胞可专利性及其启示

日本胚胎干细胞专利授权标准相对于欧美国家较为宽松，仅对明显冲击伦理观念的发明予以适当限制。[③] 随着胚胎干细胞的技术水平不断提升，技术的社会效益达到甚至超过人们的期望，制度成

① 参见国家知识产权局专利复审委员会 77660 号审查决定

② 参见国家知识产权局专利复审委员会 85395 号审查决定。

③ 吴秀云、潘荣华：《人胚胎干细胞发明的可专利性探讨》，《科技管理研究》2015 年第 6 期。

本也就随之降低，对于胚胎干细胞的可专利性也应当回归技术本身，由抽象伦理观到具体的伦理观，协调技术创新与专利制度之间的关系。

一　日本胚胎干细胞伦理问题与可专利性

在专利法领域，为获取对权利客体的垄断实施权，专利申请人必须证明其客体不落入专利法中“违反法律、社会公德或者妨害公共利益”的范围，也能够达到实用性、新颖性和创造性等标准。《日本民法典》第 1 条明确了“私权应当服从公共福利”的基本原则，日本《特许法》第 32 条有“有碍公共秩序、善良风俗或公共卫生之发明”不得授予专利的规定。① 因此，伦理问题成为判断涉及人类胚胎干细胞的发明能否授予专利的首要条件。

（一）日本胚胎干细胞伦理观念从抽象到具体的转变

日本专利法对依据生命伦理条款排斥发明可专利性问题持较为保守的态度，一方面为了防止该条款被滥用，另一方面为避免侵害实用性等其他条款的作用。② 对于胚胎干细胞本身及其来源方式，日本经历了从模糊到特定的过程，反映其作为专利审查标准的伦理观念从抽象性逐步过渡到具体性。这种变化在规则和实践两个方面得到印证。一是在日本专利审查基准规则中的体现。根据该基准，专利法涉及“公序良俗与国家社会”的“一般利益、道德观、伦理观”随着时代的变迁而变化也会因人而异，因此应当以“与时代一起变迁并因人而

① ［日］青山纮一：《日本专利法概论》，聂宁乐译，知识产权出版社 2014 年版，第 110 页。

② ［日］田村善之：《日本知识产权法》（第 4 版），周超等译，知识产权出版社 2011 年版，第 191 页。

异的道德观等规范性价值观为基础进行判断”[①]。相对而言，抽象伦理观念更为基础也更为稳定，具体伦理观念则相对灵活并且变动不居。日本专利法允许作为审查标准的道德观念不断变化，意味着会更多地采用具体伦理观念。二是在具体审查实践中，涉及胚胎干细胞的伦理道德判断标准在不同时期确实发生着变化。传统上，对于人类胚胎干细胞的来源方式存在模糊性，抑或专利申请人没有履行充分公开的义务时，日本特许厅往往会基于“发明的实施可能会破坏人类胚胎，材料的取得会影响公共秩序”而驳回专利申请。在1989—2001年的五个典型专利申请案中，均涉及胚胎干细胞的来源方式问题，并且朝着降低授权门槛的方向发展。

在最初有关人类胚胎干细胞的发明专利审查中，只要专利权利要求出现哺乳动物或者人类，并且涉及对人体操作，则会被认为必然违背伦理规范，从而将其专利申请驳回。在爱丁堡大学专利申请案中，申请人以“分离动物干细胞并对其进行富化及以此为基础的选择性增殖方法”向日本申请专利，但是由于申请中无法排除是否包含破坏包括人类在内的动物的胚胎以取得细胞的方法，被特许厅驳回。[②] 在加利福尼亚大学专利申请案中，申请人以“获得神经干细胞的单独分离细胞群的方法”等发明申请专利，但因为其包含的“哺乳动物”被解释为包括人类在内而被驳回。[③] 以上案件专利审查对于涉及伦理道德问题控制较为严格，主要是出于保护人类尊严不受损

① 参见日本《特許・実用新案審査基準》第三部分第5章《不特許事由（特許法第32条）》，https：//www.jpo.go.jp/shiryou/kijun/kijun2/pdf/h27_kaitei/all_201509.pdf，2018年10月2日。

② JP特愿平6－522943申请案，参见唐华东、王大鹏《对我国人胚胎干细胞专利法律保护的思考》，《知识产权》2013年第5期。

③ ［日］南条雅裕：《生命倫理を巡るヒトES細胞関連技術の特許適格性に関する一考察》，《パテント》2005年第12期。

害和胎儿基因自由选择权等目标而采用的。

此外，即使专利权利要求没有明确包括人类胚胎，但是只要涉及动物胚胎而未明确排除人类也会被拒绝授权。在阿姆拉多专利申请案中，申请人于1989年以特定“将胚胎干细胞从动物胚胎中分离的方法”及“维持胚胎干细胞的方法”提出专利申请，起初由于“动物胚胎”会包含人类胚胎而被驳回，之后申请人将动物胚胎限定为人类以外的胚胎，专利就得以授权。[①] 此后，日本有关胚胎干细胞专利审查伦理标准逐步放宽，原因在于满足干细胞技术及产业的发展需求，与日本干细胞领域发展状况相适应。1993年东梭公司以“维持未分化性的药物及培养液及维持和培养未分化性的方法”申请专利；2001年科学技术振兴机构以对特定“神经干细胞进行诱导分化并制造出运动神经细胞的方法”申请专利。[②] 与爱丁堡大学和加利福尼亚大学的专利申请案不同，上述两件专利均在没有将人类干细胞除外的情况获得了专利授权。随着日本国内干细胞产业发展逐步赶上世界先进水平，企业获得专利保护的内在需求不断增强，这使得专利审查部门克服抽象伦理观念的现实动力得到强化，最终反映到审查标准和授权结果上。

（二）日本胚胎干细胞伦理问题的部门法协调

日本胚胎干细胞伦理问题的解决涉及专利法与其他部门法之间的关系问题，其中包括专利法与民法一般规定、专利法与除民法以外的其他部门法，以及专利法与医学伦理规范等层面协调。

---

① JP特愿平1－508674申请案，参见唐华东、王大鹏《对我国人胚胎干细胞专利法律保护的思考》，《知识产权》2013年第5期。

②［日］南条雅裕：《生命倫理を巡るヒトES細胞関連技術の特許適格性に関する一考察》，《パテント》2005年第12期。

首先，专利法与民法一般规定之间的协调。人类胚胎具有发展成为胎儿的生物学潜能，因此属于受精卵和胎儿之间的过渡阶段。关于未出生胎儿的法律地位，一般有个别保护主义、概括保护主义和绝对保护主义之分，《日本民法典》即采取个别保护主义，认为胎儿的民事权利能力以出生为条件。① 可见，日本民法没有对胎儿、人类胚胎、胚胎干细胞采取绝对保护模式。考虑到专利法属于私法，在法律性质方面与民法具有共通之处，日本民法的有关规定也为胚胎干细胞发明的可专利性打开了一定的发展空间。日本专利法对于涉及胚胎干细胞发明设定授权标准时，并未超过民法一般规定，由此实现了专利法与一般民法在此问题上的协调统一。在日本专利法及审查基准中，并没有关于“人胚胎的工业或商业目的应用”不具有可专利性的具体规定。考虑到胚胎在日本民法中并未具备法律主体地位，因此可以在符合科学伦理的条件下进行实验研究和专利授权。

其次，专利法与除民法以外的其他部门法之间的协调。在日本专利法上，人类胚胎干细胞的来源方式影响胚胎干细胞的可专利性，折射出在专利授权方面对于公序良俗原则运用的具体化过程。但是，这不意味日本对于“人类胚胎”以及“胚胎干细胞”的概念有着明确的界定。日本民法典和专利法均没有明确人类胚胎及其干细胞的法律地位。因此，还有必要在专利法与除民法以外的其他部门法之间，尤其是与胚胎利用行政规制法律之间进行协调。在日本学者看来，日本一般将人类受精胚胎视为生命的萌芽②，并且在2000年制定的《关于

---

① 高子华：《论胎儿利益的保护》，《长春工业大学学报》（社会科学版）2013年第1期。

② 日本存在将神经系统发育完成的胚胎作为生命萌芽的观点，也有将卵子受精后开始发育的胚胎视作生命萌芽的观点。参见［日］森康晃《iPS細胞の特許と日本のバイオ・イノベーションの方向性について》，《人文社会科学研究》2009年第3期。

人类相关克隆等技术规制法》中，只是将人类受精胚胎与人类克隆胚胎相区分，明确人类胚胎不同于普通的人体细胞和胎儿，但是并没有界定胚胎中的细胞群的概念和法律地位。[①] 日本虽然禁止生殖性克隆，但是对于来源正当的胚胎干细胞的需求还是大力支持的，并且要求研发人员将处理特定胚胎的内容和所得成果及时予以公开。[②] 此外，2008 年前后日本在诱导式多能性干细胞（iPS，induced pluripotent stem cells）等类胚胎技术专利授权标准上的转变也体现了伦理道德观念的变化。

最后，专利法与胚胎干细胞医学研究伦理规范之间的协调。由于法律制度相对滞后，医学伦理规范在调整胚胎干细胞研究行为方面发挥着重要作用，专利法在胚胎干细胞伦理问题上也应当与之进行协调统一。随着剩余胚胎的利用效率不断提高，体外胚胎培养、体细胞核移植、细胞重编程、诱导多能细胞和孤雌生殖技术的研发，来源于人类体内胚胎以外的胚胎及干细胞得以维持和培养。为应对胚胎干细胞的来源方式多样化，解决胚胎干细胞来源审查中面临“无限溯源”的困境，欧盟法院和国际生物伦理委员会工作组都对“人类胚胎”的概念作了进一步界定，最突出的就是明确了允许技术研发的“胚胎干细胞”来源。[③] 日本于 2001 年施行《人类生殖规范法》，同年公布了《特定胚胎处理指南》，不仅对于胚胎进行了分类，而且允许在维护人性尊严和道德价值观念的前提下，为进行可移植人体的人类细胞器官的复制研究制

① 周江洪：《法制化途中的人工胚胎法律地位——日本法状况及其学说简评》，《华东政法大学学报》2015 年第 5 期。

② 周江洪：《法制化途中的人工胚胎法律地位——日本法状况及其学说简评》，《华东政法大学学报》2015 年第 5 期。

③ 范长军、李波：《人类胚胎干细胞技术的可专利性——欧洲法院 Brüstle v. Greenpeacee. V. 专利案述评》，《科技与法律》2014 年第 3 期。

造特定胚胎。[①] 此外，日本2001年公布的《人类胚胎干细胞研究准则》中规定了两层伦理学评论体系。[②] 日本严格的伦理审查制度对于胚胎干细胞技术的创新起到了一定的引导作用，这与日本知识产权战略中大力倡导原创性、基础性专利的立场相符合。

二　日本胚胎干细胞实用性与创造性问题

（一）日本胚胎干细胞实用性问题

实用性问题是生物技术领域发明获得专利授权的重要标准，并且应当独立于伦理道德标准加以适用。[③] 《日本特许法》和审查基准要求，获得专利授权的发明必须具备“工业上可利用性”。在日本专利审查中，“治疗方法”“对人进行手术、治疗或诊断的方法”属于科学发现而不是创造发明，都不具备“工业上可利用性”。[④] 考虑到生物材料在生物学功能方面的非直观性和不确定性，与实用性要求发明效果的具体性和特定性可能存在潜在冲突，因此成为日本专利审查部门研究的重点。日本的实用性判断标准也受到美国关于专利必须有益、有效的影响。[⑤]

对于胚胎干细胞的实用性问题，日本主流观点认为，虽然胚胎

---

① 文希凯：《国外胚胎干细胞利用立法综述》，载国家知识产权局条法司《专利法研究（2002）》，知识产权出版社2002年版，第260—270页。

② 参见［日］位田隆一《日本的人类胚胎干细胞研究》，王德顺译，《医学与哲学》2004年第4期。

③ 参见本章第四节。

④ ［日］青山纮一：《日本专利法概论》，聂宁乐译，知识产权出版社2014年版，第94页。

⑤ 在专利的实用性要件方面，美国专利法对发明实用性的审查中包括了有益的实用性原则，有害的、危险的或不道德的发明是缺乏实用性的，类似于我国实用性要件中的“有效性”。参见张晓都《专利实质要件》，法律出版社2002年版，第59页。

干细胞是从人体内取出，但是若在其表面发现了某种特定的抗原体，可以将该种细胞以不同于自然的形态取出，或者通过导入基因的方式创造出有新功能的细胞，则“可以在工业上应用”，有必要列为物质发明的保护对象。① 日本专利审查基准对于包括干细胞技术在内的再生医疗技术认可其实用性，认为其并非由医疗人员实施，具有产业发展前景。② 比照遗传基因专利实用性标准，在胚胎干细胞领域同样将生物学功能是否明确作为具备实用性的主要条件。③ 这也成为现在对于胚胎干细胞实用性的共识。相比于作为产品发明的胚胎干细胞本身，胚胎干细胞的培养、维持、诱导分化等技术则更少有关于出自人类自身、天然存在物质的质疑，具有更加明显的实用性。此外，考虑到干细胞技术研发等上游企业取得专利权有助于增强与下游大型医药企业合作时的谈判地位，如果前者所开发研究工具发明能够具体到下游企业直接实施的程度则具备实用性。④

由于胚胎干细胞等生物技术的不确定性高、技术通用性强以及产品多样性强，其技术标准化程度也较低，这影响了胚胎干细胞的实用性认定，提高了对于胚胎干细胞技术本身有益人体健康、具备稳定的可再现性的要求。日本的干细胞临床应用已经发生过造成危害生命健康的事例。⑤ 此外，京都大学 iPS 细胞研究所于 2017 年 1 月表示，由

① ［日］竹田英樹、壬生優子：《再生医療関連特許とiPS 細胞》，《日本知財学会誌》2008 年第 1 期。

② ［日］青山纮一：《日本专利法概论》，聂宁乐译，知识产权出版社 2014 年版，第 94 页。

③ ［日］田村善之：《日本知识产权法》（第 4 版），周超等译，知识产权出版社 2011 年版，第 187 页。

④ ［日］田村善之：《田村善之论知识产权》，李扬等译，中国人民大学出版社 2013 年版，第 96 页。

⑤ 参见王子灿《干细胞专利与科学的不确定性》，《武汉大学学报》（哲学社会科学版）2015 年第 2 期。

于有可能使用错误的试剂制造细胞，因而无法排除涉及安全性的危险隐患，因此不得不暂停提供部分再生医疗用 iPS 细胞；在此之前，山中伸弥教授对 iPS 细胞的人体健康风险进行了阐述。[①] 有关 iPS 细胞的制作、培养等技术除了会导致肿瘤的发生之外，还会诱使由其发育而成的嵌合体小鼠出现诸如死亡率急剧增加等严重的生命健康问题。[②] 值得注意的是，发明在具有有益效果的同时产生部分负面影响将不会影响其具备实用性，并且实用性并不要求符合医疗或者食品药品监督管理等市场准入条件，只要能够通过动物或者人体实验证明其具有可验证的有效性即可。在专利审查领域附加过多的技术风险审查任务将偏离专利保护的主要目标，阻碍有关发明更有效率地获得专利授权。

（二）日本胚胎干细胞创造性问题

在日本，创造性被称为“先进性”或“进步性”。[③] 日本关于创造性的立法出现较晚，第一次在其专利法中加以体现是 1959 年。[④] 在《特许法》第 29 条第 1 款当中，创造性与实用性、新颖性一起作为特许性的要件加以规定。[⑤] 日本《专利审查基准》对于“周知技术”“本领域技术人员容易想到的”等判断进行了进一步明确。创造性标准总体而言较为模糊，不同时期专利审查部门所采用的具体标准具有较大影响。考虑到胚胎干细胞等生物医药领域研发投资金额巨大，如

---

① 《日本诺奖得主道歉，暂停提供临床级诱导多能干细胞（iPS 细胞）》，http：//news. bioon. com/article/6697824. html，2017 年 12 月 27 日。

② 参见王子灿《干细胞专利与科学的不确定性》，《武汉大学学报》（哲学社会科学版）2015 年第 2 期。

③ 在美国，专利创造性被称为“非显而易见性”。

④ 管荣齐：《中国专利创造性条件的改进建议》，《法学论坛》2012 年第 3 期。

⑤ 参见日本《特许法》第 29 条第 2 款，在专利申请之前，具备该发明所属技术领域的普通知识者，依据记载于前款各项的发明容易实现该发明时不能给以专利，不论该款规定内容。

果创造性标准要求过高，无疑将影响研发单位投资积极性。

以2008年作为分界点，日本专利审查创造性标准的总体发展态势呈现显著变化趋势。在2008年之前创造性门槛不断提高，在此之后则显著下降，甚至与欧美各国在此阶段在创造性标准方面的变化趋势相背离。① 该特点在胚胎干细胞发明领域体现得尤为明显。在2008年，日本迅速授予了京都大学的iPS细胞制造方法以专利权，并且有大量的相关PCT申请。通过日本专利授权实例可以看出，人类胚胎干细胞的制备、提取分离、培养方法以及胚胎干细胞的诱导分化技术，特异性诱导细胞的分离、纯化、移植等技术等都被认为具备创造性。②

有学者认为，日本专利创造性判断标准可被分为“以往型”和“逻辑型”：前者只考虑现有技术文件之间的简单叠加，不考虑发明人是否根据其进行逻辑推理；后者则需要增加考虑现有技术之间经过合理逻辑推理能否进一步得到其他显而易见的技术方案。③ 如果采用“逻辑型”的判断方式，将会显著扩张不具备创造性的技术方案的范围，压缩能够获得专利授权的发明创造的空间。干细胞等生物领域发明很难通过逻辑推演得出能实际实施的技术方案，所以基本上停留在“以往型”判断标准中，因此较为容易获得创造性。

---

① 刘艳芳等：《浅议日本专利创造性标准的变迁及对我国的启示》，《中国发明与专利》2017年第7期。

② 其中，胚胎干细胞技术的创造性可以表现在提高胚胎干细胞培养的安全性（病原性因子的排除）以及安定性（稳定的供给，组成的透明性）、甄别方法、改善诱导效率、降低癌变、提高分化能力等致力于提高iPS细胞的质量，追加因子与其培养方法，来源细胞相关方法，活性化诱导因子的技术（载体、小分子、缩氨酸、RNA等）。参见［日］石埜正穗、翁雅男《iPS細胞技術の展開と特許争奪競争における現状分析》，《パテント》2010年第14期。

③ ［日］时井真：《日本创造性判断的现状及其应用可能性》，载易继明主编《私法》（第26卷），华中科技大学出版社2016年版。

如上所述，在取自胚胎的干细胞技术逐步成熟以后，多种类干细胞技术也发展起来了[①]，也证明胚胎干细胞技术的创造性逐步得到广泛的认可。

三 日本胚胎干细胞科技政策与可专利性问题

在专利制度方面，日本一直存在创新主导的社会主流观念，并把专利制度当成促进经济效益的重要手段，把创新主导的观念转变成了政策主导，通过消除伦理阻碍、加强知识产权保护和增强产学研与政府的联系等途径推动并扩大了胚胎干细胞的可专利性范围。

（一）日本胚胎干细胞科技政策的内容和特点

首先，在宏观层面高度重视。2000 年，日本把干细胞工程作为“千年世纪工程”的重点内容。[②] 日本知识产权战略本部《知识产权推进计划 2004》中将人类胚胎干细胞专利保护纳入尖端生命科学，期望加快发展，并将其在医疗中加以应用。[③]《知识产权推进计划 2009》为了促进相关组织对 iPS 细胞技术的基础研究和应用研究，并制定和实施知识产权战略，确保研究结果在日本和海外得到适当落实，相关部委和机构将在相互合作的同时提供必要的支持；为与工业领域推广的 iPS 细胞技术相关的知识产权活动支持项目提供必要的支持。[④] 考

---

① ［日］石埜正穂、翁雅男：《iPS 細胞技術の展開と特許争奪競争における現状分析》，《パテント》2010 年第 14 期。

② 江洪波等：《世界各国干细胞治疗相关政策与规划分析》，《生物产业技术》2009 年第 1 期。

③ 《知的財産推進計画 2004》，http：//www. kantei. go. jp/jp/singi/titeki2/kettei/040527f. pdf，2018 年 11 月 2 日。

④ 《知的財産推進計画 2009》，http：//www. kantei. go. jp/jp/singi/titeki2/090624/2009keikaku. pdf，2018 年 11 月 2 日。

虑到《知识产权推进计划》是日本国家层面制定的年度计划，因此体现了对胚胎干细胞专利创造、保护及运用的充分重视。

其次，在政策决策层面多主体共同参与。日本关于人类胚胎干细胞的科技政策决策民主化的核心是采取“官、民联合”的决策方式，在决策中发挥市议会、民间团体的作用。日本政府设立各种职能的审议会，作为政府决策的咨询机构。① 这使得胚胎干细胞专利授权时面临的伦理道德阻碍通过政策反映出来，并且推动了有关胚胎干细胞研究及其知识产权保护法律的立法。

最后，在技术研发方面政产学研协同。为提高在世界范围内的干细胞研究竞争力，日本已经确立了“产、官、学、研联合攻关”的体制，加紧开展对人类胚胎干细胞的研究开发。② 有关 iPS 产业机构正在合作促进技术取得成功的权利；此外，建立一个有效系统促进有关知识产权在行业中的利用，例如由大学、研究机构和行业联合建立知识产权管理和利用公司的机制。③ 此外，及时形成与政策配套、协调的制度和规范。在生物技术领域，以日本新的工业政策为支柱，形成了一系列配套措施。④ 其中，包括谋求有效利用内外资源的开放和创新，将大学知识产权本部和技术转移机构（TLO，Technology Licensing Organization）功能进行强化等。⑤

由此，日本胚胎干细胞可专利性问题的发展呈现出明显的政策主

① 金明善主编：《战后日本产业政策》，航空工业出版社 1988 年版，第 135 页。

② 新华社：《日本人类胚胎干细胞研究：积极研究谨慎应用》，《世界科技研究与发展》2001 年第 6 期。

③ 《知的財産推進計画 2008》，http：//www. kantei. go. jp/jp/singi/titeki2/2008keikaku. pdf，2018 年 11 月 2 日。

④ ［日］森康晃：《iPS 細胞の特許と日本のバイオ・イノベーションの方向性について》，《人文社会科学研究》2009 年第 3 期。

⑤ 《知的財産推進計画 2008》，http：//www. kantei. go. jp/jp/singi/titeki2/2008keikaku. pdf，2018 年 11 月 2 日。

导性特征。除了制定重视技术创新、适应胚胎干细胞产业发展的科技政策因素外，日本相比于欧洲、美国有其明显的优势①，适应了干细胞产业的发展需求，体现了政策的有效性和针对性。在制定和实施有关胚胎干细胞技术和产业发展政策的过程中，均能够形成多方面主体的合力，并且体现在法律制度及其适用标准的完善中，避免涉及法律规范的伦理观念被过于抽象的理念所控制，使得产业发展成为法律制度完善的重要现实动力。

（二）日本胚胎干细胞科技政策与可专利性标准的互动

首先，科技政策推动专利政策发展。日本胚胎干细胞的科技政策对引导胚胎干细胞的知识产权保护具有推动作用。日本政府为引导和加速胚胎干细胞产业发展，在政府的综合科学技术会议的实施部门中提倡对包括京都大学等各单位专利机构的一元化管理模式，并且由文部科学省在2008年推动了iPS细胞研究网络的形成。②《知识产权推进计划2008》直接提出要修改专利法有关iPS细胞专利审查基准，以及延长此类专利保护期。③ 日本专利厅通过2008年公布的《干细胞关联报告》，明确了胚胎干细胞、成体干细胞以及iPS细胞技术等关联技术的专利管理，明确了胚胎干细胞能够区别现有技术，从而具有新颖性。④

---

① 受欧盟各个国家的宗教信仰、文化传统的影响，欧洲对于涉及胚胎干细胞的可专利性的政策和法律规定都非常严格；美国作为可专利性较为宽松的国家，在布什政府时期，虽然并没有禁止人类胚胎干细胞研究，但禁止联邦政府给予资助。参见本章第四节。

② ［日］森康晃：《iPS細胞の特許と日本のバイオ・イノベーションの方向性について》，《人文社会科学研究》2009年第3期。

③ 《知的財産推進計画2008》，http：//www. kantei. go. jp/jp/singi/titeki2/2008keikaku. pdf，2018年11月2日。

④ ［日］森康晃：《iPS細胞の特許と日本のバイオ・イノベーションの方向性について》，《人文社会科学研究》2009年第3期。

其次，科技政策与专利政策产生联动效应。在生物技术领域，胚胎干细胞等存在技术密集和知识积累的特征。[①] 初期的干细胞培养、维持技术与下游的纯化、制作药品技术形成紧密关联。日本在2002年《知识产权战略大纲》中首先提出，对于发展迅猛的再生医疗和遗传基因治疗相关的技术，包括干细胞的处理方法、皮肤的培养方法等，应当在专利法上予以明确应对。[②] 2007年，日本知识产权战略总部知识产权竞争力强化专家委员会发表了《扩展知识产权覆盖范围的若干意见》（知识产权战略领域类），指出生命科学领域基础技术研究所需成本、风险很大，并且对已经完成的技术进行模仿也相对简单，应当合理安排保护对象、保护时间、保护期限及保护的方式。[③] 对此，在东梭公司和科学技术振兴机构的关于胚胎干细胞的维持、诱导分化方法接连获得特许厅授权后，其下游的关联技术对于被纳入可专利性的主题范围之内的需求也应当逐步得以满足。

最后，专利审查标准促进科技政策实现。日本专利制度中，“加快审查”制度是其中的特色。为提高干细胞的研究水平、吸引关于胚胎干细胞技术的研发团队向日本申请专利保护，特别是以美国为竞争对象，日本大力推行专利促进（pro patent）政策，以鼓励胚胎干细胞等一系列相关专利的申请和授权，改善了专利积压的现状。[④] 同时，这也在某种程度上降低了对于胚胎干细胞相关技术的创造性标准的

① 洪结银、陶雨：《产业特性与专利联盟经济效率——以生物技术产业为例》，《科技进步与对策》2017年第20期。

② 钱孟姗译：《日本知识产权战略大纲》，《网络法律评论》2004年第1期。

③ ［日］竹田英樹、壬生優子：《再生医療関連特許とiPS細胞》，《日本知財学会誌》2008年第1期。

④ ［日］森康晃：《iPS細胞の特許と日本のバイオ・イノベーションの方向性について》，《人文社会科学研究》2009年第3期。

要求。当然，这并不意味着创造性法定标准本身的降低，只是创造性标准随着生物技术的不断革新而适度调整。日本《知识产权推进计划 2008》中提到，要进一步强化尖端医疗领域的知识产权保护，包括建立和完善对包含 iPS 细胞相关发明在内的再生医疗技术进行保护与强化的制度[①]；京都大学山中伸弥教授团队关于 iPS 细胞制造方法的专利在 2008 年前后迅速在日本获得了专利授权和保护，这既是对该团队研发成果的保护，也是对所有胚胎干细胞领域研发人员的激励。

（三）胚胎干细胞发明专利授权与反垄断问题

如同基因专利、微生物专利问题一样，胚胎干细胞所带来的社会秩序的影响，对于科学研究、信息传播的阻碍也是其能否进入可专利主题的重要因素。有日本学者认为，在授予干细胞技术研发企业专利权的同时，也要避免下游企业在后续研发及生产时面临反公地悲剧等问题。[②] 在威斯康星校友研究基金会案中，就有观点认为，其三个胚胎干细胞专利属于上游的基础性专利，授予上述发明专利的垄断权会限制本领域的科学发展。[③] 胚胎干细胞专利属于下游生物技术产品的研究工具，如果被授予专利可能导致后续研发者难以获得专利许可并继续从事研发。

在日本，主要采用两方面措施加以应对：一是由政府基于公共利益“裁定实施权”。日本《特许法》第 93 条规定了公共利益条款，

① 《知的財産推進計画 2008》，http：//www. kantei. go. jp/jp/singi/titeki2/2008keikaku. pdf，2018 年 11 月 2 日。

② ［日］田村善之：《田村善之论知识产权》，李扬等译，中国人民大学出版社 2013 年版，第 97 页。

③ 何敏、肇旭：《WARF 胚胎干细胞专利复审案分析》，《科技与法律》2008 年第 5 期。

并且在“不同意该专利发明的普通实施权，会阻碍该产业整体的健康发展，其结果会危害到国民生活实质”时可以加以实施。[①] 二是建立有效的专利许可机制，使得胚胎干细胞专利并不会产生对下游技术研发的阻碍。日本通过由特许厅负责协调运作胚胎干细胞相关的知识产权保护，与干细胞各大研究机构进行联合，组成专利运营和管理公司，开展广泛的专利应用、授权和许可工作。京都大学2008年获得iPS细胞专利后[②]，采用设立研究公司与技术转移机构职能结合等措施[③]，注重干细胞研究领域整体利益的实现。这既可以满足干细胞技术的知识产权保护需求，又不至于阻碍干细胞领域其他技术的科学研究。

四 日本胚胎干细胞可专利性标准对我国的启示

日本在干细胞技术可专利性问题上既不如美国激进、也不像欧洲那样保守，其专利制度与科技政策的协调使得干细胞技术开发和产业化方面已经比较成熟，对我国干细胞技术专利审查具体规范的设置有很大的借鉴意义。

（一）由抽象伦理观到具体伦理观

在胚胎干细胞的可专利性问题中，对于胚胎干细胞的公共利益、社会公德和伦理观念甚至人格尊严等问题的不同立场凸显了专利制度的地域性。与欧洲、日本一样，我国专利法中有明确的公序良俗原则。此外，在《专利审查指南》中也有类似于欧洲的规定，对于

① ［日］禅贯俊文：《日本的生物技术产业与竞争政策》，韩懿译，载［日］田村善之主编《日本现代知识产权法理论》，法律出版社2010年版，第109页。

② 夏佩娟：《日本在全球首颁iPS细胞专利》，《中国发明与专利》2010年第1期。

③ ［日］森康晃：《iPS細胞の特許と日本のバイオ・イノベーションの方向性について》，《人文社会科学研究》2009年第3期。

“克隆人或克隆人的方法”“人胚胎干细胞及其制备方法”“处于各个形成和发育阶段的人体（如胚胎）”“人胚胎的工业或商业目的的应用”均不授予专利权。但是，从我国专利复审委员会有关胚胎干细胞的专利复审决定来看，对于其中的“人胚胎”以及“干细胞”的范围不清晰已经导致部分来源于特定胚胎干细胞系、细胞株的胚胎干细胞发明的可专利性受到影响。[①]

传统的伦理观，有着功利主义伦理观与道义论之分[②]，个人、社会普遍的道义观可以认为是抽象的伦理观，功利主义伦理观念也可以称为具体的伦理观。抽象的伦理观会限缩乃至阻碍胚胎干细胞的可专利性；具体的伦理观则认为，专利权的授予与否与伦理道德的实现并无关系，或者应当将生物技术所能够产生治疗功能带来的道德福利与其伦理风险相抵消。根据具体伦理观，如果生物技术能够起到较好的治疗作用，那么可以容忍某些并不显著的道德风险。在具体操作层面，可以通过社会调查等方式衡量社会公众对胚胎干细胞等生物技术在伦理方面的接受程度，在能够接纳者比例明显占优的情况下反映到专利审查标准中。专利权授予是为了鼓励创新和技术公开，在专利授权过程中也能同时兼顾技术本身是否会导致道德风险、影响人格尊严的审查，因此应当清晰界定胚胎干细胞的专利性问题与伦理问题两者之间的区别与联系。

此外，专利授权标准是否应当突出道德标准引发了人们的广泛争论。有观点认为，应当在刑法、行政法等公法中直接规定禁止被视为不道德或违背社会规范的研究活动，例如使用人类胚胎干细胞进行人

① 参见本章第一节。

② 胡波：《专利法的伦理基础——以生物技术专利问题为例证》，《法制与社会发展》2008 年第 2 期。

类克隆、非法获取人类胚胎干细胞的行为。[①] 也有观点认为，专利制度的“去伦理化”并不可取。[②] 但是，应当注意到，专利授权并非控制可能违背伦理观念技术实施的唯一机制或者最后防线，其他行政性乃至刑事性法律规范仍然可以对公共利益起到保障作用。过度依赖抽象伦理观念排斥新技术专利授权将阻碍产业发展，而具体伦理观将有必要发挥更大作用，从而平衡伦理观念和产业发展之间的矛盾。如前所述，日本顺应了再生医疗产业的发展需求，在注重严格伦理审查的同时又重视对于胚胎干细胞研发成果的保护。胚胎干细胞技术本身可能会产生道德风险，但是众多胚胎干细胞技术也是为解决道德和伦理困境而研发，是顺应专利法技术性规定和道德性规定的技术。因此，为适应干细胞的产业发展需求，同时平衡伦理道德与技术两方面的要求，应当坚持具体伦理观，推动胚胎干细胞相关技术的可专利性。

（二）注重科技政策与专利规则之间的协调

有学者认为，我国存在将政策与法律对立的惯性思维。[③] 实际上，我国还存在由政策过渡到法律成本较大的问题，这导致滞后的法律规定与前瞻性的政策之间存在一定脱节，并且阻碍了技术广泛运用和专利充分公开，不利于其产生社会效益。我国专利法律内部、科技政策内部及两者之间仍然存在矛盾。一方面，在法律规范内部，专利审查规则没有及时对胚胎干细胞相关技术予以回应。在胚胎干细胞领域，

---

① Huan Zhu, A Comparative Study on Human Embryonic Stem Cell's Patent – Eligibility in the United States, the European Patent Organization and China, http://works.bepress.com/huan_zhu/1/, 2018 – 1 – 2.

② 胡波：《专利法的伦理基础——以生物技术专利问题为例证》，《法制与社会发展》2008 年第 2 期。

③ 史际春、胡丽文：《政策作为法的渊源及其法治价值》，《兰州大学学报》（社会科学版）2018 年第 4 期。

众多专利已获得成功授权。[①] 可是，也有部分有关胚胎干细胞的专利被驳回，其中甚至包括孤雌细胞等并非取自人类胚胎的类干细胞。[②] 这主要还是由于“人胚胎干细胞及其制备方法”“人胚胎的工业或商业目的的应用”以及公序良俗原则的概念和标准不统一，并且专利审查部门倾向于扩张性解释所导致的；另一方面，在科技政策内部，存在制定主体不一、相互不协调的问题。胚胎干细胞科技政策制定的部门主体较多，其中虽然也有 2003 年《人胚胎干细胞研究伦理指导原则》，但是仍然缺乏国家知识产权局与各个部门之间联合制定的具体举措和意见，难以将胚胎干细胞研发政策落实到专利审查标准规范中。根据该文件，我国胚胎干细胞研究的伦理评价主要由研究单位进行，导致对于社会伦理观念影响的审查容易被忽视。

此外，政策与法律之间缺乏良性互动。科技政策在专利审查中所能实际发挥的作用较小。我国相关的科技政策一直支持干细胞的研究，例如：《国家中长期科学和技术发展规划纲要（2006—2020）》中提出发展生物技术，其中包括“基于干细胞的人体组织工程技术”；国家重点研发计划试点专项 2016 年度第一批项目申报指南将“干细胞及转化研究”列为重点研发项目；科技部将“干细胞及转化研究”列入重点专项 2017 年度项目安排。[③] 这些研发项目成果有着很强的专

① 诸如诱导胚胎干细胞定向分化为心肌细胞的诱导剂及培养基（CN201210512048.1）、胚胎干细胞分化成 T 细胞的培养方法及分化培养基（CN200510032739.1）、人胚胎干细胞定向分化为角膜内皮细胞的诱导方法（CN201210501119.8）等。

② 在一种获得孤雌胚胎干细胞系的方法（201010266776.X）专利复审案中，复审委认为“卵细胞孤雌激活获得孤雌胚胎则属于人胚胎”，并且将对其进行破坏的行为均认为属于“人胚胎的工业和商业目的的应用”。参见国家知识产权局专利复审委员会第 89657 号复审决定。

③ 干细胞及转化研究重点专项获中央财政经费 9.4 亿元支持。参见《干细胞研究的国家态度：政策红利密集发放为干细胞产业发展保驾护航》，http://www.sohu.com/a/195355908_100032414，2018 年 11 月 1 日。

利保护需求，我国应当强化人类胚胎干细胞专利保护的法律制度和审查规定。

为此，在胚胎干细胞领域要有与政策相配套的专利制度措施。在推动干细胞研究的政策背景下，我国已经出台了一系列伦理指导规则，如制定了《干细胞通用要求》，建立了一系列的干细胞资源库及干细胞研究备案登记制度。[①] 在日本，伦理评价在生物技术中的影响并不大，人们的创新意识以及有效的政府事前引导起到了积极作用。因此，对于干细胞研究而言，在要求伦理审查发挥实际作用的同时，更应当加强对于干细胞研究的事前监督和管理，完善相应的责任追究机制。

另外，法律规范需要及时对科技政策做出回应。并且，胚胎干细胞专利审查标准要与我国产业有关技术发展水平相适应，否则不能起到激励自主创新的作用。[②] 为使得专利审查与科技政策相适应，国家知识产权局在《知识产权重点支持产业目录（2018 年本）》中也将干细胞与再生医学、细胞治疗、人工器官以及大规模细胞培养及纯化、生物药新品种等涉及人类胚胎干细胞相关技术的领域纳入健康产业、先进生物产业予以重点保护，以促进重大新药研制、重要疾病防控和精准医学、高端医疗器械等领域发展。[③] 为更好地发挥专利保护制度在推动干细胞技术研发和产业化方面的作用，应当建立并完善干细胞与再生医学、细胞治疗相关的知识产权授权标准体系，形成能够激励干细胞技术创新、研发和广泛社会应用的知识

---

① 对于治疗性医疗基因编辑具有获得专利授权的合理性，而对于非治疗目的基因编辑则不应当获得专利授权。参见刘媛《现代生物技术专利问题研究》，法律出版社 2018 年版，第 122 页。

② 参见本章第四节。

③ 《知识产权重点支持产业目录（2018 年本）》，http：//www.sipo.gov.cn/gztz/1107803.htm，2018 年 10 月 3 日。

产权保护制度。

（三）适度拓展胚胎干细胞可专利性范围

日本在干细胞的知识产权保护制度方面一直强调，要将胚胎干细胞技术区别于其他技术，进行灵活而有效的知识产权保护。这启示我们要注重对于“人类胚胎”“干细胞”等概念认定标准的灵活运用，以及对于胚胎干细胞相关技术创造性标准的灵活把握。我国《民法典》和《专利法》都没有对于“人类胚胎”“体外胚胎”等做出具体概念、法律地位和属性的界定，至少未将其列为法律主体，这为适当限制《专利审查指南》中“人类胚胎”的概念留下了空间。一方面，对于“人胚胎的工业或商业目的应用”中的“人胚胎”应当仅限于《人胚胎干细胞研究伦理指导原则》第5条规定以外的胚胎，更加注重对于体外受精后的人工生殖剩余的胚胎，捐赠者提供的精子与卵细胞体外受精技术制造的胚胎，体细胞核移植技术产生的胚胎，早期流产的胚胎等进行规范管理；另一方面，应当借鉴日本相对已经较为成熟的干细胞创造性审查标准，适当拓展胚胎干细胞发明实用性、创造性认定范围。在科技政策上，应当认识到专利审查标准与创新能力、经济发展、社会成本之间的密切联系，结合对专利保护社会效益与专利垄断社会成本相比较的结果，合理调整对胚胎干细胞的创造性审查标准。

人类胚胎干细胞相关技术的可专利性受各种因素的影响。从伦理限制的角度看，因其技术研究可能会导致伦理道德风险而应当受到严格限制；从加强专利保护的角度看，人类胚胎干细胞技术存在不违反公序良俗同时又促进医疗进步的情形，需要获得专利保护。日本合理地对待专利制度和政策与人类胚胎干细胞相关技术创新的关系，使得两者相互促进。我国需要以此为借鉴，制定与我国科技政策相适应的专利审查政策，注重在干细胞技术审查中更为有效地体现技术性要求，同时注重统一干细胞专利审查标准，增强专利审查的权威性，从而促进干细胞相关技术与产业发展，提升国际竞争力。

第三节　英国人类胚胎干细胞可专利性及其启示

一　英国人类胚胎干细胞可专利性理念开放

英国政府对人类胚胎干细胞研究工作的支持及其国内比较完善的胚胎干细胞研究法律规制体系的建立，使得英国知识产权局对于人类胚胎干细胞及其发明的专利授权审查比较宽松开放，这也促进了英国国内该领域的研究和临床工作。[①] 2011 年，英国实验室便利用人的羊水和动物的胚胎细胞培育出了人体肾脏。[②] 积极的政策支持和开放的专利审查相得益彰，使得英国在人类胚胎干细胞领域的研究工作一直处于世界上较为领先的水平。[③] 英国专利法及专利审查部门对人体胚胎干细胞发明可专利性问题的开放态度与其产业技术发展水平相互促进，值得我国在相关领域进行借鉴。

---

① 刘媛：《欧美人类胚胎干细胞技术的专利适格性研究及其启示》，《知识产权》2017 年第 4 期。

② 《英国科学家在实验室中用干细胞培育出人体肾脏》，《透析与人工器官》2011 年第 1 期。

③ 英国在与胚胎干细胞联系非常密切的人工生殖领域也处于较为领先的地位。参见刘媛《现代生物技术专利问题研究》，法律出版社 2018 年版，第 69 页。

英国胚胎干细胞专利申请近年来呈增长趋势。截至 2019 年 6 月，共有 358 件专利申请。该申请量虽然少于中国（9292 件）、美国（9060 件）和日本（3098 件），但是仍然高于同属欧洲的德国（130 件）和法国（50 件），保持了在欧洲胚胎干细胞专利申请和研发活动中的优势地位。[①] 专利保护是英国促进干细胞等生物技术发明及产业发展的重要制度保障[②]，由此使得其在欧洲范围内取得了较为显著的进步。

（一）涉及人类胚胎本身的干细胞发明违反道德观念

英国在人类胚胎干细胞可专利性理念方面持较为开放的态度，以适应激励及保护技术进步和产业发展的需求。在英国，技术发明获得专利法保护必须满足其规定的可专利性条件。首要条件是其必须符合专利保护客体范围，同时没有被法律明确排除在授权客体范围之外。对基于伦理道德或者政策方面的原因而被认定为不宜保护的客体则不予保护。[③]

由于其提取方式的特殊性以及考虑到其能够发育成完整人体的可能性，因此涉及人类胚胎的干细胞存在较大的道德争议。一方面，以目前可获得胚胎干细胞的技术水平，提取人类胚胎干细胞只能破坏原有的人类胚胎，由此导致胚胎的死亡。由于胚胎具有发展成为完整人体的可能，因此引发了关于人类的尊严、胚胎是否具有生命等伦理问题的争论；[④] 另一方面，人类胚胎干细胞的提取在过程中涉及克隆细

---

① 数据来源为欧洲专利局网站，根据专利名称及摘要为“（stem or pluripotent or totipotent or precursor or progenitor）and cell”进行检索。

② 刘岸：《英国何以成为世界制药研究中心——专访英国驻华大使吴思田》，《中国战略新兴产业》2014 年第 15 期。

③ 崔国斌：《专利法——原理与案例》，北京大学出版社 2012 年版，第 52 页。

④ 参见本章第一节。

胞问题，这对人类社会有性繁殖的固有传统伦理造成了冲击，加之世界上绝大多数国家对生殖性克隆的禁止①，使对胚胎干细胞的提取陷入争议。

根据英国现行专利法，涉及对人类胚胎进行操作的干细胞发明不能获得专利授权，因为破坏胚胎的技术从根本上违背了伦理道德观念。在该法第 1 条第（3）款中规定了排除发明的限制性条件："如果一项发明的商业利用与公共政策或者道德相抵触，则不能获得专利授权。"② 涉及人类胚胎干细胞发明的专利授权标准在附录 A2 中的第 1—11 条中进行了具体规定。首先，其中第 3 条规定了 6 项不得被授予专利权的发明，直接涉及人体胚胎干细胞技术的是第（d）项。根据其规定，以工业或商业目的使用人类胚胎（包括从中提取干细胞）的发明创造不能被授予专利。③ 其次，根据该法附录 A2 第 3 条第（a）项款规定，各发育阶段的人体不能被授予专利权。鉴于人类全能干细胞具有发育成人体的潜能，在某种程度上可以被认为是等同于人体本身，因此英国知识产权局认为人类全能干细胞也不能被授予专利权。最后，对于破坏人类胚胎的发明，包括在发明利用之前任何阶段需要破坏人类胚胎，也因为该法附录 A2 第 3 条第（d）项而不能获得专利授权。由此，《英国专利法》在一定范围内对于涉及对人类胚胎进行操作的干细胞发明进行了排除，但是保留了部分干细胞发明被授予专利的可能性。

---

① 如英国除有限制地将人体胚胎用于科学研究外，禁止生殖克隆实验，美国、德国、西班牙、日本从维护人权的角度出发，禁止任何采用克隆技术进行医学研究的行为。参见宋伟等《论克隆技术对我国现行法律制度的影响》，《科技与法律》2010 年第 5 期。

② The Patents Act 1977. https://www.gov.uk/government/uploads/system/uploads/attachment_data/file/647792/Consolidated_Patents_Act_1977_-_1_October_2017.pdf, 2019-3-13.

③ The Patents Act 1977, Schedule A2, Art. 3: (d) uses of human embryos for industrial or commercial purposes.

针对人类胚胎及全能干细胞，英国在科学研究及专利授权标准的伦理道德理念方面是较为排斥的，并且体现在相应的法律文件中。英国专利审查标准对在工业或者商业领域应用可能违背伦理道德的生物技术发明不授予专利，其中就包括涉及对人类胚胎进行培育或者破坏的干细胞技术。① 2003 年、2009 年、2012 年，英国知识产权局（2007 年之前为其前身英国专利局）分别颁布了《实务通知：涉及人类胚胎干细胞的发明》及其修改版，三个文件都排除了从人类胚胎获取干细胞方法、人类全能干细胞的可专利性。② 2014 年，英国知识产权局以法典指南的形式颁布了《涉及人类胚胎干细胞的发明》文件，并在 2015 年进行了修订。③ 该指南涉及人类胚胎干细胞可专利性的内容与上述《实务通知》的主要精神一致，并集中体现在英国知识产权局 2016 年所发布的《涉及生物技术发明专利申请审查指南》等文件当中。④ 根据上述文件，从人类胚胎获得干细胞的方法、人类全能干细胞、破坏

---

① J. Shum, "Moral Disharmony: Human Embryonic Stem Cell Patent Laws, WARF, and Public Policy", *Boston College International and Comparative Law Review*, Vol. 33, No. 1, 2010, pp. 153 – 178.

② Practice Notice. Inventions Involving Human Embryonic Stem Cells. http: //webarchive. nationalarchives. gov. uk/20140603104259/http: //www. ipo. gov. uk/pro – types/pro – patent/p – law/p – pn/p – pn – stemcells. htm. ; Practice Notice. Inventions involving human embryonic stem cells. https: //webarc – hive. nationalarchives. gov. uk/tna/20140603104250/http: //www. ipo. gov. uk/pro – types/pro – patent/p – law/p – pn/p – pn – stemcells – 20090203. htm; Practice Notice. Inventions involving human embryonic stem cells. https: //webar – chive. nationalarchives. gov. uk/tna/20140603104256/http: //www. ipo. gov. uk/pro – types/pro – patent/p – law/p – pn/p – pn – stemcells – 20120517. htm.

③ Statutory Guidance. Inventions Involving Human Embryonic Stem Cells: 27 June 2014. https: //www. gov. uk/government/publications/inventions – involving – human – embryonic – stem – cells/inventions – involving – human – embryonic – stem – cells – 27 – june – 2014. Statutory Guidance. Inventions Involving Human Embryonic Stem Cells: 25 March 2015. https: //www. gov. uk/government/publications/inventions – involving – human – embryonic – stem – cells – 25 – march – 2015/inventions – involving – human – embryonic – stem – cells – 25 – march – 2015, 2019 – 3 – 13.

④ Examination Guidelines for Patent Applications Relating to Biotechnological Inventions in the Intellectual Property Office. https: //www. gov. uk/government/uploads/system/uploads/attachment_data/file/512614/Guidelines – for – Patent – Applications – Biotech. pdf, 2019 – 3 – 13.

人类胚胎干细胞的发明均不能获得专利授权；但是，并非从人类胚胎获取的干细胞和基于诊断治疗目的的干细胞发明不违背专利法上的伦理道德观念，在符合其他专利授权标准的情况下可以获得专利授权。

由于人类胚胎本身涉及较为敏感的伦理道德问题，具有发育为人类个体的潜在生物学功能和实质可能性，因此对其本身不能授予专利权。在涉及胚胎提取的干细胞发明中，英国知识产权局对于通过破坏胚胎获得干细胞的发明，以及具备发育成为人类个体潜能的全能干细胞均拒绝授予专利。① 这一观点与欧洲专利局2014年“人类胚胎干细胞中的胰岛细胞”（Islet Cells From Human Embryonic Stem Cells）复审案意见基本一致。② 在区分是否符合伦理道德观念并且能够获得专利授权的干细胞发明标准中，较为受到争议的是“人类胚胎”概念的界定。根据英国知识产权局发布的审查指南，包括三种情况：（1）受精并且开始发育成人类的卵子；（2）虽然未受精但是其细胞核中被移植了成熟人类细胞的卵子，并且具备开始发育成人类的能力；（3）虽然未受精但是其分裂和进一步发育成被孤雌生殖刺激的卵子，并且具备开始发育成人类的能力。③ 只要属于其中之一的均被视为胚胎，不能获得专利授权。

（二）人类胚胎干细胞专利道德理念在欧洲范围内较为灵活

在欧洲国家范围内横向比较，普遍认为英国在胚胎干细胞专利授

---

① L. Bonetta, “European Stem Cell Patents: Taking the Moral High Road?”, *Cell*, Vol. 132, No. 4, 2008, pp. 514 – 516.

② T 1441/13 (Embryonic stem cells, disclaimer/ASTERIAS) of 9. 9. 2014, https: //www. epo. org/law – practice/case – law – appeals/recent/t131441eu1. html, 2019 – 5 – 15.

③ Statutory Guidance. Inventions Involving Human Embryonic Stem Cells: 25 March 2015. https: //www. gov. uk/government/publications/inventions – involving – human – embryonic – stem – cells – 25 – march – 2015/inventions – involving – human – embryonic – stem – cells – 25 – march – 2015, 2019 – 5 – 15.

权的道德观念问题上比欧洲专利局更为开放，使得其相关授权标准也较为宽松。[①] 在欧洲范围内，英国也是少数几个允许干细胞发明获得专利授权的国家之一。[②] 在欧洲专利局及欧洲法院层面，考虑到必须协调不同国家的历史文化、宗教信仰和道德观念，因此在较为敏感的人类胚胎干细胞授权问题上较为保守，使得其有关规则的发展较为缓慢。在欧洲专利局审查指南中，指出《欧洲专利公约》及其实施细则，以及《欧盟生物技术发明法律保护指令》等均未对“胚胎”进行定义，欧洲专利局将会对该概念进行从宽解释，从而避免因专利授权带来伦理风险。[③] 这意味着基于伦理原因不授予专利的干细胞发明范围将较为宽泛。英国基于实用主义理念，在其国内生物技术发展需求日益显著的情况下，会逐步放松对干细胞专利的排斥。

英国在欧洲专利局干细胞专利授权案件中表达的立场体现了其相对灵活的伦理道德观念，并且有助于后者在授权标准方面采取更为开放的态度。在 WARF 案审查中，欧洲专利局扩大申诉委员会针对该案向英国专利局征求意见[④]，后者对此案提出了法庭之友意见（Amicus Curiae Submission），认为欧洲专利局基于违反公共秩序和道德以及根

---

① L. Bonetta, “European Stem Cell Patents: Taking the Moral High Road?”, *Cell*, Vol. 132, No. 4, 2008, pp. 514 – 516.

② J. Shum, “Moral Disharmony: Human Embryonic Stem Cell Patent Laws, WARF, and Public Policy”, *Boston College International and Comparative Law Review*, Vol. 33, No. 1, 2010, pp. 153 – 178.

③ 《欧洲专利公约》实施细则第 28 条第（1）款规定，根据《欧洲专利公约》第 53 条第（a）款，下列生物技术发明不能授予欧洲专利权：（c）人胚胎的工业或商业目的的应用。Case Law of the Boards of Appeal, 2. 1. 1 “Scope of Exception under Rule 28（c）EPC”, https://www.epo.org/law-practice/legal-texts/html/caselaw/2016/e/clr_i_b_2_1_1.htm, 2019 – 2 – 1.

④ 欧洲专利局审查部门（Examining Division）认为该申请是以胚胎作为起始材料产生产品并且暗示了对人胚胎的运用，根据《欧洲专利公约》第 53 条第（a）款和实施细则第 28 条第（1）款第（c）项驳回了该项申请。ALLEA Standing Standing Committee on Intellectual Property Rights. Patenting of Inventions Involving Human Embryonic Pluripotent Stem Cells in Europe, Amsterdam, The Netherlands, 2011: 2.

据《欧洲专利公约》实施细则第 28 条第（1）款第（c）项驳回 WARF 的专利申请是不正确的。[①] 当时，英国专利局认为，《欧洲专利公约》仅限制了从人胚胎提取干细胞的方法和全能干细胞的可专利性，并没有否定多能干细胞的可专利性，因此以违反公共秩序和道德的限制条件来排除多能干细胞的可专利性是欠缺充分考虑的。[②] 加之英国 1990 年颁布的《人类受精及胚胎学法案》在一定程度上允许对人类胚胎及其干细胞的研究活动[③]，最终，英国专利局得出结论作为向欧洲专利局提出的意见，认为应当授予 WARF 公司专利权。

在此案件的影响下，并考虑到不破坏胚胎提取干细胞技术的发展，英国涉及人类胚胎干细胞的专利审查指南进一步被修改完善，有关人胚胎多能干细胞相关发明的可专利性进一步被放宽。如果专利申请所涉及的多能干细胞并非通过破坏胚胎所获取，则可以被授予专利权。[④] 基于此，相对宽松的人类胚胎干细胞专利授权体系在英国逐步建立起来，并且与英国对胚胎干细胞研究监管措施相结合促进干细胞的研究开发活动，能够对发明成果给予有力的专利保护。英国在专利审查中采用较为灵活而开放的伦理道德观念标准，将有助于

---

① Case：G2/06 – Wisconsin Alumni Research Foundation，Amicus Curiae Submission of United Kingdom. http：//webarchive. nationalarchives. gov. uk/20100505224958/http：//www. ipo. gov. uk/pro – types/pro – patent/p – policy/p – policy – biotech/p – policy – biotech – stemcell. htm，2019 – 5 – 6.

② 英国专利局认为，根据《欧盟生物技术发明法律保护指令》，只有人类胚胎的工业或者商业利用本身违反伦理道德在欧盟成员国内达成了共识。对于其他技术而言，是否违反伦理道德则未在欧洲范围内形成共识，因此欧洲专利局在审查时不能一般性地否定其可专利性。Case：G2/06 – Wisconsin Alumni Research Foundation，Amicus Curiae Submission of United Kingdom，http：//webarchive. nationalarchives. gov. uk/20100505224958/http：//www. ipo. gov. uk/pro – types/pro – patent/p – policy/p – policy – biotech/p – policy – biotech – stemcell. htm，2019 – 5 – 6.

③ 该法案规定，对人体胚胎的使用仅限于受精完成之后的 14 天内。

④ Examination Guidelines for Patent Applications Relating to Biotechnological Inventions in the Intellectual Property Office，https：//www. gov. uk/government/uploads/system/uploads/attachment_data/file/512614/Guidelines – for – Patent – Applications – Biotech. pdf，2019 – 3 – 13.

干细胞发明更多地获得专利授权。

二　英国胚胎干细胞可专利性标准较为宽松

（一）非全能干细胞具备可专利性

英国知识产权局对于因伦理道德因素导致的不能被授予专利权的胚胎干细胞技术仅限制于申请专利的发明创造本身。例如，对于人类胚胎全能干细胞本身，是被禁止授予专利的，但对于经过修饰或者以其他手段从人类胚胎全能干细胞所得到的多能干细胞等非全能性干细胞来说，只要符合《英国专利法》的其他规定，即可授予专利。① 随着干细胞技术不断发展和走向成熟，可以从传统上必须破坏胚胎才能提取干细胞过渡到不必破坏胚胎即可获取干细胞，并且出现孤雌细胞、多能干细胞等非全能干细胞。因此，英国认可在不违反社会公德的前提下，以不破坏人类胚胎手段获取的多能干细胞的可专利性。② 英国胚胎干细胞专利审查标准是随着干细胞技术及规制该技术的科学研究准则而得到发展的。2000 年 11 月，英国皇家学会所发布的《干细胞研究和治疗性克隆：最新进展》文件中，提出基于实现人类胚胎干细胞较大潜能的科研价值，根据英国 1990 年《人类受精和胚胎学法案》的规定，应允许对人类胚胎干细胞进行科学性研究。③ 2002 年 2 月，英

① 胚胎干细胞按其功能可分为全能干细胞、多能干细胞和专能干细胞。全能干细胞具有发育成完整个体的潜能；多能干细胞不能发育成完整个体，但可以分化发育成其他细胞和人体组织；专能干细胞却只能分化成特定类型的细胞。

② A. Plomer, etc., "Challenges to Human Embryonic Stem Cell Patents", *Cell Stem Cell*, Vol. 2, No. 1, 2008, pp. 13 – 17.

③ Science Advice Section The Royal Society, Stem Cell Research and Therapeutic Cloning: An Update. https: //royalsociety. org/ ~ /media/royal _ society _ content/policy/publications/2000/10004. pdf, 2019 – 3 – 13.

国议会发布《干细胞研究》文件，规定以促进疾病治疗和医疗卫生发展进步的五种方式为研究目的的科学研究应当被支持和允许①，为此后干细胞发明专利授权标准的改进提供了医学伦理道德规范方面的基础。

英国在干细胞研究管制中的宽松态度也逐步影响着专利审查标准的发展。如前所述，英国专利局在2003年《实务通知：涉及人类胚胎干细胞的发明》中，对涉及人类胚胎干细胞的发明是否能获得专利授权做出了说明。② 在该《实务通知》中，尤其排除了从人类胚胎获取干细胞的方法及人类全能干细胞的可专利性。同时，对于从全能细胞分化而来的多能干细胞而言，其本身仅具备发育成其他细胞和器官的潜能而不能发育成完整的人体，并非必须通过破坏人类胚胎干细胞获取，使之具有在疾病治疗领域的重要价值并获得科学家、社会公众的支持。③ 因此，在英国社会伦理道德允许的范围之内，可以对人类胚胎多能干细胞授予专利权。上述立场在英国知识产权局于2009年、2012年发布的同名通知④，以及《法典指南：涉及人类胚胎

---

① 这五种方式为：(a) 推动不孕症治疗的进展；(b) 增进对先天性疾病起因的知识；(c) 增加对流产原因的知识；(d) 开发更有效的避孕技术；(e) 开发移植前检测胚胎基因或染色体表征的方法。Select Committee on Stem Cell Research, Stem Cell Research, https://publications.parliament.uk/pa/ld200102/ldselect/ldstem/83/8302.htm, 2019-3-13.

② Practice Notice. Inventions Involving Human Embryonic Stem Cells. http://webarchive.nationalarchives.gov.uk/20140603104259/http://www.ipo.gov.uk/pro-types/pro-patent/p-law/p-pn/p-pn-stemcells.htm, 2019-3-13.

③ Practice Notice. Inventions Involving Human Embryonic Stem Cells. http://webarchive.nationalarchives.gov.uk/20140603104259/http://www.ipo.gov.uk/pro-types/pro-patent/p-law/p-pn/p-pn-stemcells.htm, 2019-3-13.

④ Practice Notice. Inventions involving human embryonic stem cells. https://webarc-hive.nationalarchives.gov.uk/tna/20140603104250/http://www.ipo.gov.uk/pro-types/pro-patent/p-law/p-pn/p-pn-stemcells-20090203.htm; PracticeNotice. Inventions involving human embryonic stem cells. https://webar-chive.nationalarchives.gov.uk/tna/20140603104256/http://www.ipo.gov.uk/pro-types/pro-patent/p-law/p-pn/p-pn-stemcells-20120517.htm, 2019-3-13.

干细胞的发明》《涉及生物技术发明专利申请审查指南》中得到重申。[①] 该立场相对于其他欧洲国家而言是宽松的。[②] 这种积极态度与其对于干细胞研究的宽容相适应，例如允许其利用发育初期的胚胎进行科学研究。

（二）对干细胞来源及用途给予特定豁免

首先，在干细胞来源方面，英国不进行溯源，从而排除了违背伦理道德条款的显著障碍。这意味着，如果就申请专利的干细胞发明本身而言，不需要破坏胚胎即可以获得干细胞，则被认为可以获得专利授权。[③] 目前已经有较为成熟的干细胞系，可以提供给后续干细胞研究及医疗活动加以使用，而不必每次获取均要破坏胚胎。但是若追根溯源，所有干细胞的最初来源均为破坏胚胎而获得，将会存在自源头上违背伦理道德观念的问题。英国专利局在前述 WARF 案法庭之友意见中认为，《欧洲专利公约》第 53 条第（a）款基于伦理道德原因排除授予专利权的仅指申请专利的技术本身，而不包括其准备性、辅助性或者后续性技术。因此，即使申请专利的干细胞是通过以破坏人类胚胎为前提的方式取得的，也不能认为该干细胞技术就违背伦理

① Practice Notice. Inventions Involving Human Embryonic Stem Cells. http：//webarchive. nationalarchives. gov. uk/20140603104259/http：//www. ipo. gov. uk/pro – types/pro – patent/p – law/p – pn/p – pn – stemcells. htm.；Practice Notice. Inventions involving human embryonic stem cells. https：//webarc – hive. nationalarchives. gov. uk/tna/20140603104250/http：//www. ipo. gov. uk/pro – types/pro – patent/p – law/p – pn/p – pn – stemcells – 20090203. htm；Practice Notice. Inventions involving human embryonic stem cells. https：//webar – chive. nationalarchives. gov. uk/tna/20140603104256/http：//www. ipo. gov. uk/pro – types/pro – patent/p – law/p – pn/p – pn – stemcells – 20120517. htm，2019 – 3 – 13.

② L. Bonetta，"European Stem Cell Patents：Taking the Moral High Road?"，*Cell*，Vol. 132，No. 4，2008，pp. 514 – 516.

③ 刘媛：《欧美人类胚胎干细胞技术的专利适格性研究及其启示》，《知识产权》2017 年第 4 期。

道德而不授予专利权。此外，根据《涉及生物技术发明专利申请审查指南》，专利申请人还可以通过免责声明获得豁免，即声明可以通过除破坏胚胎以外的途径获得干细胞，从而避免因干细胞来源问题被拒绝授予专利权。英国知识产权局认为，2003 年以后已经出现了此类替代技术，所以可以接受此类声明并作为专利授权的依据。

其次，将干细胞用于医疗目的可以获得专利授权。根据英国专利审查政策，基于医疗目的而对人类胚胎进行利用的发明，只要符合专利授权的其他要求便可以获得专利权。英国专利审查部门赞同欧盟新技术与道德委员会（该委员会根据《欧盟生物技术发明法律保护指令》第 7 条成立）在 2002 年发布的《人体干细胞专利伦理问题报告》（以下简称欧盟《伦理报告》）的意见，认为基于医疗或者其他目的，将未经修饰的人类胚胎干细胞转变为基因经过修饰的干细胞系或者特定分化的干细胞系是不存在道德障碍的。① 在《法典指南：涉及人类胚胎干细胞的发明》《涉及生物技术发明专利申请审查指南》中，均认为将人类胚胎干细胞用于治疗或者诊断目的并不违反伦理道德，可以被授予专利权。考虑到医疗目的本身有助于实现社会伦理价值，可以由此抵消干细胞获取及利用方面存在的道德风险，因此可以使得此类发明获得道德伦理方面的支持。英国对基于伦理道德因素排除干细胞制备和利用专利申请较为反对，为干细胞下游利用的技术获得专利授权预留了较为宽阔的空间。

通过《英国专利法》以及英国知识产权局针对人类胚胎干细胞发

---

① The European Group on Ethics in Science and New Technologies to the European Commission, *Opinion on the Ethical Aspects of Patenting Inventions Involving Human Stem Cells*, Brussels: European Commission, 2002, p. 17.

明出台的各项指南可以看出，其对人类胚胎干细胞及其制备方法的专利授权逐步呈现出越来越宽松开放的态度，这也迎合了胚胎干细胞技术的不断创新发展，使得英国在此科研领域处于领先地位。尽管《英国专利法》以及相关专利审查指南排除了授予从人类胚胎提取干细胞的方法以及人类全能干细胞专利权的机会，但其仍给予了人类多能干细胞专利发展较大空间。并且，在实践中英国知识产权局将《英国专利法》对于该发明领域专利授权的限制不断弱化，实际上已经认可了人类胚胎干细胞发明及其相关制备方法成为英国可专利发明客体的合理性。这也值得其他有意发展人体胚胎干细胞技术的国家进行借鉴。

三　英国胚胎干细胞发明可专利性标准对我国的启示

我国虽在科技政策方面体现出对人类胚胎干细胞技术研究的大力支持和重视，但在法律层面上却采取比较严格的专利授权标准，限制了人类胚胎干细胞及其制备方法被授权专利的可能性。我国有必要对英国在该领域的经验加以借鉴并进行制度完善。

（一）我国关于人类胚胎干细胞专利的法律规定

针对人类胚胎干细胞专利，我国《专利法》和《专利审查指南》都做出了相应规定，认为人类胚胎的工业或商业目的的应用因违反社会道德不能获得专利权。[①] 如前所述，2019 年 9 月《专利审查指南》修改后规定，人类胚胎干细胞及其制备方法不属于处于各个形成和发

---

① 我国《专利法》第 5 条第 1 款规定："对违反国家法律、社会公德或者妨害公共利益的发明创造，不授予专利权。"《专利审查指南》对此项规定进一步做出说明，在第 2 部分第 1 章第 3.1.2 节中规定："发明创造与社会公德相违背的，不能被授予专利权。例如，……人胚胎的工业或商业目的的应用……，上述发明创造违反社会公德，不能被授予专利权。"

育阶段的人体，能够被授予专利。[①] 在此之前，我国对于涉及人类胚胎的干细胞发明采取比较严格的专利授权标准。在此基础上，考虑到人类胚胎全能干细胞具有发育为人体的可能性，可以被解释为属于人体发育的阶段。[②] 由此，根据此次《专利审查指南》修改前的审查标准，不仅涉及胚胎的发明，而且只要涉及干细胞的发明均被排除在可授予专利的发明范围之外，使得相关专利申请很难获得授权。

由于“人类胚胎”及“工业或商业目的的应用”等概念不够明确具体，容易引起很多争议。首先，对于“人类胚胎”范围的界定问题，划分属于被排斥在可专利客体外的胚胎范围，是否应当根据胚胎发育时间周期来进行区分；其次，对于“胚胎干细胞”范围的认定问题，是否需要区分全能干细胞、多能干细胞及专能干细胞在可专利性方面的地位；最后，对于“工业或商业目的的应用”的范围，是否将基于医疗及科研目的利用干细胞的发明排除在不可授权客体范围以外。这些争议都是法律条款及审查指南所没有予以解答的。

2019 年 9 月，我国胚胎干细胞专利审查标准出现最新修改动向。根据国家知识产权局发布的《专利审查指南》修改版，将利用发育未满 14 天的人胚胎分离或者提取干细胞不视为违背伦理道德，取消了人类胚胎干细胞及其制备方法违背伦理道德的规定，同时也排除了人类胚胎干细胞属于处于各个形成和发育阶段的人体而不授予专

---

① 2019 年 9 月修改前的《专利审查指南》第 2 部分第 10 章第 9. 1. 1. 1 节对人类胚胎干细胞发明的可专利性直接做出了规定：“人类胚胎干细胞及其制备方法，均属于专利法第 5 条第 1 款规定的不能被授予专利权的发明。”第 9. 1. 1. 2 节规定：“处于各个形成和发育阶段的人体，包括人的生殖细胞、受精卵、胚胎及个体，均属于专利法第 5 条第 1 款规定的不能被授予专利权的发明。”

② 《专利审查指南》还将动物的胚胎干细胞（包括动物个体及其各个形成和发育阶段）排除在专利授权客体范围以外。例如，动物的生殖细胞、受精卵、胚胎等，均属于该指南第 2 部分第 1 章第 4. 4 节所述的“动物品种”的范畴，根据专利法第 25 条第 1 款第（四）项规定，不能被授予专利权。

利的限制。此次《专利审查指南》修改后的规定在很大程度上适应了我国干细胞技术和产业发展的需求，放开了干细胞发明获得专利授权的可能性，为此类发明获得保护提供了较为有利的审查标准规则。

（二）完善我国胚胎干细胞专利审查标准的建议

我国和英国的胚胎干细胞专利审查制度相比较，二者存在一定相似性，即两个国家都非常重视人类胚胎干细胞专利授权标准的问题。但是，我国当前对于干细胞专利申请的审查标准较英国更为严格：其一，直接限定人类胚胎干细胞及其制备方法不得被授予专利权；其二，在“人类胚胎”“胚胎干细胞”和“工业或商业目的”的界定上相当宽泛，加之对于相关法律条文概念的解释模糊不清，使得我国人类胚胎干细胞技术的专利授权受到了限制。由此，结合英国胚胎干细胞发明专利授权制度的经验，提出对我国人类胚胎干细胞专利授权标准进一步完善的建议。

1. 允许非全能干细胞获得专利授权

有必要改变我国《专利审查指南》此次修改之前完全排斥人类“胚胎干细胞及其制备方法”获得专利授权的规定，但是按照此次修改后的规定对于所有类型干细胞发明均认为符合伦理道德规范又有矫枉过正之嫌，毕竟全能干细胞仍然较为明显地涉及伦理道德问题。因此，较为折中的路径是通过立法或司法解释对不授予专利的“胚胎干细胞”范围予以明确界定。我国专利审查实践中对于人类胚胎干细胞的外延认定较为广泛，导致许多符合社会道德且具有重大医疗和科研价值的胚胎干细胞得不到法律的保护。尽管此次《专利审查指南》修改将所有类型干细胞均排除在违背伦理道德范围之外，但是没有区分全能干细胞和非全能干细胞仍有不妥之处。笔者认为，应将不能授予专利的人类“胚胎干细胞”限定在具有发育成完整人体潜能的全能胚胎干细胞的范围内，而对其他不能发育成完整人体的干细胞，如多能干细胞和孤雌胚胎干细胞，给予其获得专利权的可能性。通过此种方式对人类“胚胎干细胞”进行界定，一方面维护了人类社会的伦理道德标准，防止社会公众对相关发明研究及专利制度产生不满情绪；另一方面采取否定方式排除对专利授权的限制，避免了专利制度对人类胚胎干细胞发明授权及法律保护的不合理限制，有利于支持部分既不违反社会道德又对人类疾病治疗有重大价值的人类胚胎干细胞技术的发展。

2. 以“14 天”作为获取干细胞的胚胎发育时间界限

在制定专利审查标准时，应当参照有关医学伦理规范，将利用发育超过 14 天的胚胎提取干细胞的发明排除在可专利客体范围之外。英国允许利用胚胎及干细胞进行科学研究对于其获得可专利性提供了伦理观念及规范方面的支持。在胚胎发育阶段规定方面，前述《人胚胎干细胞研究伦理指导原则》中有关于用于研究的人类胚胎不得在“体外培养”超过 14 天的要求。此次《专利审查指南》修改则基本援用了该规定，认为未经过“体内发育”的胚胎在受精 14 天内可以被用于提取干细胞。这将为利用早期体外发育胚胎获得干细胞提供专利授权的保障，从而鼓励体外培育胚胎并提取干细胞。不超过 14 天的医学伦理标准已经被科学界和产业界广泛接受，移植到专利审查标准中并无障碍。事实上，在专利审查中援用科学研究伦理规范将是协调《专利法》与其他法律制度，以及协调法律制度与伦理道德规范的重要体现，可以在胚胎干细胞发明专利伦理审查中得到应用，也有助于专利伦理观念从传统的抽象伦理观逐步过渡到具体伦理观。[①] 由此，可以更好地促进专利制度、伦理规范与技术产业三者的协调发展。

3. 允许医疗和科研目的应用干细胞发明

有必要区分医学目的和工业商业目的，将应用于前者的干细胞发明纳入可授予专利权的范围之内。并非所有对胚胎的利用均属于工业或者商业目的的应用，用于诊断及治疗疾病的医学目的就不属于此类违背伦理道德的用途。英国允许基于医疗或者科研目的对人类胚胎及干细胞进行操作的规定值得借鉴。符合伦理道德观念的人类胚胎及干细胞利用方法应当被允许授予专利权。[②] 有必要对《专利审查指南》第2部分第1章第3.1.2节中人胚胎的“工业或商业目的的应用”进行具体解释和界定。应以破坏人类胚胎获取干细胞作为认定“工业或商业目的的应用”的前提；对于“工业或商业目的的应用”不应做出扩大性解释，应当将以治疗人类疾病为目的且有利于胚胎发育的发明创造排除在“破坏”胚胎的范围之外，并认可该发明创造的可专利性。[③] 否则，此类发明可能受到《专利法》上伦理道德条款及疾病诊断治疗方法条款的双重限制，使得其获得专利授权难度进一步加大。在此情形下，虽然发明步骤操作对象为人类胚胎或者全能干细胞，但是其医疗功能在促进健康方面的道德价值可以消除其在伦理观念方面的负面效果。近年来，通过不破坏胚胎而获取干细胞的技术不断出现，如细胞核移植技术、细胞编程技术等。[④] 这些不以破坏人类胚胎为前提的新技术有效地避免了专利授权的伦理障碍，因此，若能认可

---

① 参见本章第二节。

② 参见本章第一节。

③ 刘嫒：《欧美人类胚胎干细胞技术的专利适格性研究及其启示》，《知识产权》2017年第4期。

④ 唐华东、王大鹏：《对我国人胚胎干细胞专利法律保护的思考》，《知识产权》2013年第5期。

其作为专利权授予客体，则可以发挥其在疾病治疗领域的价值。胚胎干细胞技术的主要价值在于其对疾病治疗或者科研的作用，通过对现有胚胎干细胞的提取、分析、培育，获取疾病治疗的手段和材料。此外，干细胞不仅可以用于疾病治疗，而且可以用于多种疾病的诊断，能够在医疗方面发挥更大的作用。[①] 因此，对于以疾病治疗或者诊断为目的且不破坏胚胎的干细胞技术不能以“工业或商业目的的应用”否定其专利授权的可能性。

第四节　人类胚胎干细胞专利实用性问题

人类胚胎干细胞研究产生的智力成果给传统专利制度带来了巨大挑战，其“可专利性”与“应专利性”一直存在争议。专利的实用性与新颖性、创造性同为授予专利的积极要件，是探究人类胚胎干细胞可专利性问题无法规避的话题。随着人类胚胎干细胞等生物技术的发展，长期遭受忽视的专利实用性要件上升到前所未有的价值高度，其认定标准甚至关系到人类胚胎干细胞相关产业的持续发展。

一　人类胚胎干细胞专利实用性的现实意义

（一）人类胚胎干细胞发明涉及伦理道德问题

在立法上，各个国家对于人类胚胎干细胞研究成果态度不一，对

① 例如，骨髓间充质干细胞（MSCs）参与了多种生理或病理过程，靶向 MSCs 及其相关分子产物有可能成为一种非侵入性的早期诊断方法。参见肖超等《骨髓间充质干细胞：一种新的诊断标志物》，《诊断学理论与实践》2016 年第 4 期。

于是否将人类胚胎干细胞相关发明纳入专利客体范围之内采取了宽松程度不同的政策。在处于人类胚胎干细胞研究领先地位的国家中，只有美国采取相对宽松的政策，而欧盟严格限制人类胚胎干细胞相关发明专利的授予，日本也采取适当限制的政策。① 即使是在相对宽松的美国，人类胚胎干细胞相关发明专利也经常面临无效宣告请求。故有人认为在相关道德与伦理问题尚未得到实际解决之前，研究人类胚胎干细胞专利实用性并不具有现实意义。实则不然，生物技术领域发明创造已经发展出替代方法以避免通过破坏人类胚胎获取干细胞，从而回避可能带来的道德伦理问题，如诱导多功能干细胞、细胞核移植技术等，并且具备相当的可行性和成熟度。② 由此向我们发出了强烈的信号，不应局限于现有立法和固有伦理观念，而应当预测未来的技术发展走向，体现对新技术的包容态度和创新理念。

对于人类胚胎干细胞相关发明，学界对其道德伦理问题虽然存在争议，但并不像克隆人与人兽胚胎嵌合体等发明一致性地被公认为违背伦理道德。③ 而且，在不同国家、不同文化背景之下，伦理道德观念并不一致，而随着技术和时间的发展也可能会改变。在我国，人们对于堕胎行为并没有过多的抵触，同时政府对于人类胚胎干细胞相关研究也进行战略层面的政策支持。虽然我国传统上仍然对人类胚胎干细胞专利授权进行限制，但是法律仅限于对人类胚胎干细胞本身及其制备方法的禁止，对人类胚胎干细胞其他相关专利（如干细胞分化、使用、保存）等并没有禁止性规定。所以，在可预期的未来，人类胚

---

① 吴秀云、潘荣华：《人胚胎干细胞发明的可专利性探讨》，《科技管理研究》2015年第6期。

② 蓝建中：《日本诱导多功能干细胞培养技术获欧洲专利》，《浙江大学学报》（农业与生命科学版）2011年第4期。

③ 唐华东、王大鹏：《对我国人胚胎干细胞专利法律保护的思考》，《知识产权》2013年第5期。

胎干细胞相关专利的授予将突破现有伦理限制，获得进一步开放。因此，我国现有的专利实用性标准是否适应人类胚胎干细胞专利的要求便成为亟须解决的问题。

（二）人类胚胎干细胞发明中伦理道德与实用性的关系

根据人类胚胎干细胞研究伦理规范提供的豁免[①]，研究机构可以在符合道德伦理要求的前提下开展人类胚胎及干细胞研究，《专利法》也不应基于伦理问题将所有干细胞发明均排除在外。因此，人类胚胎干细胞发明专利审查中的实用性问题具有独立的应用价值。美国曾经将道德审查纳入实用性标准中，但是如今道德标准因其反映的理念与美国专利法理念不同而遭受摒弃，专利法应当只考虑技术问题而不应当考虑道德问题。[②] 美国专利法中并没有公序良俗的规则，将道德问题排除在专利审查范围之外，转而交由行政法等其他机制进行规制，专利审查集中于技术问题而不沦为道德判断的工具。欧洲以及我国对于专利实用性和公序良俗问题均设置独立条款，实用性标准与道德条款在立法规范层面已经进行了区分。欧盟《伦理报告》指出，专利申请方法发明步骤中涉及人类干细胞（不论干细胞的来源）并没有任何具体的伦理障碍，专利性要求能够被满足。该报告为干细胞专利排除伦理障碍提供了政策建议。

公序良俗作为授予专利的消极要件，是与作为积极要件的实用性相区别的。如将消极要件纳入积极要件的判别之中，将导致实用性在

---

① 包括美国国家科学院 2001 年《人类胚胎干细胞研究指导原则》，以及我国科技部、卫生部 2003 年《人胚胎干细胞研究伦理指导原则》等。

② Huan Zhu，A Comparative Study on Human Embryonic Stem Cell's Patent – Eligibility in the United States，the European Patent Organization and China，http：//works. bepress. com/huan_zhu/1/，2018 – 1 – 2.

人类胚胎干细胞可专利性判断中的价值被淡化。在授予发明专利时应当通盘考虑消极要件和积极要件。道德伦理问题固然是人类胚胎干细胞发明面临的障碍，但是如果将其引入实用性问题会产生模糊标准的反作用。关于人类胚胎干细胞的道德伦理问题在诸多论文中均有体现，但对于其实用性却没有系统地论述。人类基因与胚胎干细胞均属于前沿的生物技术，都给现有专利制度带来了冲击。基因专利已经得到了包括我国在内大多数国家的立法认可。人类胚胎干细胞与基因相比有其特殊性，具有分化成人的潜能，道德伦理问题也更为凸显。尽管如此，由于两类发明具有共通性，基因专利实用性标准可以为人类胚胎干细胞专利提供借鉴。

（三）人类胚胎干细胞专利实用性审查的重要性

实用性是专利存在的社会现实理由，技术方案没有实用性则不符合专利促进技术和经济发展的宗旨。包括人类胚胎干细胞专利在内的生物技术发明的实用性问题被长期忽视。欧盟《伦理报告》认为，生物技术领域的新颖性和创造性标准与其他技术领域并无区别，但是实用性标准会有明显差别，因此要对此进行明确说明是困难的。[①] 实用性不同于新颖性和创造性，它既体现专利的技术属性，又体现其社会属性，是专利发明联系现实社会的桥梁，因而具有新颖性和创造性所不具备的独特价值。实用性审查不需要在浩如烟海的现有技术中检索大量的对比文件，只需要根据专利技术本身便可以得出结论，所以各国出于节约审查资源的原因一般首先审查实用性。专利申请如果不符

---

① The European Group on Ethics in Science and New Technologies to the European Commission, *Opinion on the Ethical Aspects of Patenting Inventions Involving Human Stem Cells*, Brussels: European Commission, 2002, p. 16.

合实用性，便无须再进入到新颖性和创造性审查，也不必进入现有技术对比之中。所以，实用性是人类胚胎干细胞发明获得专利授权首先要跨过的一道门槛。

在以制造业为代表的传统产业中，发明创造具有实用性显而易见，所以很少有专利因为实用性而被驳回，与实用性有关的司法案件屈指可数。因此，实用性虽然名列为三大积极要件之一，但是并没有受到充分重视，甚至有人认为实用性的判断是可有可无的。[①] 随着以生物技术为代表的现代科学技术的发展，基础科学研究和应用科学研究、发明与发现之间的界限呈现模糊化趋势。在传统领域，基础科学研究和应用技术研究泾渭分明，从发现转化到发明也需要经过较长的周期，但是在人类胚胎干细胞技术中，发现与发明周期缩短，甚至可能同时出现，基础科学研究和应用科学研究相融合，“思想王国”日益为“商业世界”所侵蚀。专利制度更多地与“商业世界”联系而与“思想王国”无关。之前在传统技术领域不受重视的实用性却在生物技术领域发挥着至关重要的作用。[②] 人类胚胎干细胞发明的专利审查也体现了该特点。该技术虽然属于基础研究成果，但是转化为临床手术或者药物的可能性很高，因此实用性将成为专利审查的关键因素。

人类胚胎干细胞技术开发具有研发难度高、投入资金大的特点，以专利制度保护其成果是最好的形式。在美国布什政府时期，虽然并没有禁止人类胚胎干细胞研究，但禁止联邦政府给予资助。有学者甚至因此悲观地认为美国人类胚胎干细胞研究将会因此停

① 杨德桥：《专利之产业应用性含义的逻辑展开》，《科技进步与对策》2016 年第 20 期。

② 张勇、朱雪忠：《商业世界　vs. 思想王国——以实用性要件为主线的专利制度发展研究》，《科技与法律》2006 年第 2 期。

滞不前，但是事实上美国相关研究并没有因此受阻，一直处于世界领先地位，其中专利制度的激励发挥着关键性作用。[①] 实用性认定标准会直接或间接影响到私人资金对人类胚胎干细胞研究的投入以及相关产业的发展。因此，制定适应人类胚胎干细胞发明的实用性判断标准以平衡个人利益与公共利益，才能够提高人们对发明创新进行投资的积极性，发挥其蕴藏的巨大潜力。

二　域外专利实用性标准及在人类胚胎干细胞发明中的适用

实用性在各国立法上均有所体现，但是具体标准不尽相同。不仅各国法律修辞对于实用性的表达有所区别，而且在实质内容上也有明显差异。即使在同一国家，不同时期实用性的适用标准也不是一成不变的，而是深受其科技政策的影响。例如，美国实用性标准就一直在宽松与严格之间徘徊。通过域外实用性标准及其演化进程的对比，可以为我国合理制定人类胚胎干细胞专利实用性的审查标准提供有益借鉴。

（一）美国实用性标准

美国实用性标准几经演变，从早期的经济实用性标准到近代的道德实用性标准再到现代特定、本质、可信的标准。[②] 1817 年，斯托里法官在洛威尔诉刘易斯案中认为：如果一件专利不是特别有用，就会在社会中沉积并被抛弃，因此衡量专利是否有用的工作应当交由社会

① Y. C. Su, A. W. Chan, "Mary Doe's Destiny: How the United States Has Banned Human Embryonic Stem Cell Research in the Absence of a Direct Prohibition", *Richmond Journal of Law & Technology*, Vol. 14, 2008, pp. 1 – 31.

② 杨德桥：《美国专利法上的专利实用性判断标准研究》，《知识产权》2015 年第 5 期。

来做，专利局仅负责审查专利实用性的最低标准即不违背社会道德伦理，即道德实用性标准。[①] 1966 年，美国最高法院在 Brenner v. Manson 案中开始要求发明应有特别用处，以对成功的技术发明进行补偿。如前所述，随着专利制度与商业世界而非哲学领地相联系，实用性标准开始逐步严格。[②] 但过于严格的实用性标准让美国认识到其对科技发展与相关产业的阻碍作用。In re Brana 案判决可总结为两步判断法（two - prong）[③]：首先判断是否为一个特定的目的描述了具体的用途，其次判断该用途是否可信。该标准体现在 1995 年《实用性审查指南》中，但因其过于宽泛而饱受诟病。所以，2001 年《实用性审查指南》又采用了三步判断法（three - prong），即判断是否具备特定实用性、本质实用性、可信实用性或公认实用性，并沿用至今。[④] 换言之，一项发明必须至少公开了一项具体的和实在的用途，才能满足美国当代实用性要求，同时该具体实在的用途应当是公认或是可信的。三步判断法与两步判断法相比相对严格，但是就世界范围而言美国的实用性标准仍然是相对宽松的。这也符合“阳光之下的人造万物”都可能授予专利的美国专利法理念。美国实用性的外延相当宽泛，不论是商业用途还是工业用途，甚至是医学用途，只要该发明是有用的就满足了最小限度的社会功用，具有实用性。美国专利法并没有产业制造或使用的要求，因而被称为效用说。

根据美国实用性标准，某项发明创造若只能被作为科学研究工具使用，而不能直接产生产业上的结果，将不能被认为具有特定实用性

---

① Lowell v. Lewis, 15 F. Cas. 1018, 1817 U. S. App. LEXIS 169 (C. C. D. Mass. May 1, 1817).

② Brenner v. Manson, 381 U. S. 519 (1966).

③ 51 F. 3d 1560, 34 U. S. P. Q. 2d 1436 (Fed, Cir. 1995).

④ 张晓都：《生物技术发明的实用性》，载国家知识产权局《专利法研究》(2001)，知识产权出版社 2001 年版。

及本质实用性，不符合实用性要求。有学者认为人类胚胎干细胞也属于研究工具，不能获得专利保护。① 从竞争关系角度看，干细胞的主要生物学功能在于培养多能细胞及人体组织，属于基础性研究工具，对于研究细胞学和人体发育具有重要作用，由私人拥有专利权会阻碍下游生物技术研发活动的顺利开展。所以，对于实用性标准的严格掌握，将会排除包括胚胎干细胞在内的生物学研究工具发明获得专利权。这固然会阻碍针对研究工具研发的投资活动，但是有利之处在于降低了下游技术的交易成本和研发成本。此外，对于手术方法等直接作用于人体的治疗方法，因为其有赖于患者个人情况，并且每个人对药物或者治疗的反应可能不同，也被认为没有工业应用价值，仅有临床应用价值，不符合美国专利法上的实用性标准。② 因此，如果发明包含从人体获取干细胞原料的外科手术方法，则不具备实用性。

（二）欧盟实用性标准

不同于美国的效用说，工业应用性的实用性判断标准在欧洲得到普遍认同。《欧洲专利公约》要求发明应有工业应用性，必须能在工业上制造或使用。发明具有科学研究价值并不一定具有工业应用性。“工业”的含义在现代扩张到能够获得专利授权的所有经济产业之中，并不局限于字面上的“工业”范围。《欧洲专利公约》第 57 条也规定一项发明如果可以用于包括农业在内的任何一种产业，就可以被认为是适于工业应用的。《欧盟生物技术发明法律保护指令》第 3 条第

① P. Y. Lee，“Inverting the Logic of Scientific Discovery：Applying Common Law Patentable Subject Matter Doctrine to Constrain Patents on Biotechnology Research Tools”，*Harvard Journal of Law & Technology*，Vol. 19，No. 1，2005，pp. 79 – 109.

② Huan Zhu，A Comparative Study on Human Embryonic Stem Cell's Patent – Eligibility in the United States，the European Patent Organization and China，http：//works. bepress. com/huan_zhu/1/，2018 – 1 – 2.

1 款规定凡是具备新颖性、创造性和具有工业用途的发明都可以授予专利保护，包括涉及生物材料的产品或者生产、加工或使用生物材料的方法。然而在该《指令》第 6 条第 2 款中规定，为工业或商业目的使用人的胚胎不具有可专利性。可见，工业应用的实用性要求与禁止将人类胚胎用于工业或商业目的之间存在矛盾。在 Brüstle 案中，欧盟法院认为不授予专利的范围包括了人胚胎在科学研究中的应用。当发明的方法实施事先要破坏人胚胎或以人胚胎作为基础材料，都不能授予专利权。如果使用现有技术方法可以通过不破坏胚胎的方式产生胚胎干细胞，或基于现有细胞系所进行的胚胎干细胞研究成果，则具有获得专利授权的资格。[①] 显然，欧盟严格限制人类胚胎干细胞发明获得专利，但是并没有完全禁止授权。在不违背道德条款的基础上仍然认可其具备专利性，不授予专利并不是因为其缺乏实用性。

与美国要求有实际用途的实用性标准不同，欧洲的工业应用性只要求能在工业上被制造或使用，并没有特别要求产品或方法有用。虽然在传统的机械或者电学领域，有用性往往不证自明，但是对生物技术发明而言有用性并不显而易见。欧盟内部对此分歧颇深，但在生物技术领域最终还是响应了美国的标准。《欧盟生物技术发明法律保护指令》要求的基因序列发明判断标准实质上为美国的实用性标准。因为人类胚胎干细胞在本质上与基因具有相通性，所以相关专利也应当适用此标准。

欧盟《伦理报告》对于干细胞发明实用性问题进一步阐述为“未经修饰的分离干细胞不能满足专利性要求，特别是要求工业中的应用”。[②] 因此，排除了未经修饰干细胞的实用性。此外，该报告还认

---

① Court of Justice of the European Union, Judgment in Case C – 34/10 Brüstle v. Greenpeace.

② The European Group on Ethics in Science and New Technologies to the European Commission, *Opinion on the Ethical Aspects of Patenting Inventions Involving Human Stem Cells*, Brussels: European Commission, 2002, p. 16.

为，“未改性的干细胞系不应申请专利，因为细胞系可能有较大的未在专利申请中描述的使用范围，给予专利授权可能导致过于宽泛的保护范围”。[①] 由此，申请人获得的专利保护应当与其所作技术贡献，特别是在产业应用方面的贡献相适应。“干细胞系已通过体外治疗或转基因被修改，使他们获得了某个特定的工业应用特性，可以满足专利性尤其是实用性的要求。”[②] 在干细胞系获得专利的情况下，授权范围也有限制。“干细胞发明专利应该只涉及特定的和被充分准确地描述的干细胞系，并且授权范围仅包括其明确的工业应用。”[③] 因此，实用性对于受到保护的专利权利要求范围仍然起到了明显的限制作用，不能将未在专利申请中描述的实际用途包含在专利保护范围之中。

（三）英国实用性标准

《英国专利法》对实用性的法律规定采用了欧盟的工业应用标准。该法第 4 条规定，如果发明创造可以在任何一种行业（包括农业）得到制造或者使用，就具备工业应用能力。英国知识产权局关于干细胞等生物技术发明的专利审查标准既要受制于欧盟指令及欧洲法院裁决，又体现了其独特性。在 2016 年英国《涉及生物技术发明专利申请审查指南》中也阐明应当考虑发明是否具备有用的用途。[④] 判断生

---

① The European Group on Ethics in Science and New Technologies to the European Commission, *Opinion on the Ethical Aspects of Patenting Inventions Involving Human Stem Cells*, Brussels: European Commission, 2002, p. 16.

② The European Group on Ethics in Science and New Technologies to the European Commission, *Opinion on the Ethical Aspects of Patenting Inventions Involving Human Stem Cells*, Brussels: European Commission, 2002, p. 16.

③ The European Group on Ethics in Science and New Technologies to the European Commission, *Opinion on the Ethical Aspects of Patenting Inventions Involving Human Stem Cells*, Brussels: European Commission, 2002, p. 16.

④ United Kingdom Intellectual Property Office, *Examination Guidelines for Patent Applications Relating to Biotechnological Inventions in the Intellectual Property Office*, 2016.

物技术发明是否具有工业应用性，从发明本身看往往不明显，所以与传统领域相比更为困难。该《审查指南》通过引述 HSG 案审判要点作为工业应用性的判断标准，即符合“可实际应用”“有益使用”“具体利益”“真正而非纯理论”“明确作用”“合情合理可信使用”等多方面要求。① 因此，其确立的标准实质上体现了美国的三步判断法。此外，根据《英国治疗发明专利审查指南》，在人体中进行胚胎移植等操作不具有可专利性。② 例如，利用胚胎体外受精等方法治疗不孕症被认为是治疗性的。将体外受精胚胎植入通常被认为是手术过程，因而不具有可专利性。③ 此外，人类胚胎的植入构成“商业或工业用途”，也将违反《英国专利法》附录 A2 中关于人类胚胎工业或者商业利用不得授予专利的要求。因此，如果干细胞发明涉及用外科手术方法从人体获取胚胎的步骤，则不具备重复实施性，从而不满足实用性的要求。

三 我国人类胚胎干细胞专利实用性标准解读

专利具有地域性，国外的专利实用性标准能够提供借鉴意义，但是最终依据还是我国专利法标准。我国《专利法》对实用性的立法规定参照了欧洲工业应用性标准，要求能够制造或使用，只不过在名称上我国为避免产生混淆而用“产业”取代“工业”，但其本质与欧洲标准相同。④ 2010 年《专利审查指南》进一步明确了实用性概念：符合自然规律、具有技术特征并且可实施；其产生的经济、技术和社会

---

① HGS v. Eli Lilly [2011] UKSC 5148.

② United Kingdom Intellectual Property Office, *Examination Guidelines for Patent Applications Relating to Medical Inventions in the Intellectual Property Office*, April 2016.

③ 参见英国专利审查案 Occidental Petroleum’s Application BL O/35/84.

④ 我国《专利法》第 22 条第 4 款规定：实用性是指该发明或者实用新型能够制造或者使用，并且能够产生积极效果。

效果是可以预料到的，并且应当是积极有益的。[①]《专利审查指南》也明确了审查标准，并列举了不具备实用性的主要情形。概括而言，我国现有的实用性标准包括以下几个方面。

（一）可实施性

可实施性要求发明必须能够解决技术问题，并且能够在产业中应用，即能够制造或使用。申请专利的发明应当是详细、完整、成熟的技术方案才符合具体的可实施性，如果是抽象或纯思维的技术理论或主观描述则不具有可实施性。绝大多数人类胚胎干细胞相关专利是客观、具体的实施方案，但是也不可避免存在某些抽象的理论，特别是理论与具体应用相结合的混合情形，所以可实施性是将纯粹的理论剔除的一个重要标准。符合自然法则是具有可实施性的基础，永动机等违背自然规律的发明在本质上便不具有实施可能性。人类胚胎干细胞专利是现代生物技术的成果，在若干年前其医疗应用价值还没有被发掘出来，目前已经逐步被发现。以该技术为代表的现代生物技术顺应自然规律，在本质上具备了实施可能性。

由于干细胞来源是否稳定直接影响其技术能否得到实施，因此干细胞发明的实用性不仅受到技术本身的影响，而且受到干细胞来源是否达到规模化程度的影响。专利申请权利要求或者说明书中描述的胚胎干细胞提取方法可能影响实用性判断。例如，在“人或动物卵细胞提取物及用于干细胞扩增与诱导分化”专利复审案中，复审委指出，“由于受人体的排卵方式和排卵周期的影响，以及人类卵细胞提供者的主观意愿的影响，从人体直接收集人卵细胞作为原料无法大规模在

① 参见《专利审查指南》第2部分第5章第2节。

产业上使用”，因此不具备实用性。同时，复审委也指出，“从卵巢手术切除的废弃组织中获得以及通过卵细胞培养获得的人卵细胞”可以在产业上利用，不能否定其实用性。[①] 此外，如果获取干细胞的原材料需要通过外科手术方法从人体获得，则不具备可实施性。在“从活检分离和扩充心脏干细胞的方法”专利复审案中，复审委认为，该发明所需“原材料必须来自人心脏活检组织，由于人体器官或活检组织样品只能在医院、科研机构等以医疗、研究等目的获取，无法在产业上制造或使用”，因此不具备实用性。[②]

值得注意的是，人类胚胎干细胞实用性与技术是否已经实施无关。[③] 因此，实用性审查不涉及伦理道德问题。书面判断原则也使得实用性要求不会因为申请人实施能力不足而成为障碍。具体而言，对于某一领域的新技术方案，法律对于授予专利权的发明创造并不要求必须已经在产业中实际制造和使用，仅需要进行书面上的判断，确定该技术方案是否具有可行性，是否具备能够制造或使用的可能性。

（二）可再现性

根据《专利审查指南》的定义，再现性是指所属技术领域的技术人员，能够重复实施专利申请中的技术方案，不依赖任何随机的因素，获得基本相同的实施结果。[④] 此外，《专利审查指南》针对微生物领域某些发明，认定其不能再现而不具备实用性。比如通过物理、化学方法进行人工诱变生产新微生物的方法，认为即使清楚记载了诱

---

① 参见国家知识产权局专利复审委员会第 FS13583 号复审决定。

② 参见国家知识产权局专利复审委员会第 50471 号复审决定。

③ 参见《专利审查指南》第 2 部分第 5 章第 3.1 节。该节明确指出，实用性与所申请的发明或者实用新型是怎样创造出来的或者是否已经实施无关。

④ 参见《专利审查指南》第 2 部分第 5 章第 3.2.1 节。

变条件，也很难通过重复诱变条件而得到完全相同的结果。[①] 因此，对于诱导性多能干细胞，如果其也需要依赖随机因素才能得到有益结果，则也可能被认为不具有实用性。在“自体干细胞、由其转化而成的目标细胞及其用途”专利复审案中，复审委裁决意见认为，“来源于血液中单核性细胞的自体干细胞及由其转化得到的目标细胞在临床细胞治疗中存在应用价值，且由于单核细胞存在于每个个体中，本申请所述方法可重复实施于每一个体，不受随机因素的影响，具备再现性。”[②] 因此，只要干细胞技术不依赖随机因素，能够重复获得相应技术效果，则可以被认为具有可再现性。

授予发明以专利权的前提之一，是该发明创造能够被同行业者制造或使用，而实施产生的结果趋于一致，否则将给机会主义行为者留下“搭便车”的空间。如果一项发明创造仅在独一无二或极其苛刻的自然条件下才能实现，他人根本无法进行重制，发明人已经取得了事实上的排他独占权，法律也就无须给予其保护。如果专利市场充斥着无再现性的专利，那么专利制度的权威将受到严重挑战。因此，产品发明应当能够在生产中批量生产，方法发明应当可以在生产中重复使用。人类胚胎干细胞的提取和培养方法及衍生发明等，可以大规模地生产，能够被运用到工业、商业中，因此具有工业实用性。[③] 如果人类胚胎干细胞发明只是停留于偶然实验程度，则不具备可再现性，不符合实用性条件。可重复性并不要求每次实施均得到一致的结果，而是要求重复频率在合理阈值之内。尽管人类胚胎干细胞技术已经渐趋完善，但是仍然会受到偶然因素的影响，不能以个别结果的不一致否

① 参见《专利审查指南》第2部分第10章第9.4.3.2节。

② 参见国家知识产权局专利复审委员会第46398号复审决定。

③ 龚跃等：《人类胚胎干细胞科技的专利困境与路径选择》，《医学与哲学》（A）2016年第11期。

认人类胚胎干细胞发明的可再现性。

（三）有益性

有益性在立法上称为积极效果，是我国专利实用性审查的又一重要标准。根据《专利审查指南》，有益性可以分为经济有益性、社会有益性和技术有益性，分别反映专利在经济、社会和技术领域等各方面的积极有益的实施效果，这也体现了促进科学技术进步与技术创新的专利立法目的。《专利审查指南》认为明显无益、脱离社会需要的发明或实用新型专利申请的技术方案不具备实用性。[①] 有益性并不要求发明完美无缺，但允许技术缺陷的存在。不能因为存在某种负面效果和不足就全盘否定其实用性。只要存在的缺点和不足尚未严重到使有关技术方案无法实施或者根本无法实现其发明目的的程度，就应认定其具有实用性。人类胚胎干细胞专利作为新兴的生物技术在技术方案上还存在潜在的风险，比如 iPS 存在高致癌率等问题，并不能因此否认人类胚胎干细胞的实用性，对于存在的弊端可以通过配套技术得以有效解决。但是，仍然要求在整体上使有益性占主导地位，如果明显弊大于利或者与现有技术相比明显变劣则应认定其明显无益。

积极效果是我国实用性独有的标准。虽然我国的产业实用性标准与欧洲的工业应用性标准相似，但是后者并没有效用的一般规定。《美国专利法》三步检验法只要求具备一项以上特定、本质、可信的用途即可，无须考虑专利存在的消极弊端，因而更具有可操作性。我国的有益性判断需综合考量技术发明的整体效果，虽然意图反映立法目的，但是降低了可操作性，所以一直饱受学者诟病。

---

① 参见《专利审查指南》第 2 部分第 5 章第 3.2.6 节。

他们认为技术效果是充分公开与创造性需要考虑的问题，积极效果的规定与其产生竞合。[①] 影响积极效果发挥的应当是技术方案固有的缺陷而非因为没有充分公开。也有学者认为积极效果与《专利法》第5条社会公德、公共利益的规定相竞合。[②] 虽然对此尚存在争议，但是现有立法从经济、社会、技术多方面对专利有益性提出要求，仍然可以为解决人类胚胎干细胞可专利性问题提供依据。

在经济有益性方面，人类胚胎干细胞蕴含巨大的商业价值和市场潜力，技术成熟的有关专利投入市场之中获得成功是可以预见的。在社会有益性方面，人类胚胎干细胞具备广阔的医学应用前景，有益于公共医疗卫生事业的发展，可以进行细胞治疗、测试毒性、疾病模型研究。[③] 在技术有益性方面，人类胚胎干细胞作为前沿的生物技术，不仅具备商业价值和医疗价值，更是人类技术发展的重要体现。人类胚胎干细胞技术反映了一个国家整体科学技术水平的提高，是国家科技创新能力的体现。例如，在经过体外改造或基因修饰的人类胚胎干细胞中加入有益的人为因素，则具有技术有益性。[④]

（四）不涉及非治疗目的的外科手术方法

根据《专利审查指南》第2部分第5章第3.2.4节，非治疗目的的外科手术方法被认为不具备实用性，原因是它以有生命的人或者动

---

① 宋岩：《专利实用性与充分公开的竞合适用问题浅析》，《知识产权》2015年第12期。

② 张晓都：《生物技术发明的实用性》，载国家知识产权局《专利法研究》（2001），知识产权出版社2001年版。

③ 吴秀云、潘荣华：《人胚胎干细胞发明的可专利性探讨》，《科技管理研究》2015年第6期。

④ 龚跃等：《人类胚胎干细胞科技的专利困境与路径选择》，《医学与哲学》（A）2016年第11期。

物为实施对象，无法在产业上使用。如果申请专利的发明包含此类手术方法，则也不具备实用性。在美国加利福尼亚大学董事会“衍生自人类胚胎干细胞的用于脊髓损伤的再髓鞘化和治疗的少突胶质细胞”专利复审案中，就涉及了在获取人体胚胎干细胞时可能基于非医疗目的针对人体使用外科手术方法时，是否具有实用性的问题。该专利原审部门认为：该专利发明中获取“多能干细胞”，需要首先通过非治疗目的的外科手术方法获得人或动物的骨髓或其他组织，在产业上无法使用，所以不具备实用性。但复审决定认为：技术方案均未包括从非胚胎组织中获得多能干细胞的分离步骤，技术方案只是与已经建立的灵长类多能干细胞系或人胚胎干细胞系有关，利用非治疗目的的外科手术方法进行分离并非技术方案中不可分割的一部分。[①] 因此驳回决定和前置审查意见中的理由不成立。在美国的专利实用性审查标准之下，外科手术和诊断方法发明也具有可专利性。但在欧洲工业应用性与我国产业应用性中，用于非产业性领域的发明不具有可专利性。

此专利审查复审案的参考意义更在于对实用性的追溯。专利审查部门认为，实用性判断需要追溯胚胎干细胞分离与获得的来源，即使在权利要求的技术方案中对此并不涉及，原因是分离步骤是要求授予专利的技术方案中必不可少的前提。但是复审决定认为对于从已经建立的胚胎干细胞系中获得多能干细胞并不需要追溯其实用性。对于是否需要对干细胞追溯来源的问题最早存在于胚胎干细胞系伦理道德问题。此复审决定将实用性审查的起点同伦理道德审查保持一致，体现了我国实务中对于实用性标准的发展。

此外，利用穿刺取血等方法获得干细胞，以及从毛囊等人体组织

---

① 参见国家知识产权局专利复审委员会第 42698 号复审决定。

获得干细胞也都不属于非治疗目的的外科手术方法，具有实用性。[①]而对患者注射利多卡因并利用微型吸引针无菌抽取患者微量脂肪组织，则属于非治疗目的的外科手术方法，不具备实用性。[②]尽管以上专利申请并未涉及从人体胚胎获取干细胞，而是从其他人体器官或组织中获取，但是从另一侧面可以推论，如果发明不可避免地包括从人体获取胚胎并提取干细胞，则可能被认为属于非治疗目的的外科手术方法，从而不具有实用性。

四　我国人类胚胎干细胞发明实用性标准的改进路径

（一）应当合理界定专利实用性标准

我国在原则上认可了人类胚胎干细胞成熟的相关技术方案具有实用性，但现有的实用性标准并不能完全适合人类胚胎干细胞技术的发展。应当在审查指南中明确规定：（1）对于未被分离并处于自然状态的干细胞认为其不符合实用性；（2）对于具有临床价值或者研究工具价值的胚胎干细胞发明认可其实用性；（3）对于包含治疗或者非治疗目的的外科手术方法的干细胞提取技术认为不具有实用性，但是如果提取方法不必然含有外科手术方法除外。由此，完善我国专利审查中的实用性标准。

专利授予范围与实用性标准有密切关系。如果实用性标准较高，那么只有部分成熟的人类胚胎干细胞发明能够被授予专利；如果实用

---

① 参见国家知识产权局专利复审委员会第53853号复审决定，发明名称为“从血液特别是外周血扩增成体干细胞的方法及在医药领域的相关应用”；国家知识产权局专利复审委员会第63945号复审决定，发明名称为“表达巢蛋白的毛囊干细胞”。

② 参见国家知识产权局专利复审委员会第77035号复审决定，发明名称为“从微量人脂肪组织提取间充质干细胞及规模化培养的方法”。

性标准较低，那么相对不成熟的人类胚胎干细胞发明也将被纳入专利的保护范围之内。实用性标准的高低不仅影响人类胚胎干细胞专利的授予，还可能会影响到前期研究的投入以及后续相关技术的研发。美国实用性标准的演化也反映了国家政策及其所体现的利益需求的影响。在美国专利审查和司法实践中，实用性标准成为调节利益的法律杠杆。① 实用性标准的演变潜在反映了维护国际竞争力的国家利益需求。② 相对于美国和欧洲，我国的实用性标准较高③，属于概括性的判断方式，并且可操作性较差，难以进行有效认定，没有发挥其应有价值。实用性标准不明确会给人类胚胎干细胞的发明创造活动及其投资者带来更大的风险，不利于相关产业的发展。

（二）实用性标准应当与科技政策相结合

虽然我国政府十分重视以治疗和预防疾病为目的的人类胚胎干细胞技术研发，诸多政府规划均提及要鼓励和支持开展人类胚胎干细胞相关的科学研究，但是对于专利保护的作用未充分重视。我国在该领域的研究活动主要由政府主导并以财政支持，创新成果也主要由公立机构掌握，而很少有私营企业涉及此方面的研究。④ 人类胚胎干细胞研究所耗费的资源多，若没有专利制度的激励，以营利为目的的企业很难产生研发积极性。此外，高校相关智力成果也将因此进入到公共领域，反而会造成“公地悲剧”。发达国家的生物公司实力雄厚，技术条件也更为充分，在完全竞争的市场条件下，我国企业并不能取得

---

① 陈瑜：《美国专利实用性探析与启示》，《技术经济与管理研究》2014 年第 11 期。

② 杨德桥：《专利之产业应用性含义的逻辑展开》，《科技进步与对策》2016 年第 20 期。

③ 王澄：《对实用性审查标准的一点思考》，《知识产权》2010 年第 2 期。

④ Y. Peng, “The Patentability of Human Embryonic Stem Cell Technology in China”, *Nature Biotechnology*, Vol. 34, No. 1, 2016, p. 37.

竞争优势。所以，在我国严格解释人类胚胎干细胞发明道德问题以及过高专利实用性审查标准之下，私营企业将因为缺乏有效专利保护而丧失研发积极性，造成创新动力不足的结果，不利于在新一轮的科技竞赛中抢占优势地位。美国在奥巴马政府时期已经放开了联邦基金对于人类胚胎干细胞研究的限制，这对于本来就处于领先地位的美国人类胚胎干细胞产业而言又是利好因素。[①] 在布什政府时期，联邦政府并不提供资金资助，美国依然靠着有限的州政府资金和私人资金投入取得了人类胚胎干细胞研究的龙头地位，在联邦政府提供资金支持的背景下将会有更多的私人资金投入研究之中。

（三）实用性标准应当与相关产业竞争力相适应

为了促进人类胚胎干细胞相关产业的发展，我国应当同国际接轨，借鉴国外实用性标准，为以人类胚胎干细胞为代表的生物技术另行设定实用性判断标准，可参照前述英国《涉及生物技术发明专利申请审查指南》，或者参照美国制定《实用性审查指南》，也可以在现有《专利审查指南》基础之上进行完善。美国的三步判断法具有可操作性强的特点，在实质上被欧洲、日本借鉴吸收，而我国实用性判断标准中的“积极效果”因其不确定性而备受学界争议，所以有必要将此标准参照美国的三步判断法进行完善。但同时也应当看到，我国当下人类胚胎干细胞相关产业仍处于起步阶段，如果完全放宽实用性标准，国外的生物技术公司将会进行专利布局。而我国企业相对弱小，拥有政府拨款研究项目的大学申请专利与促进专利技术商业化的动机不强，目前放宽专利实用性标准的条件并不成熟。我国更适

① 肇旭：《解读美国人类胚胎干细胞研究现行法律与政策》，《武汉科技大学学报》（社会科学版）2010 年第 5 期。

合在国内相关产业技术竞争力发展到一定程度之后再逐步放宽实用性标准。

为应对我国现有的产业困境，人类胚胎干细胞技术开发应当采用产学研协同创新的模式。产学研协同创新是现代科技创新的主要方式，由政府提供部分资金支持，产学研协同参与，产生协同效应。产学研协同创新模式更适应人类胚胎干细胞研究具有的基础科学研究和应用技术开发模糊化、发明与发现混合的特点。基础科学研究可以由高校、科研机构获得研究成果，具有商业价值的应用技术开发可以由企业市场化进行。此外，干细胞领域上下游研发单位采用专利权共有形式，既可以避免企业形成对技术的垄断地位，减少权利滥用的可能性，实现公共利益最大化，也可以促进企业盈利目的的实现，提高其参与人类胚胎干细胞技术开发的积极性。有必要通过产学研协同创新的方式扶持行业龙头企业，提升企业自主创新能力，进行专利布局，争取在全球人类胚胎干细胞技术市场中占据一席之地。在国内相关产业具有更大竞争力后，可以借鉴国外经验，逐步放宽实用性判断标准以及人类胚胎干细胞专利的授予限制，而产学研协同创新的模式也将继续发挥其优势，从而有效规避外国企业在人类胚胎干细胞领域的新一轮专利圈地。①

专利实用性问题对以人类胚胎干细胞为代表的生物技术具有重要意义。各国虽然都规定了专利实用性要件，但具体认定标准不尽相同，在不同历史时期也呈现不同的宽严程度。与欧美国家以及实用性要件国际协调发展趋势相比，我国实用性标准操作性不强，标准也更为严格，不利于相关产业的培育和发展。我国有必要借鉴国外实用性

---

① 赵蕴华等：《基于专利分析的干细胞技术创新趋势研究》，《现代生物医学进展》2014 年第 23 期。

的有益立法经验提升可操作性。基于我国政府主导、财政支持为主的研发现状以及人类胚胎干细胞技术的特点，应当通过产学研协同创新的模式扶持相关行业的发展，等时机成熟再进一步完善专利实用性标准，逐步调整实用性标准以符合国际发展趋势，占领未来人类胚胎干细胞技术与市场的高地。

第二章　高新技术创新与知识产权司法审判问题

第一节　高新技术创新与知识产权司法审判体制改革

一　国家治理现代化背景下的知识产权司法改革

随着高新技术创新活动不断发展，创新主体之间相关知识产权纠纷解决机制的构建和完善将显得十分重要。司法审判应当在知识产权纠纷解决中发挥主导作用。中共中央《关于全面推进依法治国若干重大问题的决定》提出，通过全面推进依法治国，促进国家治理体系和治理能力现代化。司法体系和司法能力现代化属于国家治理现代化的重要组成部分，尤其是人民法院作为国家治理多元主体的重要机构，有着独特的功能定位。法院除具有其定分止争的初始功能外，还具有规制公权、保障私权、彰显公共政策、维护法治、参与国家治理等多重延伸功能。[①]

司法改革应该成为国家治理现代化和法治秩序构建的最佳切入点，在某种意义上可以说是中国能否推进法治、推进国家治理现代化的试金石，也是非常重要的操作杠杆。[②] 在关于全面深化改革的系统部署中，包括在知识产权领域“建立知识产权法院”等重大举措。[③] 知识产权法院的建设将对我国法院体系、审判制度及审判机制产生重大影响[④]，事实上也成为中国司法改革的探索者和先行者。以此为契机，可以探索完善以司法审判为中心的知识产权诉讼制度，合理定位知识产权审判的属性，改革和完善知识产权审判体制、机制，建立符合知识产权案件审判规律的专门化程序和审理规则，全面实行各项司法改革措施，不断提升知识产权审判质量和水平。

《国家知识产权战略纲要》明确指出，要“发挥司法保护知识产权的主导作用”，这意味我国知识产权保护重心将有所转移，在保护体制、措施和效果上，将更加注重发挥司法保护的作用。[⑤] 知识产权法院的设立不仅是突出司法保护主导作用的积极表现，同时也是司法改革一个重要的组成部分。在国家治理现代化的背景下开展知识产权司法审判体制改革，必须立足于整个司法改革的大局，贯彻落实司法改革的各项举措，这对于今后促进改革的深化尤为重要。

---

① 卞建林：《司法在国家治理现代化中的地位和作用》，《法制与社会发展》2014 年第 5 期。

② 刘红臻：《国家治理现代化的法学解读与阐释——“民主、法治与国家治理现代化学术研讨会”综述》，《法制与社会发展》2014 年第 5 期。

③ 曹新明：《建立知识产权法院：法治与国家治理现代化的重要措施》，《法制与社会发展》2014 年第 5 期。

④ 张广良：《知识产权法院制度设计的本土化思维》，《法学家》2014 年第 6 期。

⑤ 谭华霖、张军强：《知识产权司法保护绩效评价研究》，《社会科学》2012 年第 5 期。

二　知识产权司法审判体制改革的基本价值

自经济学的“成本”“收益”概念被引入法学后，公正与效益并列成为司法制度改革的两大主题。因而，“公正与效率作为正义的两个重要维度”①，也应当是评判知识产权司法审判体制改革成效的基本标尺。与此同时，为了将其纳入司法改革的体系化框架，有必要克服司法审判的地方化和行政化，并确保在法律框架下推进改革的各项具体措施。

（一）司法治理的公正与高效

首先，公平正义是中国特色社会主义司法的内在要求，也是司法审判的核心价值追求。国家治理现代化的重要价值目标之一，即是创造有利条件确保营造公平公正的社会环境和制度框架，而公正司法是其重要手段。由于知识产权审判在技术上的专业性，为保证实体和程序上的公正，减少诉讼参与者对司法审判的不信任感，由“专门法院管辖、专门法官承办专业型案件”的诉讼新制应当采用程序便捷、组织合理、制度完善的审判模式。有必要缓解知识产权审判领域平行程序和技术问题两大制约因素，使判决结果获得当事人的接受与认同，进而重建诉讼参与者对知识产权司法审判体制，乃至对知识产权司法保护的信任和依赖。在国家治理现代化背景下，更应秉持公正的司法理念，强化对权利人合法权益的专业化保护，达到公正治理的预期目的。

其次，效率作为国家治理现代化的另一重要价值目标，能确保司

① 齐树洁：《民事司法制度研究》，厦门大学出版社 2006 年版，第 9 页。

法活动的高效运作。当事人参与知识产权的创造、运用和保护活动本身具有商事行为的营利属性，必然会要考量参与诉讼活动的时间成本、经济成本和机会成本。因此，评判知识产权司法改革的成效也必须注重经济逻辑，实现成本投入与效益产出的有机结合①，在节约审判成本的同时提高司法效率。此外，知识产权诉讼制度也必须遵循“比例原则”，根据案件复杂性、重要性的不同，配置相应的司法资源。② 例如，应根据不同类型的知识产权案件，区分技术事实争议存在与否及争议大小，并且决定技术调查官是否参与审理。

（二）司法改革的体系化

首先，知识产权领域的司法权属于中央事权，应当防止地方化和行政化。由于知识产权司法审判常受困于发展地方经济等其他非法律目标，因此在改革时尤其需要对此加以克服。中央司法改革的很多措施都已经在知识产权法院建设过程中得到实行，包括主审法官员额制、办案责任制、人员的分类管理、法官的制度保障以及以审判为中心的诉讼制度改革等。例如，2014 年 10 月最高人民法院通过的《关于北京、上海、广州知识产权法院案件管辖的规定》，秉持了探索设立跨行政区划人民法院的精神，扩大了知识产权法院对一审知识产权案件跨区域管辖的范围，这对于解决司法行政化和司法地方化问题极具意义，为进一步提升知识产权司法公正性和公信力确立了制度保障。

其次，有必要在法律框架下进行知识产权司法审判机制的改革，

① 陈光中：《国家治理现代化标准问题之我见》，《法制与社会发展》2014 年第 5 期。

② 制度配置比例原则源于 20 世纪 90 年代的英国民事司法改革。具体可参见齐树洁《英国民事司法改革》，北京大学出版社 2004 年版，第 7—8 页。

不能再走超越或脱离法律进行改革的老路。鉴于我国北京、上海、广州三家知识产权法院设立六年多，以及为今后知识产权司法审判体制改革指明方向，可通过立法机关制定《知识产权法院组织法》或修改《人民法院组织法》等方式对其职能定位①予以明确。我国台湾地区的有关做法值得借鉴，其在成立"智慧财产法院"之初便开始施行"智慧财产法院组织法"和"智慧财产案件审理法"，并陆续制定"智慧财产案件审理细则""法院办理智慧财产案件远距离询问作业办法""智慧财产法院技术调查员借调办法"等法律法规，发布"指定智慧财产法院管辖事件令"，编印"智慧财产审理法新制问题汇编"等，为我国台湾地区知识产权案件专业化审判提供了制度保障。

三　知识产权司法审判体制改革的推进路径

（一）路径选择

在推进国家治理现代化的进路问题上，有规范论和实证论两种主张。同样，在知识产权司法审判体制改革的问题上，依然存在这两种进路选择，并且均是不可偏废的必由之路。

1. 规范论进路。根据该理论，中国的知识产权司法审判体制改革应当秉持国际法治视野，必须符合全球知识产权司法改革的标准和趋势，与其目标和原则相一致。一方面要遵循《TRIPS 协定》等国际义务标准；另一方面要与世界各国，尤其是知识产权专门法院建设的先进国家接轨。

2. 实证论进路。此立场则主张，中国的知识产权司法审判体制改

---

① 知识产权法院职能定位涉及法院的层级、管辖范围、人员组成、特殊审理规则等内容。

革不是对所谓抽象的普适标准地简单套用，而需以现实问题为导向。只有立足于中国语境的实践状况，诊断出其中的问题所在，知识产权司法改革的顶层设计才可能是有的放矢、切实有效的。概言之，要以本国问题为导向，意识到“中国问题”的特殊性，即“超大型崛起”“非均衡化发展”和“跨越式转型”。[①] 各项制度设计要采用本土化的思维方式，这对于各项具体制度设计至关重要。[②]

（二）路径考察

对于知识产权司法审判体制改革，既要从横向方面考察世界潮流的总体走向，又要从纵向方面厘清我国历史的前进方向。

1. 横向方面

当今世界知识产权司法审判体制改革比较典型的国家和地区如表2—1所示。

表2—1　典型的国家和地区知识产权专门法院建设情况表

国家和地区	法院名称	成立时间（年）
德国	联邦专利法院	1961
英国	专利法院	1977
美国	联邦巡回上诉法院（CAFC）	1982
泰国	中央知识产权和国际贸易法院	1997
韩国	专利法院	1998
新加坡	智慧财产法院	2002
日本	知识产权高等法院	2005

① 吴汉东：《国家治理现代化的三个维度：共治、善治与法治》，《法制与社会发展》2014年第5期。

② 张广良：《知识产权法院制度设计的本土化思维》，《法学家》2014年第6期。

续表

国家和地区	法院名称	成立时间（年）
马来西亚	知识产权法院	2007
我国台湾地区	智慧财产法院	2008
欧盟	欧洲统一专利法院	筹备中

由此看出，无论是英国、美国、德国等技术领先型国家，还是日本、韩国等技术赶超型国家，抑或是东南亚后发型发展中国家，都选择建立专业化的知识产权审判组织。根据其特点可以大体分为如下五类：

（1）技术性知识产权专业法院。德国专利法院是其典型代表，具有独立的并且相当于联邦高等法院的地位，主要职能是受理不服专利局专利审查决定的诉讼请求，以及专利无效、强制许可诉讼请求。[①] 其人员组成包括院长 1 人、副院长若干人，法律法官和技术法官多人，而其中对技术法官的选任最为严格，除需具备法律知识和技术背景的初步任职条件外，还要经过相应的考核合格以后，才可以担任技术法官。德国专利法院的设置具有众多独特之处，首先，在专利法院的地址选择上，为方便当事人参加诉讼和案件的迅速审理，将专利法院设立在专利与商标局所在的城市；其次，为确保查清案件事实和准确适用法律，在无效案件的审理中，采取包括法律法官和技术法官在内的 5 人组成合议庭的方式进行审理；再次，为防止当事人在法庭上的突然攻防，节约诉讼时间，提高审判效率，在专利无效案件审理中，在庭审之前即告知当事人确定案件争议焦点，并要求当事人在指定期限进行针对性答复；最后，在上诉案件的审查方式上，将原先的

① 何家弘：《中外司法体制研究》，中国检察出版社 2004 年版，第 240—242 页。

全面审查改为法律审查，显著地提高了诉讼效率。[①] 可以说，专业化审理已经成为德国知识产权案件审理的显著特征。

（2）商业性知识产权专业法院。此类法院主要是将知识产权审判与商事审判相结合，以美国联邦巡回上诉法院为典型代表。该法院是在合并美国专利与关税上诉法院和美国联邦赔偿法院的上诉审理部门的基础上成立的。[②] 美国的州法院与联邦法院是按照知识产权类型而非地域标准来区分案件的管辖权，其联邦巡回上诉法院专属管辖专利、商标等上诉案件，[③] 这有利于司法裁判标准的统一和消除司法地方化。在美国专利诉讼程序制度中，可对侵权和赔偿事宜进行分阶段审理及分别判决，[④] 有助于加速案件的诉讼进程。在侵权行为确定成立的前提下，赔偿额的确定也涉及多种证据的收集。原告若希望得到足额的赔偿仍不得不花费大量成本收集被告侵权获利的充分证据，那么案件很有可能在赔偿阶段以调解方式结案，相对于集中审理侵权与赔偿而言节约了诉讼成本。美国联邦巡回上诉法院曾被称为“知识产权领域在过去四分之一个世纪最有意义的一项制度创新”[⑤]，它切实保障了美国联邦专利制度的有效运转。

（3）“三合一”知识产权法院。其管辖的范围不仅涉及所有知识

---

① 张韬略、黄洋：《〈德国专利法之简化和现代化法〉评述——浅析德国专利法律的最新修改》，《电子知识产权》2009 年第 10 期。

② 美国联邦巡回上诉法院与原有的 12 个区域性巡回区法院不同，它是全国性的巡回区法院，对 94 个联邦地区法院专利诉讼的上诉案件有排他性管辖，同时受理直接来自美国专利与商标局或者通过哥伦比亚特区联邦地区法院的一审和间接来自该局的专利申请争议的上诉案件等。

③ T. J. O'Heam, “Patent Law Reform via the Federal Courts Improvement Act of 1982: The Transformation of Patentability Jurisprudence”, *Akron Law Review*, Vol. 17, No. 3, 1984, pp. 453 - 472.

④ 刘尚志等：《美台专利诉讼——实战与裁判解析》，元照出版有限公司 2005 年版，第 169 页。

⑤ ［美］威廉·M. 兰德斯、理查德·A. 波斯纳：《知识产权法的经济结构》，金海军译，北京大学出版社 2005 年版，第 2 页。

产权类型，而且将民事、行政和刑事案件合而为一。迄今为止，采用此类法院的有泰国和我国台湾地区。1997 年泰国设立中央知识产权和国际贸易法院，成为世界上第一个建立专业化法院管辖知识产权民事、刑事、行政，甚至执行案件的国家。该模式受到世界知识产权组织的高度推崇。① 此后，全球第二个冠以知识产权诉讼“三合一”集中审理之名的法院于 2008 年在我国台湾地区设立并开始运作。考虑到知识产权案件的审理较为专业，具备通常法律知识的法官不一定能够胜任，为此，台湾地区智慧财产法院从两个方面对这一问题加以解决：一方面对法官本身的任职条件加以严格规定，以保证案件审理的质量；另一方面则设有协助并直接参与法官判案的技术审查官。而我国知识产权法院制度设计中，为解决法官过度依赖专业机构对技术问题的鉴定这一顽疾，加快诉讼进程，提高庭审效率，应配置技术审查官协助法官审理案件。此外，为降低法院的运作成本和当事人的诉讼成本，提高案件审理的效率，在审判组织上，我国台湾地区规定知识产权案件的一审由法官独任审理；在审理方式上，可以通过网络技术采取远程方式进行庭审。

（4）分部性知识产权法院。此类法院以日本知识产权高等法院为代表②。该法院自成立以来③，采用大合议庭形式的审判组织审理了包括

---

① 郃中林：《境外知识产权专门法院制度对我国的启示与借鉴》，《法律适用》2010 年第 11 期。

② 日本知识产权诉讼中，涉及专利权、实用新型权、集成电路布图设计权、软件著作权纠纷的一审和二审，东京高等法院、东京地方法院和大阪地方法院可以启用大合议庭，东京高等法院专属管辖的专利权和实用新型权的撤销裁决的行政案件也可适用大合议庭制。

③ 在“知识产权立国”的口号下，2003 年，日本在《知识产权战略推进计划》中提出建立“知识产权高等法院”的设想。2004 年 6 月 11 日，日本国会通过《知识产权高等法院设置法》。2005 年 4 月，日本推行司法改革，成立了“知识产权高等裁判所”，它仅为东京高等法院内的特别支部，主要受理东京和大阪两个地方法院的技术型二审案件和全国各地方法院的非技术型二审案件，也接受发明专利、实用新型专利、外观设计专利和商标权确权一审案件。

一太郎案件、参数案件、墨盒案件、闪存案件、阻焊剂案件等众多影响力较大的案件。大合议庭审理在程序上最大限度地保证了正确地限定争议焦点和准确地适用法律，为树立日本知识产权司法审判的权威性起到了积极的作用。除此之外，知识产权高等法院中还配置了法院调查官协助法官审理案件，必要时可依据法官的指令对知识产权案件中有关的技术问题进行调查。① 同时，为解决知识产权案件审理中的难点问题，专业案件还可以邀请专业委员参与审理。

（5）区域性知识产权专业法院。2013 年 2 月 19 日，欧洲共 25 个缔约国签署了《统一专利法院协定》（*Agreement on a Unified Patent Court*），该协议主要目的在于共同组建欧洲统一专利法院。该法院将是欧盟地区具有权威性的超国家专利司法机构②，也是迄今为止世界范围内唯一的区域性知识产权专业法院。其中，统一专利法院的法官既有法律法官，也有技术法官③，两者在选任条件上，不仅均需具备专利诉讼的专业知识，并且已经工作一定年限积累了丰富审判经验，而且熟练掌握一门欧洲专利局官方语言也是硬性要求之一。除此之外，技术法官还应具有相应的专业技术学位，并被认可为该专业领域的专家。④ 同时，为保障法官职责专业化，设立案件登记机关负责记录从立案、审理、执行、再审等各个环节所有的法庭裁判。该法院一旦正式成立并运作⑤，欧盟将开始实施单一的专利司法制度，这对于

---

① 张玲：《日本专利法的历史考察及制度分析》，人民出版社 2010 年版，第 280 页。

② D. Xenos，"The European United Patent Court：Assessment and Implications of the Federalization of the Patent System in Europe"，*Scripted*，Vol. 10，No. 2，2013，pp. 246 – 277.

③ UPCA 第 8 条。

④ 程雪梅、何培育：《欧洲统一专利法院的考察与借鉴——兼论我国知识产权法院构建的路径》，《知识产权》2014 年第 4 期。

⑤ 欧洲统一专利法院的正式成立需要批准欧洲《统一专利法院协议》的成员国达到要求的 13 个国家，其中必须包括英国、德国、法国。目前有法国、奥地利、比利时、丹麦、瑞典和马耳他 6 个国家批准了该协议。

消除欧洲各国独立审判的差异，统一专利保护的司法标准，减轻专利权人的维权成本，促进欧盟的科技进步和经济发展乃至区域一体化进程发挥着积极作用。

从横向方面考察世界各国和地区的知识产权司法改革，知识产权案件的集中化管辖和审判组织的专业化建设已成为国际发展的新趋势，同时所建立的具体制度也各具特色。不难发现其中的共性特征，比如：在审判组织上，都无一例外地设置了相对固定的知识产权裁判机构；在受案类型上，多集中审理技术性强的知识产权纠纷；在人员构成上，注重选任具有技术知识背景的法官或技术调查员参与案件审理。

2. 纵向方面

我国知识产权审判体制改革的转折点是在 1993 年，其间经历了由“多庭并立”时期转为“一庭独审”的专业审判时期，再经过“三审合一”试点时期，进而发展为现今的知识产权法院“二审合一”与其他各级人民法院的“三审合一”试点并行不悖的审理格局。① 在 1993 年以前，我国并未建立专业化的知识产权司法审判机构，有关知识产权的案件则由其他审判庭代为审理。② 1993 年，北京

① 有学者将我国知识产权司法审判体制的发展历程分为四个时期：初创阶段、发展阶段、完善阶段和提升阶段。参见曹军《选择与回应：知识产权“三审合一”实务模型构建与探究》，人民法院出版社 2008 年版，第 1038 页。笔者也将我国知识产权司法审判体制的发展历程分为四个阶段：“多庭并立”时期、“一庭独审”的专业审判时期、“三审合一”试点时期、现今的知识产权法院的“二审合一”与其他各级人民法院的“三审合一”并行不悖审判时期。

② 知识产权案件分散在民事审判庭、经济审判和刑事审判庭中进行审理。其中对于专利案件，1985 年最高人民法院发布了《关于审理专利纠纷案件几个问题的通知》，规定由经济审判庭审理专利案件。其中关于使用费的纠纷案件、专利侵权的纠纷案件、专利申请权和专利权转让合同的纠纷案件，由各省、自治区、直辖市人民政府所在地的中级法院和各经济特区的中级法院作为第一审法院，各省、自治区、直辖市高级法院为二审法院。各省、自治区高级法院根据实际需要，经最高人民法院同意，可以指定本省、自治区内的开放城市或者设有专利管理机关的较大城市的中级法院为上述案件的第一审法院。有关专利的犯罪案件则由刑事审判庭审理。

市中级人民法院首次将知识产权民事和行政案件纳入知识产权审判庭的审理范围。[①] 1995 年 11 月，最高人民法院知识产权审判庭也正式宣告成立。至此之后，全国范围内有 10 多个省、直辖市高级人民法院相继成立知识产权审判庭。2000 年 10 月，为建立大民事审判格局，最高人民法院将知识产权审判庭改建为民事审判第三庭。之后，全国各级法院全面开始机构改革，将知识产权案件交由改建后的民三庭或者民五庭审理。以上这些改革措施，在一定程度上有助于解决知识产权司法审判标准不统一的问题，但是，对于知识产权民事、行政和刑事审判程序分化、法律理解和法律适用上的冲突仍未加以解决。

在此基础上，由知识产权审判庭统一受理知识产权民事、行政和刑事案件（即三审合一）的试点工作逐步推进。截至 2012 年年底，全国已有 5 个高级法院、59 个中级法院和 69 个基层法院开展了相关试点，并形成了如下比较有代表性的模式：（1）浦东模式；（2）珠海模式；（3）福建模式；（4）武汉模式；（5）重庆模式；（6）西安模式。[②]“三审合一”的审判体制有利于加大知识产权司法保护力度，解决司法冲突问题，但是其效果局限于单个法院内部，而不同地区法院之间知识产权司法裁判标准不统一所产生的区际司法冲突依旧未能解决。

目前，北京、上海、广州和海南自由贸易港的知识产权法院已经成立，标志着知识产权审判从机制改革转入体制改革，也成为我国知识产权审判司法改革新的突破口。至此，我国知识产权审判资源得以优化配置，诉讼效率进一步提高，专业化审判优势正逐步实现。

---

① 1995 年 4 月 21 日，经北京市人民代表大会常务委员会批准，北京市中级人民法院分立为北京市第一中级人民法院和北京市第二中级人民法院。

② 各模式的具体详情参见徐雁《知识产权“三合一”诉讼制度研究——以平行程序和技术问题为切入点》，厦门大学出版社 2014 年版，第 16—19 页。

从纵向方面考察，我国的知识产权审判体制经过长期的、大范围的改革试点工作，特别是三家知识产权法院的成立，在顺应世界发展趋势的同时，又扎根于中国目前的知识产权法律环境，标志着我国知识产权司法保护跨入新时期。

四　知识产权审判体制改革的制度完善

（一）创新知识产权案件审理组织

考虑到对于知识产权案件的审判庭组成，域外国家和地区也根据不同情形分别采用了不同形式的审理组织，主要通过采用程序分流机制来保证知识产权案件的公正与高效审理。例如在我国台湾地区，“智慧财产案件审理法”规定，第一审知识产权案件由法官 1 人独任审判；在日本，对复杂的知识产权案件由 5 名法官组成的大合议庭进行审理。①

然而，目前我国知识产权案件的审理基本上只采用 3 人合议制的形式，基本上不适用独任审判制和 5 人制大合议庭。而知识产权案件难易有别，对于案情简单、审理程序单一、权利义务关系明确的一审案件，可以采用独任制并适用简易程序审理方式，以便提高诉讼效率；对于案情和审理程序复杂、技术专业性强、有重大影响和指导意义的案件，可以采用 5 名审判员组成的大合议庭进行审理，以确保案件得到公正审理。同时，这也符合我国民事诉讼法有关一审案件可以根据案情适用简易程序或普通程序，二审案件适用普通程序的规定。当然，在创新知识产权案件审理组织时，必须先考虑程序分化的根据

① 张玲：《日本专利法的历史考察及制度分析》，人民出版社 2010 年版，第 279 页。

或基础。可从两个方面去把握：一是案件所涉标的额的大小、案情复杂的程度以及技术专业性的强弱；二是案件发生的领域或知识产权的种类。[①]

（二）侧重商事性审判的独特机制

知识产权法作为民法的特别法，在价值取向、权利体系和基本原则方面均与民法保持一致；但值得注意的是，知识产权法同时也具有商法属性，在实现营利目的和降低交易成本等方面与商法有相当的契合。同时，知识产权法中也体现了包括促进交易便捷、保护营业利润和维护交易安全等商法的若干原则，因此，知识产权法在性质上更为靠近具有营利性的商法而非一般民法。[②] 在知识产权审判上，也应具有体现其商事性的独特机制。美国联邦巡回上诉法院除对来自美国联邦地区法院的专利上诉案件、来自美国专利商标局的专利或商标确权案件和来自美国国际贸易委员会（ITC）的337件调查案件实行专属管辖以外，还管辖来自合同上诉委员会（Board of Contract Appeals）、联邦索赔法院、美国国际贸易法院（Court of International Trade）等机构的涉及海关、退伍军人、政府雇佣合同或技术转移等类型的案件，堪称知识产权领域商事审判的典型代表。我国知识产权司法审判体制的变革方向，应当采取与商法相协调的态度，更多地体现其商事审判的品格和特质。例如，知识产权商业性维权属于产业链上分工细化的体现，对此不能一味抵制，而应当有效地加以规范。在诉讼程序中，通过原告身份披露及更新关于专利权属和专

① 王亚新：《民事诉讼法修改中的程序分化》，《中国法学》2011年第4期。

② 杨志祥等：《知识产权制度的商法性质考辩及其发展趋势》，《知识产权》2013年第12期。

利有效期的基本信息等途径[①]，使得判决的赔偿金尽可能地反馈到实际的技术开发者处，这对于遏制专利蟑螂、促进创新与经济增长有着重要作用。

应当注意的是，知识产权司法改革有两条路径可以选择。第一是提高诉讼费用等成本，但是同时也提高单个案件判决的赔偿金额。美国专利诉讼中赔偿金超过亿元的不在少数。例如 2012 年 8 月，美国法院在苹果公司诉韩国三星公司侵犯专利权一案中判决的赔偿金高达 10.5 亿美元。第二条路径是降低每个案件的维权成本，但是也会导致个案赔偿金额不高。采取此路径时，权利人积极举证的动力会有所降低，如果审判者又希望提高侵权代价和损害赔偿，实际上是难以实现的。实践中，美国联邦巡回上诉法院是按第一条路径推进改革的。鉴于高昂的诉讼成本以及透明和具有可预测性的判决标准，以少量的知识产权案件判决指导大量知识产权纠纷得以协商解决。[②] 因此，让大量诉讼涌向法院并非知识产权纠纷的有效解决方式，而是要通过少而精的案件让法官可以集中于有影响的案件审判，提高审判质量，发挥案件判决的标志性和引导作用，形成良好的司法权威和既有判决的有效指导。这对于我国知识产权法院审理的路径选择具有重要借鉴意义。

（三）平行程序的迅捷化改革

在知识产权确权案件中，多有“循环诉讼”发生，这甚至被有些学者称为知识产权侵权诉讼中的“潜规则”。囿于行政权与司法权的

---

① 易继明：《美国〈创新法案〉评析》，《环球法律评论》2014 年第 4 期。

② 刘银良：《从美国知识产权案件之统计分析看联邦巡回上诉法院的角色与功能》，《知识产权》2014 年第 12 期。

对抗与胶合，如何破除这一长期困扰知识产权诉讼的问题，是知识产权司法审判体制改革必须加以有效回应的。有观点认为：在今后修改相应法律时，可赋予知识产权法院对讼争专利权、商标权等知识产权的效力直接做出认定的权力。[①] 我国的司法机关对此呈现出逐渐变化的历程，从初期的无权判定到目前的有条件允许。[②] 2004 年，北京市高级人民法院在深圳大豪兴利家具公司与专利复审委员会就“梳妆台”外观设计专利有效性的行政诉讼程序中，以“专利复审委员会重新做出无效宣告请求审查决定，程序上已无必要”为由，直接判决原告的外观设计专利权无效，随后引发北京第一中级人民法院做出一系列判决[③]，并直接宣告专利权无效。[④]

纵观世界各国和地区，对此问题主要有两种处理方式：一种是以德国为代表，认为在民事侵权诉讼中，管辖法院不能对专利权、商标权有效性进行判断，而只能在无效宣告争讼程序对权利状态确定后，才能开始审理侵权问题；另一种是以美国、法国、日本及我国台湾地区为代表，赋予法院在侵权诉讼中对专利权、商标权有效性的裁判权。但根据权利有效性判决的效力范围，又分为可以拘束行政机关的绝对效力类型和判决仅拘束案件当事人、不能拘束行政主管机关和案外人的相对效力类型，前者如法国，后者主要是日本和我国台湾地区。[⑤]

---

① 张广良：《知识产权法院制度设计的本土化思维》，《法学家》2014 年第 6 期。

② 杜强强：《从恭敬到不从命——在知识产权审判中法院对待行政行为公定力的态度变迁》，《行政法学研究》2006 年第 4 期。

③ 包括（2004）一中行初字第 575 号判决、（2004）一中行初字第 742 号判决、（2004）一中行初字第 769 号判决、（2004）一中行初字第 770 号判决等。

④ 耿博：《争议之判：法院直接宣告专利权无效案——接受司法审查后的行政权能否被司法权所取代》，《知识产权》2005 年第 6 期。

⑤ 史新章：《我国台湾地区知识产权司法体制改革实践与启示》，《知识产权法研究》2011 年第 1 期。

如果不挣脱“公、私二元论”的窠臼，知识产权司法审判体制改革将难以取得实效。值得注意的是，考虑到知识产权审判具有商事属性，应当更为侧重司法程序的效率价值，以推动平行诉讼问题的解决。在《专利法》第四次修改草案（征求意见稿）中曾做出相应的努力。其第46条新增的第2款明确规定：对于宣告专利权无效或者维持专利权的审查决定，国家知识产权局应当明确该决定的生效时间，并予以及时登记和公告。这意味着无效宣告决定可以在做出以后即时生效。同时，为了提高专利纠纷案件的审理效率，避免因无效宣告程序而引发循环诉讼，该征求意见稿还在第60条新增的第4款规定：审理侵权诉讼的人民法院应当根据宣告专利权无效或者维持专利权的生效决定及时审理侵权纠纷。此外，由于法院对专利复审委所作决定的改判率低，在提高知识产权确权案件审理效率的同时，也维护了公正。较为遗憾的是，《专利法》第四次修改对此未予以采纳。

（四）技术审判的专业化改革

知识产权案件，尤其是高新技术专利案件审理的技术含量远高于普通民事纠纷案件。如何准确定位技术事实认定的中立性与审判权之间的关系，如何增强法官的科技认知水平，同样也成为知识产权司法审判体制改革不得不面临的新难题。我国现有的司法鉴定、专家咨询、专家证人等制度虽然可以在一定程度上弥补法官专业技术的不足，但是存在效率较低等较为突出的问题。[①] 为此，有必要借鉴域外国家和地区的成功经验，探索具有我国特色的技术调查官制度。应在技术中立的基础之上，确保技术事实查明的专业性和技术类案件审理的公

① 孙海龙、姚建军：《司法鉴定与专家辅助人制度研究——以知识产权审判为视角》，《人民司法》2008年第3期。

正与高效，通过专业化道路解决我国知识产权司法审判中的技术问题。

具体而言，首先，要对技术调查官的职能予以明确定位；其次，在配置数量和选任条件上应从严把握；再次，在管理模式上应建立区别于法官的管理模式；最后，在职权行使上应以查明技术事实为重点，并在一定范围内协助法官办案。以职权行使为例，技术调查官应是辅助法官判定案件技术争议点的专职或兼职人员，为查明争议事实可以在庭审前查阅卷宗材料、实地勘验、进行专业知识分析，并向法官出示专业意见；庭审中经审判长许可，可以就专业技术问题向诉讼参与人发问；庭审结束后，可协助法官制作法律文书。

五　国家治理现代化必然要求与舶来之品本土化耦合之路

知识产权制度虽是罗马法以来“财产非物质化革命”的制度创新成果和西方国家数百年来不断发展成熟的“制度文明典范”，但由于我国“舶来”知识产权规则、概念、制度、术语时，缺少对传统文化的深刻反思以及对本土习惯、现实国情的洞彻了解①，使得知识产权法律制度一定程度上成为游离于现实生活之外的“空中楼阁”。经过最初知识产权立法的“被动性移植”，到现今的“主动性创制”，我国已经建立了比较完整的知识产权立法体系，可以说在世界范围内并不落后，一些法律规定与发达国家相比甚至有所超越。但与知识产权立法相比，不成熟的、粗放式的知识产权司法成为提高国家治理能力的障碍。立法与司法的脱节使我国知识产权司法审判体制存在着继续改革的战略需求。

至今，国外知识产权审判专门化机构建设（除德国和英国以外）

---

① 张乃根：《美国专利法：判例与分析》，上海交通大学出版社 2010 年版，第 1 页。

也只经历了30多年时间，相对而言，我国需要赶超的时间差距并不长，并且具有后发优势。应当看到，知识产权司法制度的完善是一个循序渐进的过程，不能脱离中国目前的法律和社会环境。尽管世界各国经验值得借鉴，但是不应将中外知识产权司法制度的同一性作为目标追求，而应当是同质不同一的。

知识产权司法改革要采用“跟进式”和“渐进式”的策略，剖析我国知识产权司法审判的发展趋势，在国家治理现代化的推动下实施改革措施，从而探寻舶来之品的本土化耦合之路，以“求最适于中国民情之法则”和“期于改进上最有利益之法则”①，为民众提供高质量的司法公共服务产品，满足社会知识产权纠纷解决的需要，提升国家现代化的治理能力。

第二节　高新技术创新与知识产权司法审判商事化改革

知识产权审判改革理念及价值取向对于知识产权实体法的有效适用以及审判制度本身的完善具有重要的指引作用。根据本节分析，知识产权审判兼具商事审判和技术审判的双重属性，在进行技术改革的同时应当更为重视商事化改革路径，从而实现审判理念和审判机制的平衡性与合理化。在高新技术创新及知识产权审判的商事化改革背景下，知识产权司法审判应当贯彻商事审判理念，体现商业价值和商业

① 杨和钰：《中国法制史》，四川人民出版社1991年版，第222页。

逻辑，注重对商业利益的尊重和维护，实现裁判结果在技术效果和商业效果上的统一，促进知识产权制度价值目标的有效实现。

一　知识产权司法审判商事化改革的重要性

（一）知识产权司法审判商事化改革的理论价值

首先，明确知识产权审判活动的价值目标。知识产权制度自其诞生之日起逐渐地具备商法性质，如今其独立于传统民事属性而具有商事属性的趋势更加明显。最高人民法院在知识产权审判工作会议上多次提到保护“商业发展”等体现商事价值目标的用语。① 知识产权的司法审判体制改革不仅要关注公平与正义的彰显，更要注重充分发挥市场经济的高效率，从而为以知识创新作为新经济增长点的新常态经济发展提供动力。

其次，明确知识产权审判的改革方向。知识产权司法审判存在技术化改革和商事化改革两条路径之争。在技术化改革路径中，德国专利法院和筹备中的欧洲统一专利法院是代表，他们推崇技术法官在专利案件审理中的专业作用。在德国联邦专利法院的法官中，有将近一半属于技术法官②；欧洲统一专利法院也将配置技术法官和法律法官，并且前者在审判庭的组建中会占据一定比例。③ 在商事化改革路径方面，美国联邦巡回上诉法院是典型例证。该法院将专利案件与商事审

---

① 2011年12月16日《最高人民法院关于充分发挥知识产权审判职能作用推动社会主义文化大发展大繁荣和促进经济自主协调发展若干问题的意见》：“在促进技术创新和商业发展确有必要的特殊情形下……认定为合理使用。”

② 郭寿康、李剑：《我国知识产权审判组织专门化问题研究——以德国联邦专利法院为视角》，《法学家》2008年第3期。

③ F. R. Dehousse, The Unified Patent Court: The New Oxymoron of European Law, Gent: Academia Press, 2013: 30; Agreement on a Unified Patent Court, 2013, Article 7, 8, 9.

判案件管辖权相结合，避免法官过度地技术性专业化。事实上，1982年前后，美国商业企业代表的强烈利益诉求成为联邦巡回上诉法院成立的重要推动力量。[①] 曾任职该法院的保罗·迈克尔认为，联邦巡回上诉法院不怎么具备科学技术法院的特点，反而更具有商事法院（Business Court）或企业法院（Corporation Court）的特征。[②]

最后，实现知识产权制度的正当性。知识产权交易具有商事交易的特殊性，减少交易成本成为知识产权制度获得正当性的重要条件。但是，目前在处理知识产权案件时均适用具有普通意义的民事、刑事和行政诉讼程序。按照传统审判机制处理会导致法律资源的不匹配，更有甚者或许会扼杀法律正义的实现。通过司法诉讼所付出的费用成本、时间成本和机会成本是交易成本的重要组成部分，能否有效地减少当事人在知识产权诉讼中支付的成本，将直接决定知识产权的交易成本能否得到抑制。如果知识产权案件当事人面临“赢了官司输了市场”的窘境，将使其逐步丧失对司法保护的信心，也将削弱知识产权制度本身的合理性和必要性。

（二）知识产权司法审判商事化改革的现实需求

首先，知识产权实体法的商事性质。知识产权法属于民法的特别法，知识产权普遍被认为属于民事权利。《民法典》采用链接模式将知识产权单行立法纳入其中，既体现了知识产权的基本属性，又承认了其相对的独立性。[③] 在法律特征方面，知识产权法同商法类似，具

---

① The Ninth Annual Judicial Conference of the United States Court of Customs and Patent Appeals，[R]．F. R. D.，1982，94：350.

② P. R. Michel，“The Court of Appeals for the Federal Circuit Must Evolve To Meet the Challenges Ahead”，*American University Law Review*，Vol. 48，No. 6，1999，pp. 1177－1203.

③ 吴汉东：《民法法典化运动中的知识产权法》，《中国法学》2016 年第 4 期。

有技术性、专业性、公法性、国际性的特征，较少具有普通民事法律规范的伦理性、大众性、民族性等特点。在法律原则方面，知识产权法体现了促进交易便捷、保护营业利润和维护交易安全等原则，在性质上更为接近具有营利性的商法，较为疏远不具有营利性质的一般民法。知识产权制度在实体法上的特殊性，使得其在程序法方面相对于普通民事诉讼法也应当具有独立性。

其次，知识产权创造及运用行为的商事属性。其一，在主体方面，从事知识产权创造、运用和保护的主要参与者不是自然人，而是作为商事主体的企事业单位。在专利领域，截至 2017 年 12 月，我国国内发明专利申请累计达 730 万余件，其中职务发明专利申请 573 万余件，占同期专利申请总量的 78.5%。[①] 在著作权领域，从事自由创作的作者人数只占全部文化艺术领域创作者总数的 22%。[②] 相对于自然人而言，商事主体拥有更多的资源进行智力成果的开发和运用，也更为精于判断知识产品的市场潜力和经济价值，能够比较稳定、持续、反复、专业地围绕智力成果从事经营活动，符合商法意义上商事主体的法律特征。其二，在行为方面，知识产权所保护的不再是一种静态的权利，当事人进行知识产权创造的目的也并非单纯对智力成果本身进行占有和消费，而是通过保护和运用追求效益最大化。彼得·达沃豪斯指出："当今全球市场上，知识不仅仅意味着权力，它也是利润的源泉。"[③] 知识产权人及其竞争对手通常会具有所属领域的专业知识和专门技能，能够超出法律规定的既有模式构建商业条款和交易

---

① 国家知识产权局统计信息，http：//www. sipo. gov. cn/tjxx/tjyb/2016/201701/P020170309587380602895. pdf; http：//www. sipo. gov. cn/docs/2018 - 02/20180201163426321301. pdf. 2018 -5 -2。

② ［德］M. 雷炳德：《著作权法》，张恩民译，法律出版社 2005 年版，第 407 页。

③ ［澳］彼得·达沃豪斯、约翰·布雷斯韦特：《信息封建主义》，刘雪涛译，知识产权出版社 2005 年版，第 43 页。

关系，并在反复实践的交易活动中形成商业惯例和商业习惯，从而更有利于获得营业利润。例如，除了传统的知识产权转让、许可、质押、投资入股外，知识产权信托、托管、证券化、标准化等直接、间接转化模式纷纷应运而生。然而，其中部分商业模式尚不能得到法律承认。[①]

最后，知识产权诉讼行为的营利属性。权利人提起知识产权诉讼的目的不是为确认或者获取权利本身，而是最大限度地获得商业利益。美国联邦法院法官伊斯特布鲁克曾经表示，法院“给予专利权人享有其权利得到尊重时应当享有的经济利益”。[②] 如果诉讼成本过高，当事人会选择放弃诉讼或者和解，客观上呈现为将司法诉讼作为工具加以使用的结果。例如，在“反诉讼过程的行为”现象中，诉讼过程中展开过激烈对抗的当事人，在庭后却能就自己在诉讼中的主张进行让步，从而达成和解。[③] 因此，知识产权案件的效益成本考量将成为当事人决定诉讼行为取舍的关键，知识产权诉讼获利目的应得到法院认可。根据美国学者凯利发布的研究报告，美国联邦巡回上诉法院依据专利侵权行为造成的利润损失来计算损害赔偿额。[④] 有美国学者指出，“专利诉讼被告经常担心被起诉侵权对商业活动造成中断和带来损失，并且无法在涉及的专利诉讼案件中获得损害赔偿”[⑤]。投入资源

---

① 例如，专利权质押合同中不允许流质预约及重复质押条款。

② Grain Processing Corp. v. American Maize – Products Co., 979 F. Supp. 1233 (N. D. Ind. 1997).

③ 蒋大兴：《审判何须对抗——商事审判“柔性”的一面》，《中国法学》2007 年第 4 期。

④ M. C. Keeley, “Estimating Damages in Patent Infringement Cases”, https: //www. cornerstone. com/Publications/Research/Estimating – Damages – in – Patent – Infringement – Cases, 2018 – 4 – 3.

⑤ T. Sichelman, “Myths of (un) Certainty at the Federal Circuit”, *Loyola of Los Angeles Law Review*, Vol. 43, 2010, pp. 1161 – 1194.

进行诉讼也属于一种商业投资行为，表面上行为本身是符合法律规定的，但是策略性诉讼行为又具有破坏商业道德的机会主义因素在内。

二 知识产权司法审判改革的实然不足

（一）商事审判理念凸显不够

目前，知识产权司法审判改革的路径主要是沿用了大民事审判的传统思路，忽视知识产权制度中促进商事交易的价值追求。例如，2008年《专利法》修改时取消了专利实施许可协议必须具备“书面”形式的要求，为在司法实践中承认专利默示许可提供了法律空间。[①] 但是，在实务中承认默示许可的情形极少，仅限于国家推广技术标准等少数情形。在美国专利法上，给予先行许可、产品销售、修理重造、违约行为等情形均可导致默示许可。[②] 由此可见，法官若在审判理念上仅将默示许可作为侵权抗辩事由，将很难形成利用其促成专利实施许可交易达成的认知。

此外，商业因素在知识产权确权、运用和保护中所发挥作用过于薄弱。在可专利性标准方面，尽管我国《专利审查指南》及其他国家专利审查基准中，普遍将取得商业上的成功作为判断专利创造性的因素之一，但是在司法实践中仅将其作为第二层次的辅助性因素，从而极少得到适用并被严重地边缘化了。[③] 在专利侵权损害赔偿方面，沿用了民事侵权“填平原则”，未考虑侵权行为对权利人商业预期和研

---

① 尹新天：《中国专利法详解》，知识产权出版社2011年版，第170页。

② 袁真富：《基于侵权抗辩之专利默示许可探究》，《法学》2010年第12期。

③ R. P. Merges, "Commercial Success and Patent Standards: Economic Perspectives on Innovation", *California Law Review*, Vol. 76, No. 4, 1988, pp. 803 - 876.

发动力的损害，不足以弥补可得利益的损失。

（二）商事审判机制彰显不足

知识产权司法审判的程序冗长问题一直是困扰审判效率的重要“瓶颈”。知识产权案件需要高效率审结，如果依然遵循着严格的程序正义，将增加不必要的制度性交易成本。① 若按照普通的民事案件附加行政案件的诉讼程序进行审理，会严重忽视知识产权案件的特殊属性。在知识产权侵权案件中，由于存在知识产权有效性等先决问题，多有平行诉讼与循环诉讼问题发生。② 囿于行政权与司法权的对抗与胶合，需要在审判理念上加以破解。例如，美国辉瑞公司伟哥专利无效案前后长达6年的时间。③ 专利权长期处于不确定状态将使得本应属于一方当事人的商业机会流失。如果诉讼制度不合理地增加了当事人的交易成本，会降低其对知识产权司法审判的认同感，也给机会主义诉讼者提供了制度空间和诱因。

（三）过度专业化导致偏差

目前，知识产权审判体制改革存在过度专业化的倾向。对于是否设立专门法院的问题，各国早有争论。欧洲国家比较重视法院及法官的专业化设置，设立了多种专门法院。美国在此问题上则比较保守，专属管辖专利上诉案件的联邦巡回上诉法院成为一个特例。支持论者认为，专业化可以针对复杂而专门的案件提高司法效率、增强裁判准

① 江必新：《论审判管理科学化》，《法律科学》（西北政法大学学报）2013年第6期。

② 陈磊、李昌超：《知识产权法院审理中的先决问题研究》，《中南大学学报》（社会科学版）2016年第5期。

③ 刘启明：《伟哥专利无效案引发的思考》，《中国发明与专利》2010年第11期。

确率，专门法院带来的管辖权集中有利于保持裁判标准的统一。反对者则认为，专门法院存在过度专业化“陷阱”问题，包括会导致法官脱离对公共政策的认知和敏感性，缺乏管辖权竞争不利于提高裁判质量，甚至可能被利益集团在裁判思路上引导乃至“绑架”。[①] 美国学者古格里扎认为，如果审理专利案件的法官不同时接触一些商事案件，将导致其过分强调技术发展对专利保护的依赖，从而不断强化对专利权有效性的肯定和保护力度，以至于破坏了背后的商业秩序。[②] 因此，在知识产权审判机构建设方面的过度专业化，将不利于在技术化改革同时融入商事化改革的理念和机制。

（四）技术化改革存在不足

学界和实务界普遍认为知识产权审判相对于民事审判具有独立性，其核心要素是技术性。但是，单纯强调技术化的趋向导致知识产权裁判者对于商事效率和产业发展疏于关心。美国知识产权法专家德赖富斯教授认为，审理专利案件的法官缺乏商事审判经验会导致其过于重视专利保护对技术发展的影响，特别是当市场需求足以要求推动技术进一步向前发展时仍然倾向于肯定原有专利的有效性，并判定被告构成侵权。[③] 商事化改革一方面会引导法官探求技术事实背后的商业逻辑，另一方面也会使得法官对被诉侵权者的商事经营自由持更为开放包容的态度，从而避免反不正当竞争法一般性条款被滥用的问题。我国知识产权行政执法体制改革已经逐步摆脱知识

---

① R. R. Rader, “Specialized Courts: The Legislative Response”, *American University Law Review*, Vol. 40, No. 3, 1991, pp. 1003 – 1014.

② P. R. Gugliuzza, “Rethinking Federal Circuit Jurisdiction”, *The Georgetown Law Journal*, Vol. 100, No. 5, 2012, pp. 1437 – 1505.

③ R. C. Dreyfuss, “The Federal Circuit: A Continuing Experiment in Specialization”, *Case Western Reserve Law Review*, Vol. 54, No. 3, 2004, pp. 769 – 801.

产权事务属于科技领域事务的传统观念，转而将其作为市场领域事务加以对待。[①] 由此，知识产权执法与管理更多地具有维护市场秩序的属性，回归了知识产权以技术为基础的商业活动本质，这应当折射到司法审判改革之中。

我国司法实务界对知识产权审判机构一直采用技术化改革路径，强调提高法庭的技术事实调查和解释能力，如此未免有失偏颇。一是并非所有知识产权案件均涵盖技术问题，涉及发明及实用新型专利、技术秘密和部分互联网领域著作权的纠纷包含技术问题，而外观设计专利权、传统著作权和商标等纠纷则基本不涉及技术问题，技术化改革对后者并无改进效果。二是过于强调技术问题会导致两方面后果。一方面会消耗更多的司法资源，产生审判效率低下的问题；另一方面可能会使得审判理念产生错位，在事实查明和法律适用方面造成对商业事实的忽视及与现实的脱节[②]，致使一定程度上淡化了知识产权作为竞争手段的商事属性。

三 知识产权司法审判理念的商事化转型

我国知识产权司法审判机制应当在理念上从“民事审判 + 技术审判”转变为“民事审判 + 商事审判 + 技术审判”，强化商业因素和商事裁判方法在审理过程和裁决结果中所占的比重，着力恢复被扭曲的市场机制。[③]

---

① 我国1980年成立中国专利局，隶属于国家科技委员会，由国家科技委员会副主任兼任局长。1998年国家知识产权局成立后直属于国务院。2018年3月国务院机构改革后，将知识产权局划归新成立的国家市场监督管理总局管理。在域外经验方面，美国专利商标局隶属于商务部，体现了其属于商业领域的性质。

② 参见本章第一节。

③ C. Bohannan, H. Hovenkamp, “IP And Antitrust: Reformation and Harm”, *Boston College Law Review*, Vol. 51, 2010, pp. 905 – 992.

（一）保障营利与兼顾公平

在知识产权纠纷中，应当将确认和保护善意当事人的可得盈利作为重要的司法理念。[①] 知识产权审判应当更为重视形式上的公平而非实体性的公平。与此同时，对知识产权案件审判合理性和合法性的判断依据也不应再局限于权利义务的分配是否对等，而是强调审判结果的经济合理性。

一方面，要对当事人从事知识产权交易的行为做有偿性的推定。基于经济人假设，若双方未就交易行为是否有偿做出约定，也没有证据证明其有偿或者无偿的，法官应当推定其为有偿行为。作为侵权构成要件的营利性应在法律上做出推定。此外，对于许可交易条件也需要做有偿性推定。在专利默示许可中，即使使用者不构成专利侵权行为，亦不能剥夺专利权人收取许可费的权利。如美国联邦最高法院在判决中指出，应当根据个案情况决定许可是否免费。[②] 事实上，除了跨专利使用合法专利产品等少数情形外，专利默示许可仍需支付费用。

另一方面，要使得裁判专业化及迅速化。在知识产权交易领域，时间意味着商业机会，“迟到的正义非正义”。[③] 在无法彻底解决平行诉讼和循环诉讼的情况下，法官要缩短裁判周期，使纠纷迅速得到解决，同时考虑到审理周期对当事人可得利益和商业机会带来的损失，并在判决结果中加以体现。

---

① 赵万一：《商法的独立性与商事审判的独立化》，《法律科学》（西北政法大学学报）2012 年第 1 期。

② De Forest Radio Tel. Co. v. United States, 273 U. S. 236 (1927).

③ 彭春、孙国荣：《大民事审判格局下商事审判理念的反思与实践——以基层法院为调查对象》，《法律适用》2012 年第 12 期。

应当强化商业因素在判定智力成果可获知识产权性方面的作用。在作品独创性认定中，英国法院认为“值得被侵权的就是值得保护的”，体现了作品商业价值作为独创性判定因素。[①] 类似地，有必要提高商业性成功在专利创造性认定中的地位。目前对于适用这一标准的证明要求过高，原告不仅要证明专利产品取得了商业上的成功，而且要证明销售量的提高与发明之间具有紧密的关联。为了减轻其证明责任，应当在法律上推定专利产品在“商业上的成功是相关的”，“因为……如果一项构思对本领域技术人员而言是显而易见的话，那么该构思会更早地被成功推向市场”。[②] 突出商业因素的理由主要在于两个方面：一是推动产品在商业上获得成功是从事智力成果开发和运用的根本目的，不能取得市场认可的产品发明在法律上也无保护的必要性；二是从智力成果或者标识本身的区别特征加以判断并不见得比从商业规模上加以判断来得容易，前者的主观性比较强且经常会导致双方各执一词。因此，商业因素应当在智力成果法律地位判定中起到更为重要的作用。

（二）市场导向与利益平衡

传统民事领域更偏重于对原始权利的静态保护，而知识产权侧重对动态交易活动的维护，强调对当事人既得利益和潜在利益的肯定，尽量减小权利人潜在市场价值的损失，加快双方当事人之间交易安全达成。最高人民法院副院长陶凯元提出“以实现市场价值为指引”的司法政策理念，认为在确定知识产权损害赔偿数额时“要准确反映被

---

① University of London Press Ltd v. University Tutorial Press., [1916] 2 Ch 601.

② Merck & Co., Inc., Plaintiff - appellee, v. Teva Pharmaceuticals Usa, Inc., Defendant - appellant, 395 F.3d 1364 (Fed. Cir. 2005).

侵害的知识产权的相应的市场价值”。[①] 在此导向引领下，需要对利益平衡的内涵进行重塑。

法官在对当事人围绕智力成果产生的纠纷中所蕴含的商业利益进行权衡、判断和取舍时，不应仅关注技术事实的查明，更需要判别分析背后的商业事实。例如，美国联邦最高法院 2006 年审理的 eBay 案中认为，法院颁发禁止令要考虑“衡量原告和被告所遭遇的困境”等四项因素，[②] 即颁发禁止令给被告带来的商业利益损失不应远高于不颁发禁止令给原告带来的损失。我国有关知识产权司法政策也认为，“对于一些专利侵权行为，如果责令停止侵权行为会导致原被告之间利益的极大失衡或者不符合公共利益，可以不责令停止行为，而通过加大赔偿的方式实现利益平衡。”[③] 在此情况下，需要就是否颁发禁止令对双方商业利益的影响进行权衡，避免严重的社会效益损失。

在知识产权领域，商事主体的专业性和营利性与其需要负有的法律义务应相当，特别是要求其承担高于民事主体的信息披露义务、注意义务及举证责任等。[④] 在信息披露义务方面，作为商事主体提起专利侵权诉讼，则必须披露参与专利收益分配的其他主体，乃至他们之间的利益分配机制，否则可能影响法院对其请求的损害赔偿额的支持程度。2013 年通过的美国《创新法案》（*Innovation Act*）就要求原告在披露具体案件事实的同时，也要公开原告方的实际控制人和利益相关者。[⑤] 在注意义务方面，商事主体购买或者被许可实施专利时应当比个人更为谨慎地了解专利有效性的信息，实施尽职调查，在该专利被宣告无

① 陶凯元：《知识产权审判应当坚持正确的司法政策》，《紫光阁》2016 年第 11 期。

② eBay, Inc. v. Merc Exchange L. L. C. , 126S. Ct. 1837 (2006).

③ 孔祥俊：《知识产权法律适用的基本问题——司法哲学、司法政策与裁判方法》，中国法制出版社 2013 年版。

④ 徐海燕、刘俊海：《论商事纠纷的裁判理念》，《法学杂志》2010 年第 9 期。

⑤ 易继明：《美国〈创新法案〉评析》，《环球法律评论》2014 年第 4 期。

效时主张交易条件显失公平并要求返还许可费的权利应当受到更多限制。商事主体在改编、制作、播放作品时，要对该作品是否构成改编自他人作品等问题承担较高注意义务，避免构成著作权侵权。[①]

（三）尊重意思自治与减少交易成本

尊重当事人意思自治是司法规范的基本原则，贯穿于民商事法律之中。这一司法理念既有利于促进交易便利，也有利于维护交易稳定。商人通过契约实现经济资源的不断交换和优化配置，因此交易成本问题是阻碍知识产权在市场中进行有效益流转的主要障碍。根据科斯定理：若交易成本为零，则知识产权权利的初始分配不会影响其通过市场交易达至效益最大化。[②] 然而，市场交易不可能实现零交易成本，但是应当尽量节约当事人之间的交易成本，实现交易便利化和效益最大化。

知识产权法官应当充分尊重当事人在商业模式和合同订立方面的自主性，对于市场主体自治领域的司法介入应持审慎态度。法官既非商人也非技术专家，在知识产权商业交易活动的把握方面很难与当事双方形成具有商业价值意义的共识，不应当轻易地以司法判断代替商业判断。法院应谨慎适用"显失公平""不当得利"等事由否定当事人就知识产权变动达成的协议，要综合考虑商业交易条款背后所蕴含的商业机会、商业风险和决策方式，侧重于对商业行为决策及实施过程在程序上而非实体上作合法性判断。

第一，拓展当事人意思自治的领域。不仅在知识产权自愿许可中

---

① 参见《琼瑶诉于正案》，北京市高级人民法院（2015）高民（知）终字第1039号民事判决书。

② ［美］罗纳德·科斯：《企业的性质》，载《企业、市场与法律》，盛洪、陈郁译，生活·读书·新知三联书店上海分店2009年版，第34—57页。

要贯彻意思自治原则，而且在专利侵权损害赔偿方面同样可以允许当事人协商。2016年最高人民法院《关于审理侵犯专利权纠纷案件应用法律若干问题的解释（二）》第28条规定，“权利人、侵权人依法约定专利侵权的赔偿数额或者赔偿计算方法，并在专利侵权诉讼中主张依据该约定确定赔偿数额的，人民法院应予支持”，说明已将意思自治引入侵权损害赔偿领域。[①] 此外，有学者呼吁在商事立法上针对商事主体解除流质预约限制，也有地方允许专利使用权出资的试点做法。[②] 这些措施将有力地拓展当事人意思自治的领域。

第二，扩张当事人意思自治的幅度。其一，对于双方当事人契约自由给予尊重。例如，在职务发明奖酬认定时，要充分尊重约定优先原则对当事人意思自治的保护，防止过度介入实体性奖酬标准的认定。2010年《最高人民法院关于审理商标授权确权行政案件若干问题的意见》中，对于商标纠纷司法原则，多次体现“市场声誉”“维护市场秩序”“尊重……市场实际”等商业因素。其二，对于知识产权交易领域社团或者社群内多个主体共同形成的商业习惯和自治规则也要予以尊重。这同样是减少交易成本、体现商事审判理念的重要内容。[③] 例如，标准化组织制定的专利许可中的公平合理非歧视原则（FRAND）、互联网领域形成的搜索引擎元标记及机器人（robot）协议等，即为所属领域的自律性规范。只要不违背反垄断法或者反不正

---

① 在中山市隆成日用制品有限公司与湖北童霸儿童用品有限公司侵害专利权纠纷案中，双方曾就未来可能发生的专利侵权行为达成损害赔偿协议，一审法院未予认可，后经改判承认了其效力。该案判决采用的司法规则被该司法解释规定所体现。参见（2008）武知初字第144号民事判决书、（2012）鄂民三终字第86号民事判决书及（2013）民提字第116号民事判决书。

② 叶林：《商法理念与商事审判》，《法律适用》2007年第9期。

③ 樊涛：《我国商事审判制度的反思与重构》，《河北法学》2010年第2期。

当竞争法，法院原则上对此可加以适用。①

（四）保障交易安全和促进价值实现

一方面，法院应当认可公示主义、外观主义等原则。例如，对于获得行政机关授权的知识产权推定为有效。基于此，只要专利权人不存在明显恶意，在专利权存续时围绕其收取的转让费、许可费等不因事后该权利被宣告无效而溯及既往。如果根据民法不当得利规则取消《专利法》第47条的规定，甚至否定当事人之间关于"专利许可费不得返还"特别协议的效力，将使得专利交易商业逻辑没有得到充分的尊重。② 应当顾及权利公示问题，考虑经营者受让专利权能够获得扩展市场的良好法律环境，体现作为专业经营单位所应当具有的较高注意义务和谨慎义务，以及由此在获得利益返还方面应当受到的限制。此外，当事人对经营产品知识产权瑕疵的注意义务应当得到限制，否则其交易安全及所取得的利润随时处于被剥夺的威胁之下。最高人民法院提出"专利侵权产品使用者能够证明合法来源且已支付产品合理对价的，可不停止相应使用行为，以维护善意使用者的市场交易安全"③，将善意经营者的交易安全问题作为更为重要的价值加以维护。法院在司法实践中主张知识产权商事许可合同具有阻却侵权的效力，这对于被许可人而言能够提供交易安全的保障。④

---

① 杨华权：《论爬虫协议对互联网竞争关系的影响》，《知识产权》2014年第1期。

② 在日本2009年石风吕装置专利案中，日本知识产权高等裁判所认为，原告作为商事企业，应当"调查并研究专利公报、申请手续及先行技术状况"等公开资料，并据此判断"专利未来可能被无效的可能性"。http：//www. courts. go. Jp/hanrei/pdf/20090129093221. pdf，2018－1－10.

③ 陶凯元：《知识产权审判应当坚持正确的司法政策》，《紫光阁》2016年第11期。

④ 《杨华祥诉东营天泽汤瓶八诊保健有限公司商标侵权案》，（2011）东知民初字第23号和（2011）鲁民三终字第198号民事判决书。

另一方面，法院应当强化对交易相对方和公共利益的维护。商法上普遍承认惩罚性赔偿具有维护交易安全的功能，知识产权法中亦可基于该理念引入惩罚性赔偿制度，这实际上是对预期可得利益及商业机会损失的补偿。《民法典》第 1185 条已明确规定了知识产权惩罚性赔偿制度。此外，法官可以在审判时通过酌定赔偿予以适当体现。此外，知识产权交易效力不应当基于事后因素而被否定。例如，为避免被许可人的利益遭遇事后转让行为的侵害，建立类似合同法中“买卖不破租赁原则”的机制，在先许可行为可以对抗在后的转让行为。① 维护交易安全也有利于提高交易效率，使得当事人对于交易结果具有更为明确的预期。

四　知识产权司法审判商事化改革的制度实现

（一）知识产权司法审判组织机构建设——以商事法官及商事调查官为重点

为了适应知识产权审判商事化改革需要，有必要丰富知识产权审判法官的商事专业背景。以美国联邦巡回上诉法院 12 名法官为例，他们的知识学历背景构成较为合理，既有拥有法律及专利学历的，也有理工类学历及经济类学历的。2012 年该院任命的两名法官甚至具有国际贸易事务背景。② 这使得他们能够凭借自身的知识结构了解和判

① 2004 年《最高人民法院关于审理技术合同纠纷案件适用法律若干问题的解释》第 24 条第 2 款规定，让与人与受让人订立的专利权、专利申请权转让合同，不影响在合同成立前让与人与他人订立的相关专利实施许可合同或者技术秘密转让合同的效力。南京希科集团有限公司与安信纳米生物科技（深圳）有限公司等侵犯专利权纠纷案（江苏省高级人民法院〔2009〕苏民三终字第 0027 号）适用该规则进行了裁判。

② 两名法官分别为：Jimmie V. Reyna 和 Evan J. Wallach. 参见 Judges，U. S. Court of Appeals for the Federal Circuit，http：//www. cafc. uscourts. gov/judges/randall – r – rader – chief – judge. html，2018 – 3 – 1.

断专利案件中的技术问题和商事问题。[①] 该法院可能会引进曾在其他法院经常处理复杂商业案件的法官，使得他们可以运用专业经验影响专利案件的裁决，从而更好地体现市场现实状况和解决疑难案件。[②] 此外，促使知识产权法官具有商事思维的途径之一，是让其交流到商事审判庭审理部分案件。

在知识产权审判庭中纳入技术法官或者技术调查官的同时，有必要也引入商事法官或者商事调查官，从而兼顾知识产权审判的技术性和商事性。商事法官或者商事调查官的参与能够提高审判庭发现隐藏在技术事实背后的商业逻辑的能力，使其能够准确地界定技术发明和其他智力成果在实现商业收益方面的贡献，并由其在原被告以及其他利益主体之间对商业利益进行合理的分配。我国可以借鉴国外商事法院制度，依托人民陪审员选任机制配置商事法官。在国外，商事法官并非职业法官，而是由商人选举产生且任期是固定的，被授予了暂时审查处理商事领域范围内诉讼纠纷的司法职权，由精通商事贸易惯例和受到诉讼双方信任的商人或企业主担任，要求在相关行业从业 5 年以上，从业期间无任何不良记录。[③] 商事法官的法律地位与专家证人及技术调查官不同，能够实质性地参与庭审和合议，对于案件最终结果有投票决定权，其发表的意见对其他法官心证的形成有更强的影响力。商事调查官则仍然被定位为司法辅助人员，可以为法官提供知识产权商业领域专业咨询意见。在引入商事法官的同时，也要保障普通

① 以 2004 年在联邦巡回上诉法院任职的 12 名法官为例，Newman 和 Lourie 法官具有化学博士学位，这两位法官和 Gajarsa、Linn 法官拥有专利律师执业经验，Michel、Rader 和 Prost 法官具有政策及立法经验，其中 Gajarsa、Prost 法官具有经济学和商学学位。

② P. R. Gugliuzza, "Rethinking Federal Circuit Jurisdiction", *The Georgetown Law Journal*, Vol. 100, No. 5, 2012, pp. 1437 – 1505.

③ 李玉林：《论法国特殊商事审判制度——以商事法院与商事法官为中心》，《山东审判》2008 年第 3 期。

法官的独立性，对涉案知识产权也可以尝试适用商事判例和商事惯例。

（二）知识产权司法审判机制的改进

1. 引入法庭之友

起源于古罗马法，发展于英国普通法，最终兴盛于美国法的“法庭之友”制度可以解决诉讼中与案件相关的背景信息、不为法院所知的案件事实或法律适用意见等问题。① 在美国联邦最高法院审理的孟山都公司诉鲍曼转基因大豆专利侵权案中，分别由美国政府及大豆行业协会提交了材料，证明该转基因大豆自我复制技术的广泛使用对专利权人、使用者及产业利益所造成的冲击，对法院判决结果产生重要影响。② 法庭之友通过出具意见书说明与案件相关的知识产权商业交易事实情况，供法官审理案件时参考。

在专业知识上，法庭之友应当从事有关知识产权领域业务，并且熟悉该领域商业规律和商业逻辑，他们所提供的意见可以较好地代表商事主体的利益要求。在利益独立性方面，法庭之友应当未直接或者间接地与知识产权案件当事人进行商业交易，所以其向法院说明情况时可以保持超然和中立。③ 有关行业协会及其负责人、有关地方政府部门等，均较为符合法庭之友在专业知识及利益独立性方面的要求，能够协助法院在涉及较为复杂商业关系的知识产权案件中更好地做出符合效率的裁决。

---

① 张小燕、齐树洁：《程序输入的新渠道——“法庭之友”制度及其借鉴意义》，载廖益新《厦门大学法律评论》（2006 年第 1 辑），厦门大学出版社 2006 年版。

② D. Lim, “Self - replicating Technology and the Challenge for the Patent and Antitrust”, *Cardozo Arts and Entertainment Law Review*, Vol. 32, No. 1, 2013, pp. 131 - 223.

③ 张小燕、齐树洁：《程序输入的新渠道——“法庭之友”制度及其借鉴意义》，载廖益新《厦门大学法律评论》（2006 年第 1 辑），厦门大学出版社 2006 年版。

2. 举证责任问题

对于知识产权案件举证规则的设定应当符合商事纠纷的特点，有必要在两个方面相对于普通民事案件做出调整。一是证据自由。“商事审判更强调发挥当事人主观能动性，采用更为宽容的证据规则。”[①] 通常而言，证据材料应当形成于案件事实发生过程中，但是在知识产权纠纷中可以放宽证据的来源和内容。[②] 例如，在专利侵权损害赔偿数额的认定中，涉及证明被告的侵权产品销售额、产品利润率等因素时，原告既可以通过被告财务会计账簿、原始会计凭证、产品购销合同书等内部证据加以证明，也允许其用被告向第三方提供的商业资料、发布的商业广告、同行业产品平均利润率等外部资料来证明。[③] 外部证据的形成并非来源于侵权行为事实过程，但是在内部证据不足的情况下可以用于补充证明。

二是举证责任倒置。对于知识产权案件不应拘泥于普通民事诉讼“谁主张谁举证”的一般规则，若一方或者双方当事人具有商事主体身份，考虑到其建立了比较完备的财务会计制度，设置了会计账簿，并且在自己的业务范围内掌握证据资料和案件事实信息更为充分，应当承担更为严格的举证责任。对此，可以采用两种模式加以处理。一是将某种影响裁判结果之因素的举证责任类型化地进行转移。除《专利法》中的方法专利举证责任倒置以外，2013 年《商标法》针对商

---

① 赵万一：《商法的独立性与商事审判的独立化》，《法律科学》（西北政法大学学报）2012 年第 1 期。

② 内部证据与外部证据的划分不仅存在于专利权利要求范围的认定中，而且延伸到专利侵权、专利许可合同、职务发明奖酬等其他类型知识产权案件的事实查明。参见国家知识产权局《专利侵权判定和假冒专利行为认定指南（试行）》。

③ 在郑银冕与刘录怀侵犯发明专利权纠纷案中，法院在认定专利侵权赔偿数额时考虑了近年建筑行业的平均利润率等因素。参见《甘肃省高级人民法院（2015）甘民三终字第 8 号民事判决书》。

标侵权账簿、资料证据也引入举证妨碍制度，《职务发明条例（草案）》也将涉及职务发明利润因素的举证责任予以倒置，均由掌握该资料的商事主体承担。二是在个案中进行单独处理。《最高人民法院关于民事诉讼证据的若干规定》第7条允许法院结合当事人举证能力等因素对于举证责任分担进行自由裁量。

3. 诉讼利益分配问题

商事组织作为原被告进行诉讼时，为智力成果做出贡献相关主体的利益也需要通过诉讼赔偿收益的再次分配得到体现。法官可以在符合法律规定的基础上，根据当事人利益分配机制是否合理来对其通过诉讼能够获得的利益进行自由裁量。①

首先，按照贡献度对利益相关者进行二次分配。要使得原告在诉讼中所获得的利益能够通过交易链条分配给原始创新的发明人或者投资者，从而真正实现知识产权制度激励目的。美国学者格林等认为，原始创新在很长一段时间内将激励后续创新活动，有必要对前者应当获取的利益给予延伸性保护。② 以侵权诉讼中相关利益作为职务发明奖酬进行分配为例，单位在依据职务发明专利通过侵权诉讼获赔之后，应当允许原始发明人通过奖酬形式获得相应份额的利益。

其次，防止当事人不合理地放弃诉讼利益。在职务发明领域，单位能否获悉职务发明技术内容取决于发明人是否披露发明创造，发明人所获取的奖酬数额则很大程度取决于单位所作决策（包括提起专利侵权诉讼、请求专利无效程序、专利转让许可等行为）

---

① 梁平、陈焘：《论我国知识产权纠纷解决机制的多元构建》，《知识产权》2013年第2期。

② J. R. Green, S. Scotchmer, "On the Division of Profit in Sequential Innovation", *RAND Journal of Economics*, Vol. 26, No. 1, 1995, pp. 20 – 33.

及其应对策略。① 为此，法官在裁判时不仅要考察交易外观是否公允，而且要审查权利人主体内部决策的正当性和利益来源的合理性。② 单位就职务发明实施关联交易或者消极诉讼可能并不违背其自身商业利益，因为可以通过其他渠道获取利益，但是发明人却无法由此获利。出于尊重企业经营自主权，法官不宜扩张适用“以合法形式掩盖非法目的”宣告关联交易无效。根据《英国专利法》第41条第2款，雇主基于专利通过关联关系获得利益时，“利益数额应按不存在此关系人时，雇主可得到的利益计算”。③ 因此，一方面不否定关联交易本身的有效性，另一方面按照非关联交易所确定的价格计算报酬数额，这将是兼顾两者利益的选择。

4. 过错行为加重责任问题

首先，应当要求恶意诉讼行为人承担赔偿责任。有必要从广义上理解知识产权领域的交易安全问题，将不受滥诉行为困扰作为其中重要的内容。因为无辜受到他人提起知识产权诉讼会带来经营决策方面的困扰，从根本上动摇交易活动应当享有的正常秩序。④ 例如，对于专利螳螂等恶意诉讼情形，要注意从增加其诉讼门槛和成本、剥夺预期不合理商业利益等方面加以规制。前述美国《创新法案》要求败诉的原告承担被告支付的律师费和其他合理费用，从而提高恶意诉讼付出的经济代价。⑤ 美国“兰汉姆法案”允许地方法院在特定情形下判

---

① 单位基于自身利益，或者由于“中央集权”等管理模式与其他公司实施关联交易，以象征性价格或者交叉许可方式转让、许可专利权，甚至在申请专利之前便出让权利，从而规避向发明人支付奖酬的义务，导致后者奖酬利益受损。

② 罗培新：《论商事裁判的代理成本分析进路》，《法学》2015年第5期。

③ 徐卓斌：《3M公司职务发明报酬纠纷案评析》，《科技与法律》2015年第4期。

④ 郑鹏程、刘长云：《知识产权滥用反垄断相关市场界定制度变迁研究》，《湖湘论坛》2017年第3期。

⑤ 该法第3条。

决败诉方（含原告）承担对方律师费。[①] 目前，我国只要求知识产权侵权案件中的败诉被告承担原告的律师费，为了平衡双方诉讼地位并防止机会主义诉讼行为，应当将该责任主体范围拓展至败诉的原告。

其次，应当对恶意侵权行为加重损害赔偿责任。因此，在法院酌定赔偿数额时，应当注重对当事人主观过错的考察。最高人民法院在华纪平、合肥安迪华进出口有限公司与上海斯博汀贸易有限公司专利侵权诉讼案中，认为“确定知识产权侵权损害赔偿额时，可以考虑当事人的主观过错程度确定相应的赔偿责任”[②]，意味着对于恶意侵权行为将加重其损害赔偿责任，体现了对交易秩序的维护。此外，我国司法实践表明，法院在专利诉讼中对于单位侵权行为所判决的损害赔偿额较高。[③] 虽然这并无明确的成文法律依据，但是彰显了法院对商事主体基于营利目的实施规模性侵权加重制裁的取向，可以作为司法政策在案件裁判中加以体现。

知识产权审判通过商事化改革可以实现从“技术中心主义”到“以技术为基础的商事中心主义”的转变。值得注意的是，审判活动中商事因素的引入和强化，可能使得技术因素相对弱化，并为法官在显性法条框架下提供更多的自由裁量空间。应当看到，这是围绕知识产权进行商事活动的交易结构复杂化在审判活动中的体现，对法官的审判能力也提出了更高的要求。审判理念的转变可以改变专门法官过度“亲专利”的倾向，使其能够更为关注市场机制本身对产品研发的激励作用，对于产业政策的认知会更加敏锐，避免对知识产权法律制

① 该法第 1117 条第（a）款。

② 《最高人民法院（2007）民三终字第 3 号民事判决书》。

③ 刘强等：《我国专利侵权损害赔偿数额实证研究》，《武陵学刊》2014 年第 5 期。

度的理解过于形式化。① 由此，可以更好地实现知识产权制度通过恢复被扭曲的市场机制推动研发和创新的功能。

第三节　中欧知识产权专门法院比较问题

在高新技术创新不断发展的背景下，司法审判机构的专门化有助于知识产权纠纷得到及时有效和公平合理的解决。中国和欧盟建立知识产权制度的历史背景差别很大，欧洲是现代知识产权制度的起源地，而中国则是近 30 多年才逐步建立知识产权制度的。但是在知识产权审判制度的专门化问题上，两者却分别在近年取得突破性进展。如前所述，2013 年 2 月，欧盟成员国签署了《统一专利法院协定》(简称《协定》)，筹备设立欧洲统一专利法院。2014 年 8 月，全国人大常委会通过了《关于在北京、上海、广州设立知识产权法院的决定》，使得我国的知识产权专门法院也得以落地。2019 年 1 月，最高人民法院设立知识产权法庭，成为世界范围内首个在最高法院层面设立的专门化知识产权审判机构。② 有学者认为，“知识产权法院（法庭）建设推动了司法专门化进程”，最高人民法院知识产权法庭“承担着统一司法裁判标准、改革审判机制的功能”。③ 在背景方面，中欧

① P. R. Gugliuzza, “Rethinking Federal Circuit Jurisdiction”, *The Georgetown Law Journal*, Vol. 100, No. 5, 2012, pp. 1437 – 1505.

② 《最高人民法院知识产权法庭年度报告（2019）摘要》，《人民法院报》2020 年 4 月 17 日第 2 版。

③ 马一德：《知识产权司法现代化演进下的知识产权法院体系建设》，《法律适用》2019 年第 3 期。

在宏观层面同样面临科技和经济方面的转型压力。在中观层面，中欧对于知识产权制度的进一步协调和发展存在相似的需求。在微观层面，其他国家在知识产权专门审判的具体制度上提供了可资借鉴的经验。两者知识产权专门法院建设在同一时期从构想变为现实，并且可以在制度完善方面相互取长补短，互为借镜。

一　知识产权专门法院的价值目标

知识产权审判机构的专门化可以实现审判管辖的集中化、审判行为的专业化、审判程序的简化、审判标准的统一化和审判结果的权威化等价值目标，从而有效地提高知识产权审判的质量，促进知识产权制度的有效运转和科技经济的持续发展。

（一）统一司法标准

知识产权专门法院对于统一司法标准具有重要作用。在欧盟，专利审判由各国国内法院分别进行，影响了司法保护标准的统一。例如，对于专利的有效性问题，美国 DSS 公司曾就第 04555750 号欧洲专利（该专利涉及一项防止文件非法复印的技术）针对欧洲中央银行提起了相关诉讼，德国、荷兰和西班牙法院维持该专利有效，而英国、奥地利、法国等国家的法院则宣告该专利无效①；对于专利侵权判定问题，在 Epilady 脱毛器案②中，德国法院认为，被告的产品构成侵权，而英国和奥地利法院则认为未构成侵权。欧盟成员国有各自不

① Jan M. Smits, William A. Bull, "European Harmonisation of Intellectual Property Law: Towards a Competitive Model and a Critique of the Proposed Unified Patent Court", in Ansgar Ohly, Justine Pila eds., *The Europeanization of Intellectual Property Law: Towards a European Legal Methodology*, Oxford: Oxford University Press, 2013, pp. 39 – 55.

② N. Holder, "The Community Patent – Breakthrough or Set Back", *European Intellectual Property Review*, No. 2, 2004, pp. 44 – 55.

同的专利侵权赔偿制度，也必然会导致赔偿金额的判决结果不同，并诱发当事人选择法院现象的增多。① 与此同时，中国由于知识产权案件由数量庞大的法院分别审判，并且所涉及的地域非常广泛，因此也面临“同案不同判”等地区差异问题，加之地方保护主义盛行，使得当事人难以获得稳定的法律预期。而知识产权获得保护的可预见性较低，会导致权利人申请知识产权和提起诉讼的意愿不高。② 知识产权专门法院有利于解决这一问题。最高人民法院知识产权法庭的建立涉及同一专利的民事与行政案件协同审理机制，实现专利权效力判断与侵权判断两大程序和裁判标准的对接。③ 由此，知识产权审判机制改革能够对专利侵权案件和专利有效性裁判案件司法标准的统一化起到积极推动作用。

（二）避免重复诉讼

知识产权专门法院实行集中管辖，可以避免当事人重复诉讼，减轻权利人维权的成本负担。欧洲专利审判碎片化的问题不仅表现在案件审判标准上，也体现在司法程序及相应的成本费用上。据相关分析，在欧洲 6 个主要国家（德国、英国、法国、意大利、荷兰、瑞士）申请、维持专利的费用就已超过美国的 6 倍。在诉讼领域成本高昂的问题也非常严重。在英国通过判决结案的专利诉讼费用高达 100 万—600 万英镑。④ 专利权人在多国重复进行诉讼将使得费用成倍增

① 张怀印、单晓光：《欧洲专利一体化的最新进展——拟议中的“统一专利法院”述评》，《欧洲研究》2012 年第 4 期。

② P. P. Soo, “Enforcing a Unitary Patent in Europe: What the U. S. Federal Courts and Community Design Courts Teach Us”, *Loyola of Los Angeles International and Comparative Law Review Law Reviews*, Vol. 35, No. 1, 2012, pp. 55 - 97.

③ 《最高人民法院知识产权法庭年度报告（2019）摘要》，《人民法院报》2020 年 4 月 17 日第 2 版。

④ C. Helmers, L. McDonagh, Patent Litigation in the UK, http://www.lse.ac.uk/collections/law/wps/WPS2012-12_Mcdonagh.pdf, 2015-5-20.

长。而根据《协定》，权利人只需要参与一次审判即可在多国主张权利，显著地减少了维权费用，由此可以鼓励其申请欧洲统一专利并寻求统一的专利司法保护。在我国，基于原告就被告的民事诉讼管辖基本原则，当事人一般需要到侵权行为地或者被告所在地提起诉讼，由于法院管辖通常按照行政区划予以限定，因此也存在重复诉讼的问题。知识产权专门审判机构的集中化和管辖范围的跨区域化，有利于减少针对同类侵权行为多次诉讼的现象。对于发生在多个国家（或地区）的侵权行为，知识产权人将不必再分别提起诉讼，这无疑降低了维权费用并且便利了维权行动。

（三）提高司法权威

由于知识产权争议存在技术性和模糊性的特点，因此强化司法审判在技术方面的专业性，进而提高审判活动和判决结果的权威性显得尤为重要。知识产权专门法院通过垄断性地管辖案件可以有助于树立权威，而配置专业化的司法裁判或者司法辅助人员，可以解决技术事实的调查和判断问题，从而使得审判的专业化得到保障。美国联邦巡回上诉法院成立以后，得益于较高的司法权威，在可授予专利主题、专利有效性、非显而易见性等问题上厘清并发展了司法标准①，充分发挥了引领知识产权规则的作用，同时也对包括中欧在内的其他国家的知识产权制度形成优势和压力。因此，建设知识产权专门法院的目标不仅在于有效地解决当事人之间的纠纷，而且在创设法律适用的标准和尺度方面也将做出新的贡献，尤其涉及比较敏感的政治和社会议题时更是如此。专门法院所设置的司法标准将对中国及欧洲专利局的

① 曹博：《美国联邦巡回上诉法院的演进及启示——兼谈我国知识产权审判体制改革的方向》，《法学杂志》2015 年第 6 期。

专利审查标准起到重要的规范和指引作用，提高专利申请的质量。此外，由于知识产权确权程序和侵权纠纷存在平行诉讼和循环诉讼的问题，也有赖于以提高司法机关专业化和权威性为契机，简化确权诉讼司法程序，并将其与侵权诉讼适当整合，提高司法救济的效率。

（四）激发申请热情和创新活力

知识产权专门法院的建立能够彰显保护知识产权的形象和决心，强化保护力度，激发申请知识产权的积极性和创新活力，促进科技进步与经济发展。对于欧盟而言，专利的司法保护目前仍然处于“各自为政”的状态。随着其他国家专利保护力度的不断加强，许多发明人转而寻求美国、日本乃至中国等发展中国家进行专利保护，欧盟各国的专利申请量下降，科技进步受到极大阻碍，进而影响了欧盟经济的发展。我国虽然实行统一的知识产权制度，专利申请量也已经居世界各国首位，但是，技术和经济价值高的专利比重较少，并且司法地方化和行政化现象使得知识产权和技术领域的市场一体化仍然面临障碍。知识产权专门法院的设立必将进一步地减少保护知识产权的成本，激励知识产权的创造和运用，促进经济持续健康稳定地增长。

二　知识产权专门法院的审级、机构和管辖

由于知识产权专门法院能够集中优质审判资源，因此可以在审级设置、机构配置、管辖权限等方面进行优化配置，以利于实现其价值目标。

（一）审级设置

知识产权案件专门化审判体制中，审级制度显得尤为重要。由于

知识产权专门法院要集中案件管辖、整合审判资源，因此通常审判机构的层级较高但是数量较少。以美国和日本为代表的专门法院只负责二审，而在以我国台湾地区为代表的专门法院同时负责所有案件的一审和二审。如果由普通法院审理一审案件，由于其并不具备专业性且较为分散，将产生司法权威性不足和标准不统一的问题，可能会导致大量二审改判情形的出现。[①] 此外，一审法院对于事实问题的认定很大程度决定了案件结果，上诉法院可能不得不在形式上将部分事实问题转变为法律问题进行重判，但如此变通又可能会动摇司法公信力。

为了克服一审法院过于分散并且不够专业的弊端，欧洲统一专利法院并未采用单纯设立上诉法院的模式，而是将一审和二审案件均集中管辖，以期能够进一步加强司法标准的统一。[②] 根据《协定》第6条和第7条，将分别设置一审法院、上诉法院和注册处。上诉法院和案件登记处的总部都设在卢森堡，案件登记处的分部设在一审法院所有法庭的所在地，负责记录所有法庭的裁判。由于欧盟地域辽阔，因此在一审法院层级会根据需要设置若干法庭解决当事人就近诉讼问题。可以预见，二审法院的改判率会因此有所降低，使得当事人对于专利司法保护的预期得以明确，而案件和解率也会相应提高。

我国知识产权法院相当于中级人民法院，在审级上担任双重角色：既负责专利等技术性较强的案件的初审，也负责商标等其他知识产权案件的上诉审。由于我国审理知识产权一审案件的法院较多，到上诉阶段再统一标准可能效果不足，因此，从一审开始就整合审判资源，有利于在底层进行专门化的审判，减轻二审法院的压力。当然，

① 程雪梅、何培育：《欧洲统一专利法院的考察与借鉴——兼论我国知识产权法院构建的路径》，《知识产权》2014年第4期。

② Statistics, Office for Harmonization in the Internet Market, http://oami.europa.eu/ows/rw/pages/OHIM/statistics.en.do, 2014-11-1.

目前的安排属于过渡性质，最终还是要达到一审法院和上诉法院都要专门化的目标。此外，为了避免知识产权专门法院过多考虑技术和法律问题，而忽视对公共政策的把握[①]，最高人民法院作为权威机构应当借助其知识产权法庭审判机制介入知识产权案件的审判，以明确相应的司法标准，承担类似美国联邦最高法院的职责。

（二）机构配置

知识产权专门法院审判机构的设置应当与案件数量等外部需求相互协调，尤其是负责一审的司法机构更是如此。欧洲统一专利法院的一审法院由中央法庭、地方法庭和地区法庭组成，其中中央法庭负责全局性的专利无效等诉讼，而地方法庭和地区法庭负责当地的专利侵权等诉讼。为了解决当事人诉讼方便的问题，《协定》规定每个缔约国可设立一个地方法庭。特别是考虑到今后新设法庭的需要，规定若连续三年平均每年受理的专利案件超过 100 件，即可申请增设一个法庭，但最多不得超过 4 个。多个成员国也可以共同申请设立地区法庭审理案件。

我国目前在知识产权案件数量较多的北京、上海和广州，以及海南自由贸易港设立了知识产权法院，涵盖了经济科技资源较为集中的地区。对于未来在幅员辽阔的中西部地区设立知识产权法院的标准、方式和步骤等，则尚未出台相应的规定，致使存在相当程度的不确定性，也为各城市争夺设立提供了诱因。可以借鉴欧洲统一专利法院关于地方法庭增设标准的规定，考虑以案件数量、涉案金额、专业司法

① J. M. Smits, W. A. Bull, “European Harmonisation of Intellectual Property Law: Towards a Competitive Model and a Critique of the Proposed Unified Patent Court”, in A. Ohly, J. Pila, *The Europeanization of Intellectual Property Law: Towards a European Legal Methodology*, Oxford: Oxford University Press, 2013, pp. 39 – 55.

资源配备等因素作为标准，为今后在中西部地区新设知识产权法院提供依据，使得增设过程有章可循。同时，也要避免为争取设立知识产权法院而产生人为做多案件数量等负面影响。

（三）管辖权限

首先，受理案件的知识产权类型。欧洲统一专利法院仅受理涉及专利的诉讼案件，不涉及其他类型知识产权争议，从专业化角度而言更有利于集中资源审理技术性较强的案件。而我国知识产权法院则受理包括商标、版权、植物新品种、集成电路布图设计在内的所有类型的知识产权案件。事实上，受理案件类型过多可能导致会淡化知识产权法院在技术方面的专业性。更进一步地，欧洲统一专利法院借鉴了德国联邦专利法院的做法，将一审法院中央法庭总部及分部的管辖权根据涉案专利所属的技术领域进行分配，并且将地域管辖和技术领域管辖相结合：伦敦分部负责审理化学、医药和人类生活必需品领域的案件；慕尼黑分部负责审理机械工程领域的案件；其余由巴黎主法庭审理。我国也可以考虑在某类产业较为集中的地区设置专门审理该领域专利案件的法院（或法庭），进一步整合和汇聚专业审判资源。

其次，侵权与确权程序的整合。专利等工业产权的确权程序和侵权诉讼相互交织，可能导致对权利人司法救济的延宕，无谓耗费专利审查和司法审判资源。对此，既需要简化确权程序本身获得司法救济的次数，以解决循环诉讼问题；又需要打破民事和行政二元并行机制，对确权程序和侵权诉讼的审判机构进行适当合并，以解决平行诉讼困境。知识产权专门法院的设立及由此带来的审判专门化和司法权威性是进行程序简化的良好契机。不过，我国知识产权法院并未充分利用该机会加以改造。欧洲统一专利法院则做出了有益的尝试：虽然原则上侵权诉讼由地方法庭或者地区法庭管辖，而专利无效诉讼由中央法庭管辖，但是如果针对同一专利同时出现两种诉讼，则依据侵权诉讼优先的原则处理。若当事人就相同专利在地方或地区法庭已提起侵权之诉，则无效之诉的管辖具有专属性，也只能在该法庭提起；相反地，若当事人已在中央法庭提起无效之诉，则侵权之诉管辖具有选择性，既可在该地方或地区法庭提起，又可在中央法庭提起。[①] 如此，可以从根本上解决侵权诉讼被确权程序拖延的问题。但是，也可能会存在有权宣告专利无效的法院数量过多，从而导致权利不稳定的问题。可行的对策是将侵权诉讼法院的权限从宣告专利无效限定为认定其不可执行，并且只在个案中适用，避免从根本上动摇授权确权程序的效力。

再次，跨区域案件的管辖权限。欧盟为了实现经济一体化，必然要求统一专利法院实行跨区域的管辖。尽管原则上侵权诉讼由侵权行为地或者被告住所地的地方或地区法庭管辖，但是其均属于一审法院机构之内，并且中央法庭会起到兜底作用。根据《协定》第 33 条规定，如果所在缔约国未设立地方法庭的，则由中央法庭受理；并且如果地区法庭审理的侵权纠纷的损害结果涉及三个以上地区法庭，则可以根据被告的申请将案件移送至中央法庭审理。在我国，知识产权法院也实行了一定程度的跨区域管辖，以克服案件审判的地方化问题，同时减少了当事人重复参与诉讼的成本问题。如北京知识产权法院，并非完全以北京市的市辖行政区划作为受案范围，有可能将周边省份的知识产权案件也纳入管辖范围；而广州知识产权法院的管辖范围更是已经涵盖广东省全境，以后的发展方向是实现跨省的地域管辖，进一步统一不同区域内知识产权案件的审判标准。

---

① 程雪梅、何培育：《欧洲统一专利法院的考察与借鉴——兼论我国知识产权法院构建的路径》，《知识产权》2014 年第 4 期。

三 知识产权专门法院的专业司法人员

知识产权专门法院的重要功能之一是整合司法资源，尤其是高素质专业化的司法人员，以解决案件审判中对技术事实进行调查和认定等专业问题，提高案件审判质量。在专业人员配置方面，根据与法院合议庭关系的远近分为专家证人、技术调查官和技术法官三种模式。①

专家证人或者司法鉴定的模式已经在我国各级法院通行。由于专家证人和鉴定机构属于法院外部人员或者机构，因此存在提供专业意见的周期较长、成本较高，并且难以保持中立、重复鉴定和暗箱操作等问题，仅采用该模式难以体现知识产权专门法院在司法人员专业化方面的优势。因此，中国和欧盟在知识产权专门法院中分别采用了更为职业化的技术调查官和技术法官模式，以推动审判队伍的专业化。

对于技术调查官/技术审查官模式，2014 年 12 月《最高人民法院关于知识产权法院技术调查官参与诉讼活动若干问题的暂行规定》和 2019 年 3 月《最高人民法院关于技术调查官参与知识产权案件诉讼活动的若干规定》能够作为实施该模式的依据。北京知识产权法院技术调查室于 2015 年成立，第一批技术调查官 45 人，其中交流技术调查官 5 人，兼职技术调查官 40 人，均来自专利行政机关、专利代理人协会、高校、科研机构以及企业。② 2019 年年初，该院选任了 8 名志

① 易玲：《我国专利诉讼中技术法官制度面临的挑战》，《湘潭大学学报》（哲学社会科学版）2014 年第 3 期。

② 北京知识产权法院：《技术调查官信息公示》，http：//bjzcfy. chinacourt. gov. cn/article/detail/2018/04/id/3257704. shtml，2020 年 7 月 1 日。交流技术调查官在任期内在该院固定“坐班”，虽然法官在上班时间向其咨询非常方便，但人数较少；兼职技术调查官虽然人数相对较多，但不在该院固定“坐班”，法官向其咨询相对不便。《北京知产法院第二批技术调查官上岗半年》，http：//www. legaldaily. com. cn/gallery/content/2019 - 05/21/content_7882229. html，2020 年 7 月 1 日。

愿者类型的技术调查官和 80 名兼职技术调查官。[①] 在功能上，技术调查官能够为法官在调查技术事实并定性方面提供意见，在证据保全和庭审活动中均可以发挥技术专长。有学者认为，“技术调查官制度很大程度上提高了知识产权技术类案件的专业化审理水平”[②]。在身份上，技术调查官属于法院内部人员，可以保持中立，但是其角色被限定为司法辅助人员，不参与法庭合议或判决。由于技术调查官的角色偏向于技术顾问，实际上只起到咨询作用，与专家证人的区别仅在于不受当事人聘请和利益驱动，但是仍然不能左右法官的判决，因此属于从专家证人到技术法官的过渡性质。此外，尽管技术调查官在庭审和裁判地位方面不及技术法官，但是在任职条件方面并不低于后者。因此，能否给予技术调查官与其能力相称的地位和待遇将是该制度能否顺利执行的关键。

技术法官模式最早在德国联邦专利法院中采用，并为欧洲统一专利法院所借鉴。根据《协定》第 8 条，审判庭法官由具备法律资格和技术资格的两种法官组成。一审法院的审判庭由 3 名审判法官组成，并且应当来自两个以上的国家。中央法庭的审判庭应当由 2 名法律资格法官（不同国籍）和 1 名技术法官构成。[③] 就地方和地区法庭而言，根据案件数量多寡在审判庭配置上有所不同：如果地方法庭每年案件少于 50 件，则由 1 名来自该国的法官和 2 名由庭长临时任命的来自国外的法官组成；如果地方法庭案件数量超过 50 件，则国内法官为 2 名，

① 《北京知产法院第二批技术调查官上岗半年》，http：//www. legaldaily. com. cn/gallery/content/2019 -05/21/content_7882229. html，2020 年 7 月 1 日。

② 仪军、李青：《我国知识产权领域技术调查官选任问题探析》，《专利代理》2017 年第 1 期。

③ 有一种例外情况，如果涉及欧洲专利组织 EPO 履行授权、管理欧洲统一专利职责的案件，则需要由来自不同国家的 3 名法律资格法官组成审判庭。参见《协定》第 8 条第（6）项、第 32 条第 1 款第（i）项和欧盟第 1257/2012 号条例第 9 条。

而另外1名需为长期履职的外国法官。以上均指具备法律资格的法官，而技术法官则根据当事人的请求，或者由审判庭在对案件情况进行听证后提出申请，由庭长任命。上诉法院审判庭的法官由来自不同国家的5名法官组成，其中3人必须具有法律资格，2人具有技术背景。[①] 拥有法律资格的法官必须满足各成员国对于法官的任命条件，技术资格的法官则必须拥有大学学士学位，并且是该领域的专家。技术法官在庭审和合议程序中与法律法官处于同等地位，其意见较为容易被其他法官所重视，对于解决案件审判中的技术问题更能发挥实质性的作用。

在以上两种专门化模式中，技术法官固然是解决技术问题最为彻底的方式，但是为了保证其能够充分发挥作用，需要在法官选拔机制方面提供保障。如果我国知识产权法院要过渡到该模式，需要配备足够数量的技术法官。原因在于：技术法官通常也只能具有某一技术领域的专业知识，而专利等知识产权案件涉及的技术领域非常广泛，因此需要各个领域均配置有相应的法官才能适应案件需要。考虑到我国在制度上没有明确要求，可以在具体操作上对于专利等技术类知识产权案件任用具有理工科背景且符合法官资格的人担任法官，要求负责审理案件的法官必须同时具备法律和技术知识，或者由具备法律知识和技术知识的法官共同审理，以此来保证案件审判对于技术问题判断的准确性与适用法律的正确性。同时，可以选拔一批具有理工科知识的公民作为陪审员参加到案件的审判中。此外，借鉴欧洲统一专利法院对于法官国际多元化的要求，我国知识产权法院对于法官选任的地域范围应当具有全国性，广泛吸纳专业法官参与，以期有效地克服专利审判地方化的倾向。

---

① 《协定》第9条：上诉法院审理涉及欧洲专利组织EPO履行授权、管理欧洲统一专利职责的案件，也需要由来自不同国家的3名法律资格法官组成审判庭。

四　可能的负面影响及回应

知识产权专门法院对于提高审判专业化水平和知识产权保护力度有重要推动作用，但是在实施过程中仍要注意克服可能产生的负面影响，以避免该制度的效果难以得到充分发挥。

（一）过度专业化问题

知识产权制度的正当性并不是自洽存在的，必须要与一个国家或者地区的经济发展政策相协调，可以说两者的矛盾是制度发展的动力。知识产权专门法院的专业化和权威性较高，可能使得法官过度关注于知识产权制度本身的法律和技术问题，而忽视了与其他法律部门的衔接以及判决结果对产业和经济的宏观影响。

一方面，知识产权专门法院可能导致司法保护标准趋于绝对统一，难以适应不同国家或者区域的经济政策。对于欧洲统一专利法院而言，由于其不必对缔约国国内经济负责，因此成员国失去了将专利司法审判作为调整竞争政策工具的机会。① 虽然专利保护的国际化程度较高，但是很多具体的制度设计都是各国基于其经济发展状况和科技水平做出的，例如各国关于专利产品平行进口的规定等。《协定》第 25 条增设了将储存侵权产品作为侵权行为的新类型，进一步提高了保护水平，但是其效果如何尚不得而知。法官很可能只依据技术和法律来进行案件的判断，而不会受各国国内竞争政策的影响，由此可能导致一国的专利申请和科技发展受到影响。超国家的司法机构已经被批评为对公众意见不敏感，如果在专利

① Hanns Ullrich, Harmonizing Patent Law: The Untamable Union Patent, http://www.rzecznikpatentowy.org.pl/nie_dla_pat_jed/SSRN-id2027920.pdf, 2014-10-30.

政策上没有明确的态度，将进一步受到质疑。在我国，目前的知识产权法院固然可以强化司法保护政策的协调与统一，但是也有可能导致忽视不同地区经济发展水平差异，以及司法审判与社会经济生活脱节的问题。[①] 对于北京、上海、广州等沿海发达地区，采用较高的司法保护标准是比较合适的，因为该区域的企业创新能力较强并且处于产业链的高端，然而对于中西部欠发达地区也采用相同的标准也可能损害经济发展。

另一方面，专门法院与行政部门的关系也会变得比较微妙。以德国为代表的欧洲国家比较倾向于法院的专业化，并在欧盟范围内成立了欧洲人权法院等专门法院。但是，专门法院在美国一直饱受诟病。波斯纳认为，“专门法院的法官可能特别倾向于认同政府计划”。[②] 因此，美国在联邦巡回上诉法院管辖范围问题上，一直避免只受理专利案件等绝对专业化的趋向。我国目前知识产权法院受案范围涵盖所有知识产权类型，所对应的行政部门也不限于国家知识产权局（还包括国家版权局等），可以从一定程度上克服过度专业化所带来的弊端。

（二）公平参与问题

知识产权专门法院的集中管辖固然可以降低多重诉讼所带来的成本和不确定性，但是也会增加单个诉讼所消耗的资源和费用，因此更有利于大企业，而中小企业的利益可能会被忽视，后者获得公平对待的期望将遭遇诉讼成本等现实障碍。值得注意的是，在中欧同样面临经济转型的背景下，中小企业对经济发展、科技进步和促进就业的作

---

① R. A. Posner, “Why There are Too Many Patents in America”, *The Atlantic*, July 12, 2012.

② R. A. Posner, “Will the Federal Court of Appeals Survive Until 1984: An Essay on Delegation and Specialization of the Judicial Function”, *Southern California Law Review*, No.3, 1983, p.785.

用重大，应给予倾斜。英国议会的报告就认为，《协定》的签署对于中小企业将带来威胁。[①] 中小企业通常只在本国申请专利保护，其保护的费用也因为只限于本国而较低。实行统一专利审判之后，其成本相较于国内法院审判会增加不少。[②] 为此，《协定》在序言中已经提到了对于中小微企业（包括非营利机构）在费用支出方面的倾斜政策问题，但是，如何得到落实尚未明确，因此，仍然有可能成为其有效主张权利或者应对诉讼的障碍。

对于我国知识产权法院而言，由于其具有跨区域的案件管辖权，所做出的裁决也具有多省范围内的效力，因此也可能会使得“防守型”中小企业应对侵权诉讼的成本上升。尤其是对于实力较弱的中小企业而言，到外省应诉将带来较高的成本负担，由此可能会导致很多企业不愿意应诉，最终造成知识产权市场秩序的混乱和中小企业竞争力的下降。因此，我国有必要借鉴《协定》第 36 条规定，对中小企业和非营利机构制定公平参与审判程序的优惠条款，在费用方面给予优惠。

此外，中小企业在司法诉讼中获取强制许可的可能性会进一步减小，客观上有利于作为专利权人的大企业排除竞争者。根据欧洲统一专利法院体制，专利权人只需要在单一法庭进行诉讼即可获得对侵权行为的判定，但是被告要基于竞争关系或者公共利益获得强制许可，则必须向各国的国家法院或者行政机关提出请求，使得原本已经较难获得的强制许可变得几乎不可能。德国马普研究所乌尔里希教授指

---

① House of Commons, “European Scrutiny Committee: The Unified Patent Court: Help or Hindrance?” http://www. Rzecznikpatentowy. Org. pl/nie_dla_pat_jed/HC1799_embargoed. pdf, 2014 - 11 - 12.

② A. Hughes, A. Mina, “The Impact of the patent system on SMEs”, http://www. ipo. gov. uk/ipresearch - impact - 201011. pdf, 2015 - 2 - 7.

出，欧洲统一专利制度可能会引发基础专利权人的机会主义行为，通过单一诉讼阻止所有后来的改进者实施专利。[①] 更何况，由于欧洲统一专利涵盖的地域范围较广，竞争法上相关市场的经营主体增多，使得专利侵权者请求认定权利人具备相关市场垄断地位的难度也显著增加，获得强制许可等反垄断救济的可能性也减小[②]。因此，我国知识产权法院在适用法律时，有必要对专门法院体制下专利权人竞争优势扩张的问题予以重视。

① Hanns Ullrich, "Select from within the System: The European Patent with Unitary Effect", http://www.turin-ip.com/course-documents/documents-2007/2013-edition/patents/h-ullrich-select-from-within-the-system-the-european-patent-with-unitary-effect: 21-25, 2015-1-20.

② 卢明纯：《论反垄断法在知识产权领域内的适用》，《中南大学学报》（社会科学版）2010年第2期。

第三章　高新技术创新知识产权管理与人才培养问题

第一节　高校科技成果混合所有制的专利制度问题

高校作为我国高新技术创新的重要基地以及创新、创业人才的重要来源，是服务于国家经济建设的重要组成部分，也是促进国家科学技术创新的重要主体。[①] 职务发明在我国专利申请和授权中发挥着越来越重要的作用。2019 年，国内职务发明专利申请占发明专利申请总数的 91.4%，高等院校发明专利申请占发明专利申请总数的 19.7%。[②] 近年来，高校专利申请数量年均增长 20% 左右[③]，但是，我国高校在专利维持及专利转化方面存在不足，高校职务科技成果往

① 陈秉群：《高校科技成果转化及其转让收益和股权奖励模式探讨》，《中国高校科技》2012 年第 8 期。

② 国家知识产权局：《2019 年 12 月统计信息》，http：//www. sipo. gov. cn/docs/2020 - 02/20200211154926912363. pdf，2020 年 7 月 20 日。

③ 余颖：《我国教育改革发展硕果累累》，《经济日报》2015 年 10 月 13 日第 8 版。

往在被授予专利权之后就束之高阁。根据国家知识产权局战略规划司《2018 年中国专利调查报告》，就发明专利实施率而言，高校在与企业、科研单位和个人的比较中处于最低水平，其中高校比企业低 47.2 个百分点。[①] 高校职务发明人对于科技成果转化的积极性不高，进而转化率也偏低。究其原因，除转化过程复杂以外，与转化前科技成果产权归属制度僵化也有密切关系。高校科技成果混合所有制是职务发明权属划分的有益探索，有必要探讨其在专利制度方面所面临的障碍，并提出新的制度规则。

一　高校科技成果混合所有制的内涵与价值

（一）高校科技成果混合所有制的内涵

高校科技成果主要涉及高校科研人员为执行本单位任务或者主要利用本单位物质技术条件完成的研发成果，在任务来源或者科研条件方面主要来自所在单位。[②] 根据《专利法》《促进科技成果转化法》等法律规范，此类科技成果权利归属于高等学校，职务发明人仅享有署名权等精神权利，以及职务发明奖酬请求权等经济权利，不能针对职务发明成果本身请求所有权或者支配权。因此，目前高校科技成果是以单位作为权利人的单一所有制为主导，只有在单位与发明人另有约定的情况下才可能会出现共同所有的情况。

为了解决科技成果权属不合理及发明人激励不足等问题，对高校

① 国家知识产权局战略规划司：《2018 年中国专利调查报告》，http：//www.sipo.gov.cn/docs/20190115140228359508.pdf，2019 年 1 月 15 日。

② 根据 2015 年修订的《促进科技成果转化法》第 2 条第 1 款，职务科技成果的定义为“执行研究开发机构、高等院校和企业等单位的工作任务，或者主要利用上述单位的物质技术条件所完成的科技成果”。

科技成果采用混合所有制将是有效的制度选择。《专利法》（第四次修改）第15条中新增的“国家鼓励被授予专利权的单位实行产权激励”为高校科技成果混合所有制改革提供了导向性规定。根据混合所有制要求，高校和发明人将共同享有科技成果，明确划分各自所有的权利份额或比例，并且根据该份额行使权利、获得收益并承担责任。由于高校普遍属于国有单位，发明人则属于私人主体，科技成果混合所有制将使得高校科技成果为公共机构与私人主体共同所有，从而有利于发挥二者在科技成果转化方面的资源优势，形成互补关系。

（二）高校科技成果混合所有制的特点

首先，高校科技成果混合所有制体现为高校和发明人在科技成果转化前对其进行权属划分。由于传统上高校科研人员完成的科技成果均被视为职务成果，专利权均由学校所有，发明人只能在科技成果得到转化并取得收益的情况下才能获得利益分配，使得后者在科技成果处置方面缺乏决定权，收益分配方面也处于弱势地位。四川省有关试点政策明确了“先确权、后转化”的成果确权转化方式，推动形成体现增加知识价值的收入分配机制，建立职务科技成果处置管理的有效方式。[①]在四川省内，部分国家设立的高等学校和科研院所已经积极探索完善科技成果产权制度，并开展职务科技成果权属混合所有制改革。

其次，高校科技成果混合所有制明确了高校和发明人的收益分配。目前，各高校对于职务发明成果转化收益均有相关内部管理规定，但是有关规定在内容上覆盖不够全面，在效力上层级较低，在执行上具有滞后性。因此，通过高校科技成果混合所有制，可以实

---

① 参见四川省科学技术厅与四川省知识产权局联合发文《四川省职务科技成果权属混合所有制改革试点实施方案》。

现学校和发明人在利益分配比例、分配方式方面的明确化。根据《西南交通大学专利管理规定》，学校和职务发明人就专利权的归属以及专利申请权签订协议，约定按照学校占30%、职务发明人占70%的比例共享专利权；职务发明人如果是团队，则内部分配比例由团队内部确定。[①] 在职务发明权属得到明确划分的基础上，发明人在转化收益分配方面将获得更为有力的保障。

（三）高校科技成果混合所有制的现实价值

首先，有利于建立科学合理的高校科技成果产权制度。在尚未实行高校科技成果混合所有制之前，由于职务发明所有权不能共享，在科技成果转化转移方面，高校有法律权利但没有动力，职务发明人有动力却没有权利。[②] 美国于1980年颁布了《拜杜法案》以解决科技成果转化的难题，让美国科技成果转化得到了较大提升，该法案被誉为“美国国会在过去半个世纪中通过的最具鼓舞力的法案”[③]。著名经济学家道格拉斯·C. 诺思曾经提出过，产权结构的效率导致经济增长、停滞或经济衰退，同时产权的出现也是在国家意志下交换双方当事人试图降低交易费用的结果。[④] 通过混合所有制改革能够取得良好效果，与之前仅由学校持有的模式相比较，职务发明人拥有科技成果产权后转化动力会增强，

---

① 在新旧专利方面，对于已有的专利和专利申请则通过变更申请的方式完成奖励，新的专利申请通过学校与职务发明人共同申请来进行奖励。

② 张维：《高校职务发明权属也应“混改”》，http：//www. legaldaily. com. cn/index/content/2018－03/15/content_7496618. htm？node＝20908，2018年12月20日。

③ 张铭慎：《如何破除制约入股型科技成果转化的“国资诅咒”？——以成都职务科技成果混合所有制改革为例》，《经济体制改革》2017年第6期。

④ ［美］道格拉斯·C. 诺思：《经济史上的结构和变革》，厉以平译，商务印书馆1992年版，第18页。

能主动积极对接技术需求方，将职务发明科技成果盘活起来；同时，也有利于回避国有股权奖励时间冗长和手续复杂的问题，通过职务发明人与学校共担专利申报费用，倒逼职务发明人提高申报专利的质量。① 因此，高校科技成果混合所有制在明确权利归属，减少权属争议等方面具有制度优势。

其次，有助于提升高校科技成果的转化动力。高校科技成果混合所有制能从源头上确定科技成果产权，使得科技成果转化过程中所有权、收益权相分离的困境得到有效改善。将所有权部分归属于职务发明人，确保了职务发明人的收益以及转化动力。同时，将科技成果产权作为对科技人员的激励也是深化科技体制改革不可或缺的组成部分。② 以西南交通大学为例，在“交大九条”推出仅半年时间，该校已有涉及 7 项职务科技成果的 160 多项职务发明完成了分割确权，高校专利评估作价入股超过 10 家高科技创业公司。③ 西南交大的该项政策对于提高科技成果转化率、解决科技成果转化“最先一公里”问题意义的重要性不言而喻。可见高校科技成果混合所有制能够解决职务科技成果转化难的问题。总体而言，四川省、西南交大等地方和单位以职务科技成果分割确权为突破口，其核心在于以产权来激励职务发明人进行科技成果转化，通过职务科技成果产权由学校持有转变为职务发明人和学校共同持有，将转化后的奖励变为转化前的产权激励。④

---

① 刘凤等：《高校职务科技成果混合所有制分析——基于产权理论视角》，《中国高校科技》2017 年第 9 期。

② 赵雨菡等：《高校科技成果转化的制度困境与规避思路》，《清华大学教育研究》2017 年第 4 期。

③ 陈桂兵：《职务技术成果权属分配机制的创新——以西南交通大学为例》，《中国高校科技》2017 年第 S2 期。

④ 丁明磊：《地方探索职务科技成果权属混合所有制改革的思考与建议》，《科学管理研究》2018 年第 1 期。

由此，混合所有制可以提高高校职务科技成果转化动力和效益。

二 高校科技成果混合所有制改革面临专利制度障碍

混合所有制所要解决的核心问题是将专利权在高校和职务发明人之间进行分配，形成专利权共有。然而，在理论层面上，《专利法》基于管制主义思维，对于权利归属和利益分配的强制性规定过多，给予当事人意思自治空间仍显不足；在制度层面上，《专利法》对于职务发明允许约定的范围不涉及权利归属，而且对于共有权约定的内容也有限制，导致科技成果混合所有制的改革试点遇到法律方面的瓶颈和障碍。该问题在《专利法》第四次修改后有所缓解，但未能从根本上解决。

（一）职务发明权属约定范围受限

职务发明在《专利法》上可以分为两种类型：一种是狭义的职务发明，即发明人为执行本单位职务完成的发明创造；另一种是广义的职务发明，即发明人主要利用单位物质技术条件完成的发明创造。两种类型职务发明的区分体现在《专利法》第6条中。第6条第1款已经较为明确地规定了两种应当归属于职务发明创造的情形：其一，执行本单位的任务所完成的发明创造；其二，主要是利用本单位的物质技术条件所完成的发明创造。第6条第3款涉及“利用本单位的物质技术条件所完成的发明创造”，该款中的“发明创造”应该指的是第1款所述第二种情形中的特殊情形，即执行本单位任务所完成的发明创造仍然应当按照《专利法》的规定直接归属于单位。[①] 尽管对高校科技人员依

① 陈柏强等：《关于职务科技成果混合所有制的思考》，《中国高校科技》2017年第S2期。

托学校项目所完成的科技成果属于第一类还是第二类职务发明并无明确规定，但是普遍认为属于第一类，从而导致发明人和单位并不能约定该职务发明权利归属，只能根据《专利法》规定来加以认定。

学界对于《专利法》第6条第1款、第3款①条文之间是平等关系还是从属关系的看法并不一致。倘若是平等关系，则狭义职务发明权属也属于可以约定的范畴，高校科技成果混合所有制改革将不存在违反《专利法》第6条的问题。如果是从属关系，则只有在特殊情况下取得的发明创造专利申请权从其约定，执行本单位任务所完成发明创造的权利归属于单位。有观点认为，混合所有制已经违背《专利法》的精神，有悖于《专利法》第6条所包含的3款之间的内在联系。② 因此，有必要破解该条规定所造成的制度障碍。

对于混合所有制是否违背《专利法》的争议，需要从两个方面厘清。一是高校科技成果是否属于狭义职务发明，若不属于则《专利法》已经允许当事人约定；二是在认为属于狭义发明的情况下是否通过修法允许单位与发明人约定。对于第一点，考虑到高校科技研发活动中发明人在研发任务设定、研发经费获取等方面的相对独立性，学校尽管下达科研任务但相对较为抽象，因此属于广义职务发明更为妥当。若按照通说认定为狭义职务发明，则需要对《专利法》第6条及相关法律法规进行修改，使混合所有制能够取得更为明确的合法地位，扩张当事人意思自治的范围。

---

① 《专利法》第6条第1款规定："执行本单位任务或者主要是利用本单位物质技术条件所完成的发明创造为职务发明创造。职务发明创造专利申请权属于该单位，申请被批准后，该单位为专利权人。"第3款规定："利用本单位的物质技术条件所完成的发明创造，单位与发明人或者设计人订有合同，对申请专利的权利和专利权的归属做出约定的，从其约定。"

② 刘凤等：《高校职务科技成果混合所有制分析——基于产权理论视角》，《中国高校科技》2017年第9期。

（二）专利共有权约定范围受限

专利共有权约定范围限制问题主要在于共有人不得约定共有份额，并且不得自由转让份额。根据《专利法》第15条，对专利权共有人行使权利采用约定优先原则，并且在没有约定的情况下可以适用法律补充规定。[①] 然而，该条规定存在两方面问题：一是其并未明确规定专利权共有是属于共同共有还是按份共有，司法实务界主张共同共有者较多，而学界则主张按份共有者较多；二是共有人约定的收益分配份额仅具有内部约束力。国家知识产权局在专利著录项目中并不能够明确登记专利权各个共有人分别享有的份额比例，各共有人在法律地位上和利益分配上处于抽象的平等地位。因此，即使高校和发明人共同拥有职务发明专利权，也会使得发明人在权利行使方面处于劣势。

学界有观点认为，专利很大程度上属于专利财产权，按份共有能较好地鼓励专利权交易与流通。[②] 但该观点存在一个悖论，学者们尽管多数主张按份共有，但是仍然倾向于规定共有人行使转让权需要经过其他共有人的同意，否则可能会改变原来的竞争结构，甚至于稀释市场份额，最终侵蚀专利权共有人在做出研发贡献后应得的合理经济回报。[③] 然而，若不能允许当事人明确各自所持专利共有权份额并加以自由转让，将使得混合所有制的价值难以有效实现。为此，应当允许高校与职务发明人之间进行份额的约定。

---

① 该条规定："专利申请权或者专利权的共有人对权利的行使有约定的，从其约定。没有约定的，共有人可以单独实施或者以普通许可方式许可他人实施该专利；许可他人实施该专利的，收取的使用费应当在共有人之间分配。"

② 侯庆辰：《论企业共同开发完成后之专利权共有——以我国台湾地区法律为论述基础》，《科技与法律》2014年第5期。

③ 刘强、汪永贵：《协同创新战略背景下的专利权共有问题》，《武陵学刊》2018年第1期。

（三）专利制度障碍所带来的弊端

首先，不利于高校科技成果混合所有制的实施。高校科技成果混合所有制改革尚未明确得到现行专利法律的支持，显然不利于混合所有制的发展，也不符合当下混合所有制改革的推广普及趋势。《专利法》第四次修改增加规定，“国家鼓励被授予专利权的单位实行产权激励，采取股权、期权、分红等方式，使发明人或者设计人合理分享创新收益”。地方政府出台的混合所有制政策和高校专利管理规定若在执行过程中面临专利制度障碍，将会影响其有效落实。

其次，不利于明确高校科技成果权属以及调动职务发明人的积极性。资源产权归属不明晰将成为资源有效利用的制度障碍。通过高校科技成果混合所有制，使高校与职务发明人共享科技成果所有权并进而实现明晰的产权，能调动职务发明人的积极性，让职务科技成果得到更高效率的利用。[①] 高校科技成果的法定权属模式显然无法充分调动职务发明人的创新、创造积极性，他们在职务发明与非职务发明之间面临着“获得全部或者失去全部”的局面，高校科技成果权属问题成为了个人与单位之间的最大利益分歧点。[②]

最后，不利于合理分配高校科技成果利益。现在的科技成果研发，仅靠个人天才就能完成的情形越来越少，更多的是多个科研人员团队协同合作。这种情形下取得成果使用、处置的决策机制复杂程度较高，倘若无法通过约定确定利益的分配，由于不同利益主体对自身

---

① 康凯宁：《职务科技成果混合所有制探析》，《中国高校科技》2015 年第 8 期。

② 刘鑫：《职务发明权利归属的立法变革与制度安排——兼评〈专利法修订草案（送审稿）〉第 6 条》，《法学杂志》2018 年第 2 期。

的贡献认知不同，产生不同的收益期望值，进而会影响到科技成果转化的实施。[①] 并且，在高校与职务发明人之间的利益分配比例也是较有争议的问题，需要相应法律、政策制度的进一步改革。

为了克服高校科技成果混合所有制改革中所面临的专利制度障碍，需要在职务发明权属约定范围及专利权共有约定、权利行使问题上进行改进，从而解除制度障碍问题。在理念上，应当从传统的“雇主优先”主义转变为“雇员优先”主义或者以雇员优先为原则的折中主义。在制度发展路径选择方面应当采用更为积极的态度，扩张高校与发明人在权益归属约定及权利行使方面的意思自治空间，从而为混合所有制改革探索提供更为宽松的制度空间。

其中，在职务发明权属约定方面，不论是执行单位任务所完成的职务发明，还是主要利用本单位物质技术条件所完成的职务发明，均应当建立约定优先原则，并且在法律默认权利归属方面做出更为有利于发明人的规定，从而促进高校积极制定专利管理制度，更为重视发明人的权益保护。此外，在专利共有权约定和权利行使方面，也应当允许当事人就具体权益比例进行约定并予以登记，同时允许发明人自由转让所持共有份额，从而保障其权利能够得到肯定和实现。

三　高校科技成果混合所有制职务发明权属约定

（一）执行单位任务发明约定优先原则

为执行单位任务完成的发明创造为狭义职务发明。为推进高校科技成果混合所有制的建立，《专利法》应当规定，对于执行单位任务

① 陈柏强等：《关于职务科技成果混合所有制的思考》，《中国高校科技》2017 年第 S2 期。

完成的发明创造，单位和发明人也能够约定权利归属。知识产权作为私权利的一种，知识产权法是民法的特别法，必须遵循民法意思自治的基本原则，约定应当优先于法定规则。① 在高校科技成果混合所有制背景下，应当将约定优先原则由职务发明奖酬及广义职务发明领域拓展至狭义职务发明领域。在职务发明人执行本单位任务所完成的发明中，如果双方就该职务发明权属约定分配签订合同并达成一致的，应该优先按照约定；无约定或者约定不明确时，将其归属于单位。

按照我国《专利法》以及司法实践，法院在判断职务发明创造权利归属时，“执行本单位任务所完成的发明创造”属于职务发明为强制性规则，不允许当事人加以变更。为防止单位利益流失是重要的原因，但实际情形可能会脱离立法者的本意。单位与发明人相比，一般会具有谈判优势地位，能够更好地保护自己的利益。② 保护国有资产的根本目的是保值增值，但是对于技术成果等无形资产，最大的保护不是维持静态权利而是实现其市场价值。③ 事实上，无论是在高校还是在企业中，允许对“执行单位任务发明”约定权属均利大于弊。单位具有较大谈判优势，通过约定优先原则，能调动职务发明人的积极性，使得相关发明创造在初始阶段就得到后续转化的最大可能性，促进单位和职务发明人取得共赢。

值得注意的是，“执行本单位任务”所做出的发明创造与单位和职务发明人的雇佣关系以及履行本职工作是分不开的。因此，对于此类发明而言，如果没有特别约定，那么根据职务发明人与其单位之间

---

① 王瑞龙：《知识产权共有的约定优先原则》，《政法论丛》2014 年第 5 期。

② 向波：《职务发明的判定及其权利归属问题研究——兼论〈专利法修改草案〉第 6 条的修改和完善》，《知识产权》2016 年第 9 期。

③ 陈桂兵：《职务技术成果权属分配机制的创新——以西南交通大学为例》，《中国高校科技》2017 年第 S2 期。

产生的职务发明创造关系应该归属于单位所有，但此时单位应该给予职务发明人必要的报酬。[①] 在2017年全国人大会议上，四川代表团联名提出《修改〈专利法〉第六条促进科技成果转化》的议案，建议在执行单位任务完成的发明创造权利归属问题上以意思自治为原则，归属单位为默认制度安排。[②] 该议案充分体现了私法领域意思自治、约定原则，同时也考虑到了单位的利益。在高校科技成果混合所有制改革中，应当就《专利法》第6条进行修订，允许“执行本单位任务所完成的发明创造”在单位与职务发明人之间优先进行约定，无约定则按法定归属于单位所有，从而实现在权益享有和转让过程中发明人拥有实质性参与的可能。

适用执行本单位任务发明约定优先原则首先应当判定利益分配合同的效力。显然该合同属于知识产权保护范畴，为私法领域，可以按照《合同法》来进行合同是否有效的判定。若为无效合同，则约定优先原则会失去适用的法律基础。我国《合同法》第52条以及《民法典》第一编第六章第三节有关于合同无效的规定，只要高校与职务发明人的合同触及其中任一条款，则该合同为无效合同。

约定优先原则与合理性原则的关系值得关注。“约定优先”并不意味单位与职务发明人科技成果利益分享合同不受任何约束。在“执行本单位任务发明权属约定”合同中，争议往往由利益分配比例所导致。在职务发明奖酬中，合理性原则地位优于约定优先原则和法定保障原则。该法律原则位阶关系同样适用于职务发明权利归属约定，从而平衡双方当事人的谈判地位和利益分配机制。如果单位或者职务发明人请求法院

---

① 张小玲：《职务发明专利归属模式比较研究》，《研究与发展管理》2007年第6期。

② 建议将《专利法》第6条修改为：“执行本单位的任务所完成的发明创造为职务发明创造。单位与发明人或者设计人可以对专利确权、申请、收益等相关事项做出书面约定；没有约定的，申请专利的权利和专利权属于单位。”

依据合理原则审查利益分配条款的效力，法院应当侧重于程序审查，对实质内容一般不做审查，除非约定内容明显不合理。[①] 如果按照目前西南交大等单位管理办法规定的比例进行分配，对于发明人来说并无不合理之处。

（二）主要利用本单位物质技术条件发明约定优先原则

主要利用本单位物质技术条件所完成的发明创造属于广义的职务发明创造，对其适用约定优先原则已有相应的立法动向。如前所述，根据《专利法》第6条，当事人对职务发明权利归属约定的意思自治范围仅限于“利用本单位的物质技术条件所完成的发明创造”。2015年国务院法制办及国家知识产权局发布的《专利法修订草案（送审稿）》《专利法修改草案（征求意见稿）》均涉及对现行《专利法》第6条的修订。[②] 对比之下可以发现，《修改草案》规定了约定优先原则，即对于利用本单位的物质技术条件所完成的发明创造，在没有约定的情形下，其知识产权归属权属于发明人而不是单位，也删除了主要利用与非主要利用单位物质技术条件的条款，对司法实践中区分主要利用与非主要利用的难题予以明确回应。从该条款的修订来看，并未将利用本单位的物质技术条件归为职务发明创造或者非职务发明创造，而是创造了一种独立于职务发明与非职务发明之外的新类型。该

---

① 万志前、朱照照：《论职务科技成果转化利益分配的约定优先原则》，《华中农业大学学报》（社会科学版）2017年第3期。

② 该条规定：“执行本单位任务所完成的发明创造为职务发明创造。职务发明创造申请专利的权利属于该单位；申请被批准后，该单位为专利权人。非职务发明创造，申请专利的权利属于发明人或者设计人；申请被批准后，该发明人或者设计人为专利权人。利用本单位的物质技术条件所完成的发明创造，单位与发明人或者设计人订有合同，对申请专利的权利和专利权的归属做出约定的，从其约定；没有约定的，申请专利的权利属于发明人或者设计人。”

类型采取约定优先原则，且在没有约定的情形下，其专利权人属于职务发明人而不是属于单位。应当说，这种规定全面贯彻了“约定优先原则”，且倾向于认定为非职务发明创造的原则，体现了以雇员优先为基础的折中主义。[①] 较为遗憾的是，该修改草案条款未能体现在《专利法》第四次修改中。

综上所述，职务发明权属应当采取“约定优先”原则，同时兼顾单位和发明人的利益。建议将《专利法》第 6 条相应条款修订为：“执行本单位任务所完成的发明创造为职务发明创造。职务发明创造申请专利的权利和专利权归属可以由发明人与所在单位约定，没有约定或者约定不明的，申请专利的权利和专利权归属于单位。利用本单位的物质技术条件所完成的发明创造，单位与发明人或者设计人订有合同，对申请专利的权利和专利权的归属做出约定的，从其约定；没有约定的，申请专利的权利属于发明人或者设计人。”该建议条款一方面贯彻了职务发明权属约定优先原则，为高校科技成果混合所有制改革提供了法律基础，另一方面也将狭义与广义职务发明在默认归属方面进行了区分，从而体现了高校与发明人在权属分配方面的均衡地位。

四　高校科技成果混合所有制专利共有份额约定及转让

（一）允许专利共有人约定份额

首先，允许专利共有人约定共有份额具有制度优势。按份共有指的是两个或者两个以上共有人按应有份额分享权利、承受义务的共有

---

① 陶鑫良：《职务发明性质之约定和职务发明报酬及奖励——我国专利法第四次修订中有关职务发明若干问题的讨论》，《知识产权》2016 年第 3 期。

关系。有学者主张应当根据按份共有原则分割职务发明成果。[①] 考虑到房屋等有形资产均可以按照一定份额进行享有和登记，专利权登记也应当比照办理，从而明确各共有人所拥有的比例。专利权即便作为“不可分割物”，也仅指实体上不可分割，在抽象的比例上可以进行划分，在专利费的缴纳比例、被侵权所获赔偿分配上都应有所体现。[②] 在高校科技成果混合所有制中，如果让高校与职务发明人通过约定共有份额，对产权归属有较为明晰的划分，就保证了职务发明人在科技成果转化后的收益，通过双方达成合意的方式对专利共有行为进行规范，较大程度上提高职务发明人的积极性，保障共有人自行实施的权利。[③] 因此，约定优先原则可以让学校及发明人更为自主地根据市场需求获得收益，弥补法定原则的不足。

其次，应当对共有份额约定进行具体规则构建。在进行职务发明收益分配时，以现金或者股权分配等形式均可以，但更为重要的是能够在专利权转化之前就明确登记各共有权人的份额。目前，从国家法律到地方规章，对于科技成果混合所有制专利共有权约定问题尚未进行明确规定。针对这种情形，有必要对约定专利共有份额的规则构建进行探究。[④] 其一，除涉及国家安全、国家利益和重大社会公共利益外，应当在法律层面明确支持高校院所与职务发明人订立合同。其二，在份额认定上，发明人可就其完成的职务科技成果享有不低于70%的权利（发明人为团队的，团队内部按比例进行协商）。无

① 何敏、张浩泽：《论按份共有规则在职务发明制度中的确立》，《科技与法律》2018年第5期。

② 孙敏洁：《合作研发中的专利共有新探》，《兰州学刊》2011年第8期。

③ P. Mendes, “The Economic and Bargaining Implications of Joint Ownership of Patents”, *The Licensing Journal*, Vol.5, No.2, 2015, pp.4-11.

④ 刘强、罗凯中：《高校职务发明奖酬法律问题研究》，《电子知识产权》2017年第1期。

约定的，也应当按照相应规定办理。其三，国家知识产权局在进行专利权属登记时，应当允许共有人将具体权属分配比例在专利登记簿上进行登记，从而产生公示效力和对第三人的约束力。其四，教育、国资、财政等政府管理部门对高校院所与职务发明人订有合同、约定共有份额的应当给予承认，并依法办理国有资产确权、国有资产变更、注册登记、知识产权权利人变更等相关事宜。[①]

最后，应当明确共有份额约定适用方式。在适用允许约定共有份额规则时，应当先判定约定共有份额合同的效力，在高校与职务发明人所签订的合同在形式上合法有效的时候，再对合同内容合理性进行审查。如果存在多个共有人，则应当经过全体共有人一致同意；如果变更合同约定内容，也应当征得全体共有人同意才能执行。

（二）允许专利共有人自由转让份额

首先，允许专利共有人自由转让份额可以促进科技成果转移。专利作为一种无形资产，能够进入商品流通领域并作为标的物进行买卖。《美国专利法》将专利视为动产。[②] 专利权转让是专利权间接转化并实现经济价值的重要途径之一。[③]《专利法》第15条第2款对于共有专利份额转让的规定为“应当取得全体共有人的同意”，此项规定在保障共有人转让自由和维护权利人封闭性之间寻求平衡。[④] 考虑

① 参见四川省知识产权局《关于支持高等院所职务发明知识产权权属和利益分享制度改革试点的十五条措施（征求意见稿）》。

② 35 U. S. Code § 261 - Ownership; Assignment: Subject to the Provisions of This Title, Patents Shall Have the Attributes of Personal Property.

③ 刘强、马欢军：《协同创新战略背景下的专利转让纠纷法律适用——以经济学分析为视角》，《大理大学学报》2018年第3期。

④ 刘强、汪永贵：《协同创新战略背景下的专利权共有问题》，《武陵学刊》2018年第1期。

到《专利法》第1条立法宗旨，既要促进科技成果创造，更为重要的是促进其应用。[①] 然而，如果需要取得全体共有人同意，则要求各个共有人之间达成观念和利益上的共识。由于不同主体对于自身在发明创造中的贡献度等问题存在认知上的差异，故很难实现一致，导致专利被闲置。这既有悖于我国《专利法》的立法宗旨，也不利于混合所有制得到充分实施。职务发明人虽然完成了发明创造，但是由于其未能有足够的生产能力，导致该项职务科技成果可能会被闲置。若允许自由转让其所属份额，则可以在转让给第三人时获取收益，促进专利技术的后续研发与利用。

其次，在规则构建方面，要考虑两个方面的问题。其一，除涉及国家安全、国家利益和重大社会公共利益外，在法律层面应当支持高校院所与职务发明人签订合同，就其职务发明及相关专利权通过约定和权利人变更分享权利，能够自由转让其所占份额。当然也要排除共有人为了将开发成本转移到其余专利共有人身上而随意转让，否则有可能导致共有人有动机采取机会主义行为。[②] 高等院校可自主决定职务科技成果以转让、许可或者作价投资等方式向企业或者其他组织转移转化，无须审批或者备案。[③] 其二，共同专利权人有权自由转让所持共有份额，无须征求其他共有权人的意见，同时可以在国家知识产权局办理转让登记，一方面可以发挥公示公信的作用，保障交易安全，另一方面可以避免烦琐的行政手续，提高职务科技成果转让的效率。当然，专利许可费应当按照专利权共有份额比例在高校院所与职

---

① 该条规定："为了保护专利法的合法权利，鼓励发明创造，推动发明创造的应用，提高创新能力，促进科学技术进步和经济社会发展，制定本法。"

② R. P. Merges, L. A. Locke, "Co-ownership of Patents: A Comparative and Economic View", *Journal of the Patent & Trademark Office Society*, Vol.72, No.6, 1990, pp.586-599.

③ 参见四川省知识产权局《关于支持高等院所职务发明知识产权权属和利益分享制度改革试点的十五条措施（征求意见稿）》。

务发明人之间进行分配。

高校科技成果混合所有制改革具有重要的现实意义，既对《专利法》提出一定程度的挑战，也为有关法律及政策的改进完善提供了机遇。如果能够破除管制主义思维，扩大学校与发明人在职务发明权利归属及共有权行使方面的意思自治空间，则有利于混合所有制改革的推行，也有利于科技成果的有效转化和实施。

第二节　复合型知识产权人才培养：特点、政策与理念

高新技术创新需要知识产权专门人才作为重要的智力支撑。复合型知识产权人才是知识产权人才体系中的重要组成部分，对于知识产权人才队伍建设及知识产权事业发展起到重要的引领和支撑作用。依托现有教育资源，着力打造一支符合知识产权战略实施和知识产权强国建设要求的复合型知识产权人才群体，将是实现我国经济社会跨越式发展及创新型国家建设的重要人才保障。我国当前正在进行知识产权人才培养的政策导向及教育理念方面的改革，需要破除体制、机制方面的障碍，导正教育理念的偏差，从而更为有效地实现复合型知识产权人才的培养和成长。

一　复合型知识产权人才及其培养的特点

（一）复合型知识产权人才的特点

复合型人才在我国教育体系和相关人才培养体系中具有重要的地

位，受到各方面高度关注。复合型人才在知识结构、能力结构、素质结构等方面都有新的要求和更高的标准；通常认为应当具备“基础扎实，知识面宽，能力强，素质高”等方面的特点。[①] 复合型知识产权人才是具有以知识产权领域为核心的两个以上跨学科的专业知识，具有知识产权领域较高理论水平及人文素养，具备较强知识产权实际事务处理能力的高级专门人才。从人才素质来说，复合型知识产权人才应当兼具理工医科、法律和管理学等知识背景，具有丰富的知识储备和优化的知识结构、较强的知识产权战略规划和管理能力，以及知识产权实务问题处理能力。

表 3—1　　　　　　复合型知识产权人才素质要求表

素质层面	素质内容
职业理念	职业责任感、创新精神、协作精神、全球视野等
专业知识	知识产权法律知识、经济学知识、管理学知识、理工医科知识、政策科学知识等
执业能力	知识产权立法、司法、执法能力，知识产权申请代理服务、法律服务、运营服务、培训服务等

复合型知识产权人才应当具备职业理念、专业知识、执业能力三个层面的素质，各个素质层面又包含若干具体的素质内容，从而形成此类人才综合素质的整体内容（见表 3—1）。对于此类人才的培养理念、培养模式及培养方案也应当按照素质层面及素质内容的要求进行设计和实施。在最高层面的素质中，知识产权人才应当具有良好的职业理念，尤其是应当树立符合知识产权职业特点的伦理观。在职业理

① 金一平等：《复合型人才培养模式创新的探索和成功实践——以浙江大学竺可桢学院强化班为例》，《高等工程教育研究》2012 年第 3 期。

念指导下，应当较为全面地掌握知识产权专业知识和执业能力，为从事知识产权领域专业活动提供智力支撑。

复合型知识产权人才在知识产权人才体系中居于核心地位，对于推动知识产权战略实施具有重要的支撑作用，对于其他类型知识产权人才的业务推动及发展成长起到重要带动作用，应当成为知识产权人才培养的主要目标和方向。① 根据《2019 年 5 月全国知识产权人才需求报告》："知识产权人才需求呈现多样化分布，对具有复合型背景的人才需求急迫"，"广东、北京、上海、江苏和浙江是知识产权需求前五的地区，广东以 32.3% 的比例高居第一名"。② 复合型知识产权人才的培养属于知识产权教育中的专才教育和精英教育，是高校培养专业人才的重要途径和体现知识产权教育水平的主要标志。

知识产权人才的复合型特点是同知识产权专业本身的特点相适应的。知识产权制度固然是以相应法律制度作为基础和前提的，但是在制定和实施过程中也必然会涉及经济学、管理学、政策科学等方面的问题。即使是在法律体系内部，知识产权法也与法学理论、民商法、经济法、国际法等其他部门法具有深度交叉和融合的关系。论证知识产权制度正当性的理论主要来源于哲学、伦理学、经济学等其他学科理论。以上均体现了知识产权制度从理论、规则到实践均具有较强的复合特征。知识产权的交叉学科属性决定了知识产权人才的知识结构并不是单一的，而应具有"复合型"特点。③ 梁治平先生曾经说过，中国的法律问题从一开始就不仅仅是法律问题，也是政治问题、社会

① 黄汇、石超然：《知识产权复合型人才培养实践教学创新研究——以西南政法大学为例》，《工业和信息化教育》2018 年第 2 期。

② 《2019 年 5 月全国知识产权人才需求报告》，http：//baijiahao. baidu. com/s? id = 1639090476320169366&wfr = spider&for = pc，2019 年 9 月 20 日。

③ 邓建志：《知识产权专业本科教育问题研究》，《知识产权》2017 年第 11 期。

问题、历史问题、文化问题。[①] 对于知识产权问题也是如此，甚至还要从科技问题等层面加以解读。因此，作为较高层次的知识产权人才，复合型知识产权人才所具有的知识结构也不应当局限于知识产权本身，尤其是不能只掌握法律制度规则的知识，而应当具有相对广泛的相关专业知识储备。

（二）复合型知识产权人才培养的特点

为贯彻我国知识产权战略纲要和高等教育方针，知识产权人才培养应依托高等学校内外知识产权交叉学科教育资源，培养具有复合型专业知识背景、职业理念及执业能力的知识产权人才。复合型知识产权人才培养具有以下特点：

1. 前瞻性。复合型知识产权人才培养并非仅为当前具体知识产权业务培养一般性人才，而是培养在未来一个时期能够发展知识产权事业、拓展知识产权业务范围、提高知识产权业务层次的高层次人才。知识产权制度本身具有前瞻性[②]，使得知识产权人才也应当具有前瞻性的视野。从国家战略政策制定、企业经营管理、研发人员创新活动等层面而言，从事知识产权活动的主体均应当具有一定的超前性思维。知识产权创造、运用、保护等活动在当下未必能够产生直接的经济利润，但是能够为在今后一段时间获得、维持、拓展竞争优势取得良好环境。因此，复合型知识产权人才应当具有前瞻性视野，而培养此类人才的教育理念、教学模式也应当具备前瞻性。

2. 层次性。如果将知识产权人才分为领军人才、中层人才及基础

① 苏世芬：《复合型法律人才培养模式研究》，《青海社会科学》2008 年第 6 期。

② 孙智：《新时代创新型国家建设与知识产权制度回应——基于国家创新能力相关指标的分析》，《贵州师范大学学报》（社会科学版）2017 年第 6 期。

人才，那么复合型知识产权人才主要处在前两个层次中。领军人才应当属于复合型人才，否则其专业素养难以起到所应当担负的领导作用；中层人才中的大部分也应当属于复合型人才，否则难以在较宽知识产权专业领域中起到支撑或者引领作用；基础人才也应当有相当部分属于复合型人才，否则难以与前两个层次的人才在具体业务上进行有效对接，并形成知识产权职业共同体。复合型知识产权人才培养应当具有一定的层次性，主要着眼于高层次人才培养。在学历层次方面，复合型人才主要是本科以上学历，尤其是以研究生学历为主。在专业方向方面，复合型人才以理工医科本科专业加法律硕士专业为主，还包括知识产权法学硕士、知识产权法学博士及相关学科知识产权方向高校毕业生。

3. 系统性。一方面，复合型知识产权人才培养内容具有系统性。不仅要培养知识产权专业知识方面的素质，而且要在知识产权职业伦理、知识产权实务能力等观念层面及操作层面进行系统培养，使得知识产权人才具有与职业需求相匹配的综合素质；另一方面，复合型知识产权人才培养对象也具有系统性。各类知识产权人才经过系统性培养，有助于形成知识产权职业共同体。[①] 所谓知识产权职业共同体，是指具有共同的知识产权事业发展价值目标、共同的知识产权专业知识背景、共同的知识产权职业领域、共同的知识产权行业伦理观念、共同的知识产权执业任职资格的职业群体，其中包括知识产权立法者与司法者、知识产权行政管理者与执法者、企事业单位知识产权管理者以及知识产权服务业从业人员。在法律职业领域，依托较为成熟的法学专业教育，以及国家司法考试、国家法律职业资格考试等执业资

---

① 刘强：《人文精神与我国知识产权教育》，《贵州师范大学学报》（社会科学版）2015 年第 6 期。

格考试，较为成型的法律职业共同体已经形成。① 在知识产权强国战略实施背景下，知识产权职业共同体建设将显得越发重要，这将是维护知识产权领域从业人员共同价值、共同利益，并推进知识产权事业健康发展的专业人才集合体。

二　复合型知识产权人才培养与国家战略规划及政策措施

从国家到地方已经出台了多个有关知识产权人才培养的战略规划和政策文件，为知识产权人才培养，尤其是复合型知识产权人才培养提供了国家战略及政府政策方面的支持。有关文件也体现了复合型知识产权人才培养的若干特点，在培养理念及路径规划方面起到指导性作用。

（一）从战略层面重视复合型知识产权人才培养

2008 年《国家知识产权战略纲要》提出“加强知识产权人才队伍建设”，并要“建立部门协调机制，统筹规划知识产权人才队伍建设”。此外，《国家中长期人才发展规划纲要（2010—2020 年）》提出“重视培养领军人才和复合型人才”，突出了对复合型人才培养的重视。此后，国家知识产权局专门通过了有关人才发展的行动计划，② 连续出台了《知识产权人才“十二五”规划》和《知识产权人才“十三五”规划》。根据《知识产权人才“十三五”规划》，知识产权人才复合性首先体现为知识与技能的复合。③ 知识产权专业人才一方

---

① 葛洪义：《一步之遥：面朝共同体的我国法律职业》，《法学》2016 年第 5 期。

② 陈良伟：《实施人才行动计划，为强国建设提供人才支撑》，《中国知识产权报》2017 年 6 月 14 日第 3 版。

③ 知识产权人才是指“从事知识产权工作，具有一定的知识产权专业知识和实践能力，能够推动知识产权事业发展并对激励创新、引领创新、保护创新和服务创新做出贡献的人”。

面应当具备知识产权领域的专业知识，其中既包括知识产权法律知识，也应当包括知识产权管理、知识产权政策、知识产权技术等方面的专业知识；另一方面应当具备知识产权领域的实践能力，包括从事知识产权创造、运用、保护、管理及服务等实际事务的能力。

在高等教育改革和知识产权人才国际化、高层次化的背景下，复合型成为知识产权人才的本质特征和主要培养目标。湖南省委组织部和省知识产权局发布的《湖南省知识产权人才发展规划（2011—2020年)》提出造就一支数量充足、结构优化、布局合理、素质较高、能够满足社会经济发展需要的知识产权人才队伍。《江苏省“十三五”知识产权人才发展规划》（苏知联发〔2016〕4号，简称《江苏省规划》）规定：“大力培养复合型知识产权专业人才”，较早地明确提出复合型知识产权人才的概念，提出到2020年使得该省“具有专业技术背景、熟悉知识产权法律法规和国际规则的复合型知识产权领军人才达200人。”有全国政协委员认为，“知识产权保护领域具有专业性、国际性、特殊性等特点，特别是处理涉外商务纠纷时，尤其需要既懂专业又懂法律的复合型人才”。[①] 由此，复合型知识产权人才已经成为政府知识产权人才规划的重点发展对象。

（二）复合型知识产权人才培养的体系化建设与分类管理

首先，在体系化建设方面，在政策层面明确提出“知识产权人才”的概念，一方面提高了知识产权人才在政策规划中的地位，为体系化地进行复合型知识产权人才培养与评价改革提供了政策基础；另一方面也有助于打破不同知识产权业务领域各类人才的界限，为初步

---

① 杨波：《汪鹏飞委员：保护知识产权需要更多复合型人才》，《检察日报》2018年3月13日第6版。

形成知识产权职业共同体提供了政策环境。我国知识产权人才已达到10万数量级，但是其中层次高、复合型强，能够起到领军、全局作用的知识产权人才仍然较少，需要大力培养。将知识产权人才作为统一口径进行统计，体现了此类人才的整体性和体系性。《知识产权人才“十三五”规划》设定的发展目标是：“知识产权专业人才数量达到50万余人，包括知识产权行政管理和执法人才3万余人；企业知识产权人才30万余人；知识产权服务业人才15万余人，其中执业专利代理人达到2.5万人；高等学校、科研机构等单位知识产权人才3万余人。全国知识产权从业人员超过100万人”。该规划的实施，既实现了人才数量的增加，也促进了知识产权人才体系化建设的发展。

其次，对于知识产权人才实施分类培养。知识产权人才供给不足，尤其是复合型高端知识产权人才匮乏成为部分地区知识产权服务业发展的重要障碍。[①]《知识产权人才“十二五”规划》在基本原则部分提出，“以高层次人才为引领，以实务型人才为主体，加快培养一批复合型、高层次、国际化的知识产权人才”，在主要任务部分提出，“突出培养知识产权各专业领域的高素质拔尖人才和复合型人才”，在主要措施部分提出“培养数千名高素质、复合型的知识产权服务业人才”。此外，根据知识产权业务领域对于复合型人才进行差异化培养与评价是突出其业务特点的重要措施。《江苏省规划》提出针对四类知识产权人才进行重点培养：企业知识产权人才、知识产权服务专业人才、知识产权执法及行政管理人员。由此，体现了知识产权复合型人才分类管理与培养的特点。

---

① 邵冰欣：《河南省知识产权服务业发展规划研究》，《创新科技》2018年第3期。

（三）学历教育与非学历教育并重

复合型知识产权人才培养可以分为学历教育和非学历教育（继续教育）两类，有必要实现两者有机结合。在学历教育方面，国务院《关于新形势下加快知识产权强国建设的若干意见》（国发〔2015〕71号，以下简称《强国意见》）要求："加强知识产权相关学科建设，完善产学研联合培养模式，在管理学和经济学中增设知识产权专业，加强知识产权专业学位教育。"《江苏省规划》提出"大力推进知识产权学科专业建设""支持有条件的高校创办知识产权学院，增设知识产权本科专业，设立与知识产权相关的二级学科硕士、博士学位授予点"。在非学历教育方面，《强国意见》提出，"加大对各类创新人才的知识产权培训力度。鼓励我国知识产权人才获得海外相应资格证书"；通过知识产权人才评价政策引导此类人才完善知识结构、提高业务能力。《强国意见》还提出："进一步完善知识产权职业水平评价制度，稳定和壮大知识产权专业人才队伍。选拔培训一批知识产权创业导师，加强青年创业指导。"学历教育与非学历教育在培养对象及培养内容方面可以实现互补。

学历教育的优点是能够较为系统地进行知识传授，使得受教育者具有较为扎实的理论知识基础，可以充分利用高校整体教育资源进行教学，使得受教育者获得较宽的专业知识面，同时还可以通过实习、实践使其获得较为初步的实务操作技能。① 这对于知识产权人才毕业后从事实务工作具有重要意义。不足之处是，学历教育课程体系和培养模式相对固化，适应时代要求并及时加以变动与更新的灵活性不

---

① 冯晓青、王翔：《我国知识产权学历教育及教学科研机构研究》，《武陵学刊》2015年第2期。

足，加之学历教育周期较长，时间成本高，预先设计的培养目标、培养方案、教学内容在人才进入职业阶段时可能存在错位。对于知识产权行业及知识产权执业活动而言，随着产业技术、商业模式等因素发展变动的频率更高，将使得上述不足显得尤为突出。非学历教育则是在学历教育之外进行的继续教育，主要通过知识产权短期培训、资格考试辅导、专业知识讲座等方式进行培养，重在实务技能提高，但是在知识产权职业理念培养及理论知识系统性传授方面较为欠缺，而后者对于复合型人才及知识产权行业的长期发展又是必不可少的。因此，有必要将学历教育与非学历教育相结合，发挥各自优势。

三 复合型知识产权人才职业理念培养问题

复合型知识产权人才培养不能仅限于知识传授和职业技能培养，更为重要的是在知识产权职业理念方面进行培育和提升。这不仅是形成知识产权职业共同体的时代要求，更是促进知识产权人才成长和知识产权事业发展的必由之路。复合型知识产权人才培养应当重视以职业伦理为基础的职业理念培养，其中包括职业责任感、创新精神、协作精神及全球视野等内容。职业理念培养是形成知识产权职业共同体的重要价值基础，也是知识产权职业者有效运用知识产权专业知识和发挥专业技能的重要观念支撑。

（一）职业责任感

复合型知识产权人才应当具有强烈的职业责任感，以完成知识产权职业使命为己任。这种职业责任感分为三个层次：一是对当事人的职业责任感；二是对知识产权事业的职业责任感；三是对整个社会的职业责任感。

首先，复合型知识产权人才应当具有对当事人的职业责任感。随着知识产权行业领域专业化程度越来越高，作为管理或者服务对象的当事人与知识产权职业人员之间的信息不对称程度也越来越高，前者利益能否得到有效维护和实现越来越依赖于后者的执业活动。因此，作为复合型人才的知识产权职业者，对维护当事人的知识产权利益具有更强的专业能力，应当基于对当事人的责任感从事执业活动，最大限度地维护当事人的合法利益，这是一种基于职业伦理而产生的责任感。[①] 同时，知识产权职业者应当在执业活动中给予当事人合理引导，从而使其明确自身利益边界，并加以有效维护。

其次，复合型知识产权人才应当具有对知识产权事业发展的职业责任感。如前所述，复合型知识产权人才处于知识产权人才体系的中高层，从事执业活动不应当仅满足于实现自身经济利益，更加应当为推动知识产权事业发展做出贡献。在专利代理行业中，从业人员普遍认为应当“在满足基本生存条件的基础上，进一步追求超越利益的理想的实现”[②]。在知识产权执业活动的其他领域，复合型知识产权人才也应当以促进知识产权事业整体利益和实现发展要求为使命。

最后，复合型知识产权人才应当具有对整个社会的职业责任感。这种责任感可以体现为复合型知识产权人才的社会责任。有学者认为，律师需要承担超出市场主体道德要求的、从属于公共利益范畴的社会责任。[③] 作为具有较高专业能力的复合型知识产权人才，也应当在职业过程中更多地履行社会责任。当个人经济利益与社会整体要求

---

① 卞辉：《社会管理创新中的律师社会责任探析》，《西北大学学报》（哲学社会科学版）2014 年第 1 期。

② 王小莉：《“中国知识产权代理行业社会责任感研讨会”在京召开》，《知识产权》2007 年第 1 期。

③ 刘育昌：《基于 AGIL 模型建构律师社会责任研究》，《暨南学报》（哲学社会科学版）2014 年第 3 期。

存在矛盾时，有必要主动放弃一部分个人利益，维护行业乃至社会的整体利益。这不仅是复合型知识产权人才应当有的职业道德素养，实际上从长远来说也可以在更高程度上实现个人价值。

（二）创新精神

首先，复合型知识产权人才应当具有创新精神。培养创新精神是大学教育的应有之义，知识产权人才应当以推动创新成果持续不断涌现作为职业目标。知识产权人才是激励创新、引领创新、保护创新和服务创新的人才。① 复合型知识产权人才兼具多个学科专业背景，能够更为深刻地理解、发现科技产业发展中所遇到的知识产权问题，同时也能够更好地通过知识产权事务实践活动促进科技进步和产业升级。

其次，复合型知识产权人才应当善于创新知识产权执业活动，升级执业活动技术手段，提高执业活动效率，扩大执业服务业务范围。应当充分应用人工智能、物联网、云计算、区块链等新技术，使其更好地为知识产权执业活动服务。利用新技术可以大幅度提高知识产权行政执法与司法，以及专利信息分析、挖掘等业务的效率，也可以提高专利审查、专利申请文件撰写的准确率。② 人工智能技术也已经深入司法活动及法律服务业务活动中，从而也会促进知识产权法律服务业的进一步发展。③ 知识产权职业者在观念上不应当排斥新技术对执业活动所带来的影响，而应当对新技术手段的加入持欢迎和拥抱的态度。

最后，复合型知识产权人才应当具有推进知识产权制度创新的

---

① 陈良伟：《实施人才行动计划，为强国建设提供人才支撑》，《中国知识产权报》2017 年 6 月 14 日第 3 版。

② 张鹏：《新技术发展对专利代理行业的影响与应对》，《专利代理》2019 年第 2 期。

③ 赵鑫等：《人工智能技术在智能化法律服务中的应用》，《信息通信技术》2019 年第 1 期。

理念。传统上，法学院培养的法律职业人员的主要业务能力体现为在执业活动中忠实地适用法律，从而解决社会纠纷问题，但是后来也逐步发展到律师可以适时参与法律制度创新过程。[①] 耶鲁大学法学院院长曾经提到，“法学院也应该致力于改进法律”[②]。在知识产权领域，知识产权职业者从实务中可以发现制度规则存在的缺陷与不足，并将之提炼升华为制度改革与发展的建议。因而，知识产权执业者不仅应当有能力较好地执行知识产权法律制度及政策措施，也应当有能力以适当方式提出完善知识产权制度、政策的意见，从而在整体上推动知识产权事业发展。

（三）协作精神与全球视野

复合型知识产权人才应当具有协作精神。这种协作精神体现在两个层面，一是通过知识产权制度及知识产权执业活动实现创新主体之间的协作。随着开放式创新、颠覆式创新等新型创新活动不断涌现，不同创新主体之间越来越体现出协同创新的特点，从而节约创新成本和交易成本，提高创新效率及实施效果。[③] 复合型知识产权人才对于知识产权制度及相关创新活动技术领域较为熟悉，对于相关主体利益诉求较为了解，因此有能力及责任促进创新主体之间的有效协同，必要时可以协助克服知识产权制度本身所可能带来的障碍，实现创新成果不断涌现。二是有必要实现知识产权职业共同体内部的协同。复合型知识产权人才并非“全能型”人才[④]，不可能对涉及知识产权业务

① 苏世芬：《复合型法律人才培养模式研究》，《青海社会科学》2008 年第 6 期。

② 法学院参与改进法律的路径包括，科学地研究和分析现行法律，比较研究其他国家的法律，对法律实施和立法的缺陷提出批评和建议，以及将法律与社会的其他制度相联系。参见周汉华《法律教育的双重性与中国法律教育改革》，《比较法研究》2000 年第 4 期。

③ 刘强、刘忠优：《协同创新战略与专利制度互动研究》，《科技与法律》2018 年第 1 期。

④ 邓建志：《知识产权专业本科教育问题研究》，《知识产权》2017 年第 11 期。

的所有理论及实务问题都了解，在进行较为复杂并且附加值高的知识产权执业活动时，不可避免地需要知识产权职业领域其他从业者的协助或者参与。因此，复合型知识产权人才应当具备在执业活动中充分整合他人执业资源的理念和能力，进而建立较为稳定的知识产权服务团队，从而通过协同服务实现职业价值。

复合型知识产权人才应当具有国际视野。随着包括知识产权在内的问题具有全球化趋势，培养受教育者的全球化思维与视野也显得越来越重要。[①] 知识产权虽然具有地域性，但是随着经济全球化也越来越具有国际化的特点，知识产权已经成为影响国际贸易的重要因素，因此也成为政府间国际贸易谈判和企业间国际贸易活动的对象。[②] 属于世界知识产权组织管理的知识产权领域国际条约或者协定就有20余项。复合型知识产权人才应当具有国际化视野，能够在国际层面考察并处理具体的知识产权实务，同时也应当积极参与国际交流，争取知识产权领域的国际话语权乃至规则制定权。[③] 一方面，创新活动国际化促进了知识产权执业活动的国际化，例如跨国专利申请及专利维权等活动带有显著的国际性特点，也促使专利代理业务的国际合作；另一方面，知识产权执业活动的国际化也促使复合型知识产权人才提高处理国际性知识产权业务的能力，例如在培养过程中重视知识产权专业英语等涉外专业能力的培养。

综上而言，复合型知识产权人才已经成为知识产权人才培养的重点对象，也是知识产权事业成长和社会可持续发展的重要支撑力量。

---

① 黄容霞、雷纳特·维坎德：《大学教育如何为未来培养人才？——基于瑞典环境与发展研究中心可持续发展教育模式的分析》，《现代大学教育》2016年第2期。

② 潘皞宇：《论知识产权国际化的保护模式及我国的应对策略》，《法学评论》2015年第1期。

③ 蒋莉：《英国知识产权教育的经验以及对中国的启示》，《教育教学论坛》2018年第15期。

特别是在科技创新日新月异的背景下，对此类人才在培养理念、培养内容等方面也提出了更高的要求。有必要在实施国家知识产权战略及建设知识产权强国过程中，进一步加强复合型知识产权人才的培养，使之成为具有较高专业素质、共同职业特点，并且代表国家实力的人才队伍，从而以知识产权事业为依托为社会发展做出更大贡献。

第三节　复合型知识产权人才培养模式的若干思考

高新技术创新对复合型知识产权人才培养模式提出新的需求。复合型知识产权人才在知识产权人才队伍中具有较高专业水平和业务能力，处于事业发展的核心地位，其培养模式也更为受到关注。我国知识产权专业人才队伍已经达到一定规模，但是在人才结构、业务水平、国际化程度方面还存在不足之处，需要在培养模式方面加以改进，从而更好地为知识产权事业提供人才保障。

一　复合型知识产权人才培养模式面临的主要问题

复合型知识产权人才培养模式是指，在培养高层次、复合型知识产权人才的总体目标指引下，依托高等学校及其他机构的知识产权教育教学资源，对于知识产权培养对象进行专业化培养的系统性方式。[①]

① 除培养知识产权专业人才外，高校知识产权教育还包括对理工科及其他文科专业学生进行知识产权通识教育的内容，后者对于提高从事知识产权创造等工作的技术人员或者管理人员的知识产权意识和能力也有帮助，但是其目标并非为培养专门从事知识产权职业的人才，因此不在本节讨论范围之内。

此类培养模式改革的目标，应当是使得在相应培养模式下，能够更好地培养具有职业理念、专业知识和执业技能的知识产权专门人才。[①]针对复合型知识产权人才的培养模式包含几个方面的要素：机构建设、专业设置、课程配置、教学方法，此外还有师资建设等配套问题。其中，机构建设和专业设置属于较为宏观层面的培养模式，受到国家教育政策等方面因素的影响；课程设计、教学方法，以及师资培训则属于较为微观层面的培养模式，主要由开展人才培养工作的高等学校根据自身特点进行设计和安排。

复合型知识产权人才培养模式的改革需要解决以下三个方面的问题。

首先，高校人才培养模式与国家及社会需求对接存在问题。多位学者提到复合型知识产权人才培养模式与社会需求脱节的问题。[②] 在高校开展知识产权人才培养工作的优势在于可以借助其经过多年经验积累并且较为完善的人才培养模式，但是也存在受到固有高等教育培养模式制约，从而导致与国家及社会需求不匹配的问题。高校人才培养模式重视对学生的全方位培养，能够使得学生获得较为扎实的专业基础知识，并得到一定程度的创新能力训练。但是，国家和社会对于知识产权人才需求存在战略需求前瞻性强、层次要求高、实务特色突出等方面的特点，尤其需要在知识产权领域有突出专长的领军人才及复合型人才。高校较为侧重理论知识传授的培养模式已难以适应用人单位对实务型知识产权人才的需求。

其次，复合型知识产权人才培养的差异化、特色化不足。目前，

---

① 参见本章第二节。

② 李芬莲：《知识产权教育之探索》，《电子知识产权》2007 年第 10 期；李玉璧：《我国知识产权教育及政策研究》，《教育研究》2005 年第 5 期。

国内开展知识产权人才培养的高等学校已有数十所之多，其中专门知识产权学院（或知识产权系）有30多家，设立知识产权本科专业的高校已达70多所。[①] 建设知识产权专业已经成为很多高校在法学专业中寻求特色发展的突破口，但是随着数量增多也出现知识产权人才培养模式同质化的倾向。如果各个高校之间不能实现知识产权专业培养模式的错位发展，会导致差异化培养无法实现，也解决不了同质化竞争的问题。[②] 在学历层次上，各高校多数集中于知识产权本科（含双学位）以及硕士阶段的培养，能够开展对知识产权博士研究生培养的较少。在专业设置上，各高校普遍依托法学学科设置知识产权专业，少部分设置在经济学或者管理学学科之中。由此来看，培养目标主要仍局限在培养知识产权法律人才，主要以从事知识产权保护工作为就业导向。在课程设置方面，也集中在知识产权法律基础课程（例如著作权法、专利法、商标法等），或者结合法学课程特点设置实践性课程，少部分开设专利信息检索等较为有知识产权特色的专门课程。由此产生的问题是，知识产权人才培养差异化、特色化不足会导致人才结构不均衡、不匹配的矛盾较为突出。

最后，复合型知识产权人才培养模式与评价机制的衔接面临问题。德国等将知识产权专业人才任职资格与法律职业资格相衔接，能够保证从业人员具有相应专业知识与能力，也有助于提高知识产权专业人才的职业归属感。[③] 目前，我国尚未形成知识产权职业共同体，

---

① 周园：《高校知识产权本科人才培养的路径探寻——以知识产权服务业需求为导向》，《重庆理工大学学报》（社会科学）2018年第8期。

② 钱建平：《论高校对知识产权人才的错位培养》，《江苏社会科学》2010年第6期。

③ 叶美霞等：《德国知识产权人才培养模式研究及其对我国的启示》，《科学管理研究》2008年第5期。

也缺乏统一的知识产权专门人才评价机制。[①] 有学者呼吁，应当在企事业单位知识产权管理人才中实行从业资格制度，一并纳入我国职业资格证书制度的统一规划和管理中。[②] 目前，分属于不同知识产权业务领域的专业人才分别由不同体系的机制和标准加以评价。例如，对于从事知识产权行政管理与执法，以及知识产权司法审判工作者，分别以相应的公务员考核评价体系作为标准；对于知识产权法律工作者，主要以国家法律职业资格考试（其前身为国家司法考试）作为行业准入资格标准；对于专利代理工作者，则以专利代理师（其前身为专利代理人）资格考试作为准入门槛；对于企业知识产权管理工作者，则依赖工程技术类及管理类职称评价体系获得认证。值得注意的是，目前尚缺乏全国统一的知识产权序列职称评价制度，导致对其认可度不高。2019 年 6 月，《人力资源和社会保障部关于深化经济专业人员职称制度改革的指导意见》将知识产权专业人才纳入经济类人才范畴，并以此为基础提出构建系统化的知识产权职称体系，包括“在发展势头良好、评价需求旺盛的知识产权等领域，增设新的专业”“知识产权专业的职称名称为助理知识产权师、知识产权师、高级知识产权师、正高级知识产权师”。因此，高等学校复合型知识产权人才培养模式能否适应多种人才评价机制将面临考验。

二　复合型知识产权人才培养机构建设及专业设置问题

（一）机构建设问题

当前，复合型知识产权人才培养机构包括两种模式：一是设立知

① 刘彬：《关于建立和完善国家知识产权专业技术人员评价体系的思考》，《知识产权》2013 年第 12 期。

② 袁娟、宋鱼水：《知识产权人才管理与开发》，知识产权出版社 2008 年版，第 63 页。

识产权学院、知识产权研究院或者知识产权研究中心，通常采用依托法学院、商学院或者不依托其他机构而单独设立的方式；二是不专门设立知识产权教学机构，由法学院、商学院、管理学院等文科学院完成知识产权教学工作，其他少部分高校由理工科学院加以完成。有学者指出，“知识产权学院（系）或研究中心（基地）是在各高校法学院（系）或专业的基础上衍生而来的，相当一部分知识产权学院并未从法学院中真正独立出来”。[①] 由于培养机构独立性不够，导致在专业设置及课程配置方面偏重于法律知识传授，也存在实务型能力培养不足等问题。就目前复合型知识产权人才培养的特点和需求而言，单独设立知识产权人才培养二级单位是较好的选择。尤其是对于希望着力发展知识产权专业，解决法学专业发展瓶颈的高校来说更是如此。一方面，该模式可以保持知识产权人才培养在专业设置、课程设置中的独立性；另一方面，在知识产权教师队伍评价选拔机制中也可以体现知识产权学科的特点。既然国家已经将知识产权作为独立专业加以设置，也应当通过建设独立的知识产权教育研究机构与之相匹配。高校在设立独立的知识产权培养机构后，可以此为依托整合与知识产权相关的其他专业、学科的教育教学资源，有利于承载来自政府部门或者企事业单位的长期人才培养需求或者短期人才培训需求。此外，通过机构建设的独立性，可以保持在招生政策、培养方案、毕业要求等方面的独立性。

根据比较分析，高校办学层次与知识产权教学机构独立性之间存在负相关性。开展知识产权教育的高等学校办学层次越高，专门设置独立知识产权教学机构的意愿反而越低。高校办学层次可以分为四

---

① 钱建平：《知识产权人才的知识结构与培养模式研究》，《中国大学教学》2013 年第 11 期。

类："双一流"建设高校；"双一流"建设学科所在高校；普通一本院校；其他本科院校及专科院校。对于知识产权人才培养机构的独立性，可以分为两种类型加以解读：(1) 前两类高校办学层次高，生源素质好，教学和科研总体水平较高，由此产生两方面结果：一是知识产权学科相对于法学其他专业以及法学以外其他文科专业优势并不明显，难以专项投入大量资源进行专门机构建设和专业建设；二是依托学校整体性高质量办学已经可以较好地实现培养高素质知识产权专门人才的目标，单独设立专门教学机构的必要性和迫切性并未凸显。因此，对该两类高校而言，可以依托法学院设立知识产权研究机构，并作为高层次知识产权人才培养机构，以培养研究生以上层次知识产权人才为主。(2) 对于后两类院校，则较为迫切地需要成立专门的知识产权教学研究机构。对其而言，一方面，为解决法学专业毕业生数量饱和的问题，迫切需要通过设置专门的知识产权专业培养机构寻求特色发展；另一方面，学校愿意投入资源将知识产权培育作为特色专业并使其获得优于其他专业的办学条件。对此，可以建设独立的知识产权学院，以期更好地整合校内外知识产权教育资源，并针对社会需求培养应用型知识产权人才。

（二）专业设置问题

目前，复合型知识产权人才培养专业设置主要有单独设置或者依托法学院设置的知识产权本科专业，在法学专业下设置的知识产权法学硕士研究生专业、知识产权法律硕士研究生专业、知识产权法学博士研究生专业，在经济学或者管理学专业下设置的知识产权管理学研究生专业，在公共管理专业中设置的知识产权行政管理专业或者方向，以及在工程管理专业中设立的知识产权管理方向等模式。国家知识产权局《知识产权人才"十三五"规划》提出，"支持高等学校在管理学和经济学等学科中增设知识产权专业，支持理工类高校设置知识产权专业。推动加强知识产权专业学位教育"。总体而言，单个高校难以建设涉及所有知识产权专业领域"大而全"的知识产权专业，但是目前很多高校均有此倾向，应当加以避免。可以考虑依托与知识产权较为接近的专业对知识产权专业或者方向加以设置，从而在实现对既有专业进行改造的同时，突出该校知识产权专业的特色。①

对于知识产权本科专业而言，有学者提出该专业模式不应成为知识产权人才培养专业设置的主流，原因在于，一方面专业设置过细不利于人才自身定位和适应多种社会工作，另一方面课程内容涉及多个学科不利于深入学习掌握。② 对处于知识产权人才需求较高地区的高校，在具有较好理工科教学背景和充足知识产权教学师资的基础上，为了突出法学专业门类的办学特色，仍然可以将知识产权本科专业作为发展方向。对于法学、管理学或者理工科学科实力特色突出的高校，可以暂不将知识产权专业单独设立，依托其他学科设立知识产权方向，由此可以充分发挥相关专业优势对知识产权人才进行培养。

为了克服知识产权专业同质化倾向，应当根据学校专业优势突出知识产权专业设置方面的特色，从而实现差异化培养的目标，并满足不同层次及不同领域知识产权工作对人才素质的需求。对于政法类院校或者法学学科较强的综合类院校，考虑到知识产权师资人才的专业背景是以法学专业为主，仍然应当依托法学专业设置知识产权相关专

---

① 钱建平：《基于特色专业建设的知识产权人才培养路径选择》，《江苏高教》2013年第2期。

② 杜伟：《高校知识产权应用型人才培养路径探究》，《政法论丛》2013年第6期。

业或者方向，着重培养知识产权法律人才。对于经济学、工商管理或者公共管理较强的高校，则应当依托此类学科设置管理类知识产权专业，侧重培养知识产权管理人才。对于理工类高校，除了加强对理工科学生的普及性知识产权教育以外，也可以继续在工程管理等专业中设置知识产权方向硕士或者博士研究生专业。

为了解决知识产权专业设置与职业资格考试衔接的问题，并且考虑专利代理师资格考试在社会认可程度较高，能否取得该资格也是评价知识产权专业人才的重要标准，应当适当放宽参加考试的资格。2018年修订后的《专利代理条例》沿用“具有高等院校理工科专业专科以上学历”才能参加考试的规定，使得接受过本科以上知识产权专业教育的专业人员无法参加该考试，也不能获得专利代理师资格。因此，可以考虑将具备知识产权专业本科或者研究生学位，并且具有相当年限（例如，三年或者五年）知识产权专业工作经验者纳入允许参加考试的范围，从而拓宽该考试的覆盖面和适用面。

三　复合型知识产权人才培养课程配置及教学方式问题

（一）课程配置

在课程设置总体要求方面，要体现复合型知识产权人才培养在职业理念、专业知识、执业技能等层面的教育培养目标，既要传授与知识产权制度及运行相关的基础知识，也要培养学生树立良好的知识产权职业理念，并锻炼学生从事知识产权实务工作的能力。根据教育部制定的《法学类教学质量国家标准》，知识产权专业14门核心课程包括《法理学》等7门法学基础课程，以及《知识产权总论》等7门知识产权专业课。①其中，较为有特色的是要求开设《知识产权管理》与《知识产权文献检索与应用》两门学科交叉并且实践性较强的课程，对知识产权专业课程设置改革提出了较为明确的方向和要求。考虑到知识产权人才培养内容的系统性，“知识产权专业需要多学科多模块的知识结构以及多环节的培养过程”。②在课程设计时，要兼顾知识产权法律、管理、技术、国际化等几个方面的因素，并且不同学校根据自身知识产权办学层次、依托专业优势及师资特点可以有所侧重。

考虑到以上要求，可以在知识产权相关专业中设置如下板块的课程：知识产权法律基础课程、知识产权管理基础课程、知识产权专业方向课程，以及新兴知识产权课程。③知识产权法律基础课程包括知识产权基础理论课、专利法、商标法、著作权法等主干知识产权法课程；知识产权管理基础课程包括知识产权管理概论、知识产权运营、知识产权许可、知识产权证券化、知识产权与技术标准等课程；知识产权专业方向课包括知识产权职业伦理、知识产权疑难案例诊断、知识产权法律诊所、知识产权申请文件撰写、知识产权信息检索与利用等；新兴知识产权课程包括人工智能与知识产权、互联网与知识产权、云计算与知识产权、生物技术与知识产权等。其中，第一类课程在高校知识产权专业中已经较为普遍地加以开设；第二类、第三类课程则属于实践性较强的课程，学生迫切需要学习，但是能够开设相应

---

① 教育部高等学校教学指导委员会：《普通高等学校本科专业类教学质量国家标准(上)》，高等教育出版社2018年版，第34页。

② 邱洪华：《知识产权强国建设中的知识产权教育推进机制研究》，《知识产权》2016年第10期。

③ 有学者提出的知识产权专业课程分类为：基础课、特定领域高级课程及实践性课程。参见王珍愚、单晓光《略论中国大学知识产权教育的发展与完善》，《法学评论》2009年第4期。

课程的高校尚不多;[①] 第四类课程则属于新兴课程，相关领域技术本身还在不断发展，对于社会伦理道德观念、法律制度规则等方面的影响也还在不断深化与演进之中,[②] 使其与知识产权互动的制度规则和业务开展问题在研究与教学方面的体现还处在摸索过程中，因此独立开设课程难度较大，但是仍然可以尝试和推动。

在课程模块设计方面，可以根据人才需求单位的要求进行配置。在复合型知识产权专业人才就业去向方面，企业将成为主要用人单位。[③] 企业对于知识产权人才需求旺盛，但是对人才知识结构和能力的要求也不断提高。因此，在对培养模式尤其是课程配置进行改进时，固然要解决人才总量和培养层次不足的问题，但是更为重要的是培养知识结构符合知识产权事业发展需求的人才。考虑到从事知识产权业务的专业机构及其他用人单位是知识产权事业发展的重要载体，满足其对知识产权人才的需求也非常重要。由此，可以考虑由具有知识产权人才需求的单位根据自身需要制定培养目标，采用订单式培养方式由高校进行培养，然后由用人单位招录和聘用；因此，订单式教学能够使得高校人才培养模式与企事业单位需求较为有机地加以结合。[④] 但是，在实施过程中也要防止企业需求变动性与高校教育模式稳定性之间的矛盾。为此，可以由高校根据自身特点制定课程模块或者教学模块，企业委托具有教学能力的实务型专业人士进行实质性参

---

① 王珍愚、单晓光：《略论中国大学知识产权教育的发展与完善》，《法学评论》2009年第4期。

② 刘强、胡姝娴：《人工智能背景下知识产权制度的困境及变革路径》，《重庆工商大学学报》（社会科学版）2019年第4期。

③ 王博雅、向晶：《我国企业知识产权人才建设问题分析及政策建议》，《知识产权》2018年第2期。

④ 黄汇、石超然：《知识产权复合型人才培养实践教学创新研究——以西南政法大学为例》，《工业和信息化教育》2018年第2期。

与，从而实现两者有效衔接。

（二）教学方式

首先，应当以提高实务能力作为复合型知识产权人才教学的主要目标。高等学校知识产权教育较为重视理论知识传授，但是轻实务技能培养，不符合知识产权职业实务化的特点。在教学中，目前普遍注重讲授著作权法、商标法和专利法等法律基础知识，较少涉及知识产权管理及转化等内容。[①] 因此，有必要重视通过实践性教学培养学生实际操作能力，进而提高其参与知识产权业务的能力和水平。对此，可以在三个方面加以改进。其一，针对具有理工科背景的知识产权专业或者方向的硕士研究生，若不能单独开设实务课程，则在讲授专利法课程时，应当通过专利信息检索、专利申请文件撰写等训练其参与专利创造与管理工作的能力。其二，对于具有法律专业背景的知识产权专业或者方向的硕士研究生、本科学生，可以通过知识产权典型“案例教学法”或者“问题解决法”[②]，让其了解司法案例背后的市场与技术事实，使其能够对法律规范所蕴含的社会现实有更深的理解。其三，对于具有工商管理或者公共管理学科背景的知识产权方向的硕士研究生，则应当通过知识产权商业运行案例或者知识产权行政管理与执法案例，使其了解当事人在知识产权运用过程中遇到的现实问题。

笔者认为，可通过“三师同堂”方式实现教学师资和教学情境对

---

① 曾培芳等：《中美知识产权人才培养模式比较研究》，《科技进步与对策》2008 年第 12 期。

② 拉瑞·奥尔曼、姆拉泽·西尼拉、高木善幸：《知识产权教学最近的趋势与挑战》，载高木善幸等主编《知识产权教学原则与方法》，郭寿康、万勇译，知识产权出版社 2011 年版，第 10 页。

知识产权实务的进一步贴近。多所院校开展“理论教师＋实务教师”的“双师同堂”教学模式，中南大学知识产权研究院对此进一步发展，特别是对实务教师的来源范围进行丰富并加以有机整合，在保持“双师同堂”基本内涵的基础上将其拓展为“三师同堂”。在此模式下，结合教育部等多部委实施的“双千计划”①，由在学校进行“双千计划”挂职的省高级人民法院知识产权法庭负责人、长沙市具有知识产权审判管辖权的区基层法院负责人及知识产权研究院专职教授共同开展课堂教学活动，通过丰富的实际案例生动讲授知识产权有关理论知识与实际问题，取得了良好效果。这在湖南省法院系统以及法学院的教学创新中尚属首次，也是在法学专业本科生知识产权法学课程教学理念以及教学方式方法上的重大创新。② 这一方面可以使得教学模式与知识产权实务案件进一步结合，由知识产权专业法官对司法案件及司法政策加以解读；另一方面也可以使得教学情境更为实务化，在法院进行课程讲授使得学生对于司法活动场所及其环境特点更为熟悉，有助于其加深对于知识产权司法案件审理程序运行的体会与理解。

其次，体现以学生为中心的知识产权教学理念。在培养过程中，应当通过知识产权课程促进学生全面发展。多位学者均认为，应当在知识产权教育中实施以学生为中心的教学理念。③ 通过让学生积极参

---

① 参见《教育部　中央政法委员会　最高人民法院　最高人民检察院　公安部　司法部关于实施高等学校与法律实务部门人员互聘“双千计划”的通知》。禹爱民：《湖南打通理论与实务阻隔之“墙”》，《人民法院报》2015 年 3 月 2 日第 5 版。

② 段晓燕：《“三师同堂”知识产权开放课进法院》，《法制周报·法院周刊》2015 年 5 月 7 日第 10 版。

③ 郑友德、孙鉴：《关于知识产权复合型人才培养计划的基本构想》，《电子知识产权》2007 年第 1 期；梁慧思：《在商学院进行知识产权教育》，载高木善幸等主编《知识产权教学原则与方法》，郭寿康、万勇译，知识产权出版社 2011 年版，第 170 页。

与教学过程，加深对知识产权制度及其运行机制的理解。有必要让学生通过完成小型学习成果体现学习效果，通过参与知识产权案件谈判、诊断、分析、讨论，配合情景式教学模式提高教学效果。有学者提倡“嵌入式”教学法，在课堂教学中安排若干课时，邀请企业知识产权管理者、司法审判者、行政管理者等实务界专家进行讲授。① 这固然可以部分弥补知识产权专任教师知识背景和实务能力不足的问题，但是在教学情境等方面仍然未能突破原有机制。此外，考虑到培养学生掌握新技术背景下知识产权业务发展的能力，有必要开展“知识产权 + 人工智能”“知识产权 + 互联网”等内容的教学活动，使其能够了解并且较为熟悉地利用人工智能、互联网等新技术开展知识产权业务，从而具备较强的知识产权业务拓展能力，促进自身业务及知识产权事业整体发展。

最后，将职业理念传授贯穿于知识、技能讲授过程中。为了促进学生知识产权职业理念的形成，实现对于复合型人才在知识集成性、能力复合性、素质全面性等方面的综合要求②，在其掌握专业知识及实务能力的基础上还需要进一步培育人文精神和科学素质。例如，在讲授知识产权制度正当性时，可以结合自然权利论、人格理论等讲授制度原则与规则在伦理道德方面彰显的精神价值。在讲授专利授权标准时，可以结合违反法律及伦理道德规范的发明不能授予专利的条款进行解释。③ 由此，可以帮助学生树立知识产权制度中的伦理观念和人文关怀精神。

---

① 周园：《高校知识产权本科人才培养的路径探寻——以知识产权服务业需求为导向》，《重庆理工大学学报》（社会科学）2018 年第 8 期。

② 辛涛、黄宁：《高校复合型人才的评价框架与特点》，《清华大学教育研究》2008 年第 3 期。

③ 刘强：《人文精神与我国知识产权教育》，《贵州师范大学学报》（社会科学版）2015 年第 6 期。

四　余论：复合型知识产权专业师资建设问题

高水平师资是高质量培养复合型知识产权人才的重要保障。国家知识产权局《知识产权人才“十三五”规划》提出，“建立一支具有扎实理论功底、丰富实践经验的‘双师结构’知识产权师资队伍”。有学者提出，要建设复合型知识产权师资队伍，“教师必须具有理工、经济、管理和法律的复合知识和综合能力，或者师资群体中要具有以理工专业为基础的学科交叉”。[①] 我国有不少高校积极开展与世界知识产权组织（WIPO）在人才培养方面的合作，有利于弥补国际化师资人才不足的问题。[②] 但是，目前开展合作的主要是“双一流”建设高校，办学层次高但数量较少，有必要进一步拓展合作高校的范围。

为此，应当以培养高素质复合型人才为目标，加强高校知识产权专兼职教师队伍建设。一方面，有必要进一步提高现有知识产权专任教师知识水平，通过专业培训、挂职锻炼、访问研学、出国交流等方式提高教师专业能力和实务水平；另一方面，也需要通过在教学活动中引入实务型教师丰富师资队伍整体专业背景和实务能力。知识产权教师应当具备复合型的知识背景，以解决专业设置、课程配置方面出现的“拼盘式”教学的问题，使得学生不仅能够掌握课程本身的知识，还能够了解如何与其他课程或者领域的知识相结合，从而更好地提升知识产权专业领域的综合素质。

综上而言，高等学校复合型知识产权人才培养模式应当以满足国家及社会知识产权人才需求为价值取向，以能够适应乃至推动知识产

---

① 王国金：《科技创新人才培养与高校知识产权教育》，《中国高等教育》2006 年第 20 期。

② 侯莹等：《国际化知识产权人才的合作培养路径》，《中国高校科技》2018 年第 11 期。

权事业发展为目标。高校应当根据自身办学水平及专业特点设置知识产权教育机构及专业，实现师资水平提高和专业背景多元化，并在课程配置和教学方式方面体现培养复合型知识产权人才的要求，从而更好地培养具备知识产权职业理念、专业知识和执业能力的复合型人才，推动人才素质的不断提高和知识产权事业的持续发展。

第四章　其他高新技术领域知识产权问题

第一节　新冠肺炎疫情专利问题若干思考

在新冠肺炎疫情防控中，药品等高新技术领域的研发创新成果对于疾病的治疗作用备受关注。围绕药品研发等领域的专利问题也逐步凸显出来。公共卫生与知识产权之间具有一致的目标，但是在很多具体领域或者环节也存在矛盾与冲突。有学者认为：“在全球发展工作中，公共卫生和知识产权有时被视为敌人，或充其量是尴尬的盟友。”[①] 瑞德西韦等药物治疗新冠肺炎的效果受到多方报道，我国研究机构也针对其治疗用途申请了专利。[②] 为此，有必要对有关

① A. Sloan, “IP Neutrality and Benefit Sharing for Seasonal Flu: An Argument in Favor of WHO PIP Framework Expansion”, *Chicago - Kent Journal of Intellectual Property*, Vol. 17, No. 2, 2018, pp. 296 - 321.

② 倪思洁等：《研究机构缘何申请瑞德西韦中国专利》，《中国科学报》2020 年 2 月 6 日第 1 版；童兰：《武汉病毒所能否拿下瑞德西韦用途专利？知识产权专家这么说》，《第一财经日报》2020 年 2 月 7 日第 A04 版。

专利问题进行剖析，以期从制度层面推动药品研发创新和医疗水平提高，为应对突发疫情提供制度保障。

一　新冠肺炎医疗发明可专利客体问题

在新冠肺炎医疗发明领域，有可能获得专利保护的研发成果面临可专利客体问题。对于新型冠状病毒基因序列而言，可能由于其属于专利法上的科学发现而不能被授予专利。在专利领域，可获得专利权的发明类型已经不再局限于传统的产品或者方法，发明与发现的界限开始被逐渐淡化，基因序列等原本属于发现范畴的事物也开始被作为发明而受到专利法的保护。[①] 自从人类发现 DNA 双螺旋结构以来，特别是能够通过基因工程技术对基因序列进行生物学编辑操作，并且将该技术用于生物制药领域之后，人类或者其他生物体的基因序列能否成为专利保护的客体就备受争议。[②] 美国 1980 年查克拉巴蒂案针对微生物提出“一切阳光下的人造物均可以授予专利”[③]，由此拉开了包括病毒在内的生物基因序列获得专利保护的序幕。针对 SARS 病毒，美国、加拿大和我国香港的研究机构分别申请了专利，形成了该领域的专利竞赛。[④] 根据现有规则，只要能够确定基因序列并且明确其所具有的生物学功能，就可以认定其属于技术方案，也能够在工业上加以利用并具有实用性[⑤]，具备授予专利权的条件。

新冠病毒专利申请面临未经修饰的基因序列可专利性标准问题。

---

① 吴汉东：《知识产权制度基础理论研究》，知识产权出版社 2009 年版，第 108 页。

② 刘媛：《现代生物技术专利问题研究》，法律出版社 2018 年版，第 8 页。

③ 胡波：《共享模式与知识产权的未来发展——兼评“知识产权替代模式说”》，《法制与社会发展》2013 年第 4 期。

④ M. Rimmer, “The Race to Patent the Sars Virus: The Trips Agreement and Access to Essential Medicines”, *Melbourne Journal of International Law*, Vol. 5, No. 2, 2004, pp. 335 – 374.

⑤ 刘媛：《现代生物技术专利问题研究》，法律出版社 2018 年版，第 194—195 页。

在针对SARS病毒可专利性问题的分析中，有学者认为，根据我国专利审查规则，从天然状态下将病毒分离出来，并且能够在工业上重复制造和使用，便可以获得专利授权。[①] 这一结论可以沿用到新型冠状病毒之中。然而，国外在该问题上存在不同立场。有观点认为，天然基因在被人类发现之前就已经存在于自然界中，特别是在未经修饰的情况下更多地属于科学发现而非技术发明。[②] 在2013年美国联邦最高法院Myriad案中，法官认为，对于仅从人类分离、提取、纯化，但是未经修饰的人类基因不能授予专利。[③] 病毒具有致病性，因而其本身属于有一定危害性的对象，在医疗中主要是作为研制疫苗或者药物的研发工具而发挥作用的。考虑到在疫苗研制中，通常是在鸡蛋或者其他生物体内进行免疫反应获得疫苗[④]，为使其具有免疫针对性，需要未经修饰的病毒毒株，若对其进行修饰反而不能实现研发的目的。因此，针对修饰后的病毒基因序列申请专利价值不大。此外，对于病毒基因序列授予专利权的审查政策，可能还会受到公共健康领域技术转移政策的影响。

值得注意的是，世界卫生组织的立场可能会对就病毒基因序列获得专利权的努力造成阻碍。该组织《共享流感病毒以及获得疫苗和其他利益的大流行性流感防范框架》（以下简称《防范框架》）规定："提供方和接受方都不应谋求获取与'材料'有关的任何知识产权"，所谓"材料"包括"野生型的人类H5N1病毒及其他可能引起人间大

---

① 魏衍亮：《浅议"非典专利争夺战"》，《知识产权》2003年第4期。

② M. Rimmer, "The Race to Patent the Sars Virus: The Trips Agreement and Access to Essential Medicines", *Melbourne Journal of International Law*, Vol. 5, No. 2, 2004, pp. 335 - 374.

③ M. Rimmer, "The Race to Patent the Sars Virus: The Trips Agreement and Access to Essential Medicines", *Melbourne Journal of International Law*, Vol. 5, No. 2, 2004, pp. 335 - 374.

④ E. M. Kane, "Achieving Clinical Equality in an Influenza Pandemic: Patent Realities", *Seton Hall Law Review*, Vol. 39, No. 4, 2009, pp. 1137 - 1172.

流行的流感病毒的病毒分离物。"[①] 该《防范框架》目前仅针对流感，今后存在将其延伸至新冠肺炎或者针对新冠肺炎制定类似框架的可能性。应当注意到，对发现新冠病毒等传染性病原体的研发者授予专利权，不仅具有奖励创新的功能，还具有鼓励其公开技术从而促进后续研发的功能。[②] 事实上，能够由首先发现者申请专利并加以公布，本身就能够为其带来名誉上的提升，有助于其获得政府资助、社会捐助等方面的资金支持，这可能是病毒领域基础性研究的主要资金来源。病毒领域基础研究者对于基因序列获得专利保护较为排斥，认为将基因序列开放共享有助于后续研发[③]，但是这并不妨碍在专利审查政策方面采取积极态度，并为此类发明制定合理而宽松的审查标准。在研发者就病毒基因序列获得专利权后，能够以此专利权作为基础参与后续研发合作或者谈判许可实施。

与其他病毒性传染病类似，在新冠肺炎的诊断方法或疫苗研发中，都需要实际地使用该病毒的菌株，使得病毒菌株在一定研发活动范围内具有不可替代性。[④] 尤其是疫苗与其他生物制剂不同，前者必须包含疫苗所针对的特定病毒的相关菌株，因此很难在病毒出现之前将疫苗提前"创造"出来。[⑤] 基于此原因，对病毒基因序列授予专利

---

① 世界卫生组织：《共享流感病毒以及获得疫苗和其他利益的大流行性流感防范框架》，Geneva：WHO Press，World Health Organization，2012：8，31.

② D. Bishop，"Lessons from SARS：Why the WHO Must Provide Greater Economic Incentives for Countries to Comply with International Health Regulations"，*Georgetown Journal of International Law*，Vol. 36，No. 4，2005，pp. 1173 – 1226.

③ E. M. Kane，"Achieving Clinical Equality in an Influenza Pandemic：Patent Realities"，*Seton Hall Law Review*，Vol. 36，No. 4，2009，pp. 1137 – 1172.

④ D. Beldiman，"Patent Chokepoints in the Influenza – Related Medicines Industry：Can Patent Pools Provide Balanced Access？" *Tulane Journal of Technology and Intellectual Property*，No. 15，2012，pp. 31 – 60.

⑤ M. Kaplan，"The 2009 H1N1 Swine Flu Pandemic：Reconciling Goals of Patents and Public Health Initiatives"，*Fordham Intellectual Property*，*Media & Entertainment Law Journal*，Vol. 20，No. 3，2010，pp. 991 – 1048.

权是否会阻碍后续研发是制定审查标准时需要考虑的问题。对于基因序列不授予专利权的理由之一，就是由于其在相应研发领域具有根本性的价值，并且应用范围可能具有不确定性和广泛性，因此，授予其专利权可能使得后续研发受到阻碍。[①] 但是，为了能够有效地激励研究机构投入资源进行病毒基因序列及其生物学特性方面的基础性研究，仍然有必要对其给予专利保护。不仅如此，考虑到从新冠病毒研究到相关药物及疫苗的研发、试验和上市需要较长周期，因此，有必要尽可能地缩短有关专利审查的周期。[②]

二　新冠肺炎药品研发专利池问题

在针对新冠肺炎医疗领域的研发取得成果并得到专利保护以后，通过专利许可进行权利流转是实现技术转移以及充分实施和利用专利技术的重要法律形式。与其他生物技术领域类似，新冠肺炎药品及疫苗研发属于技术密集型领域，在研发产业链上需要整合众多权利人所持有的大量专利才能有效地实现开发活动，从而实现协同创新。[③] 专利许可面临技术集成性高、专利数量多、专利主体范围广等特点，使得专利许可的交易成本比较高，可能会引发专利丛林等问题，这被称为“反公地悲剧”现象。[④] 有学者认为，在病毒性疾病药品或者疫苗研发中，由于专利丛林问题的存在，“市场可能处于单方垄断状态，这可能会产生‘单人游戏’或‘无人游戏’

---

① 王震：《基因专利研究》，知识产权出版社2008年版，第32页。

② M. Kaplan, “The 2009 H1N1 Swine Flu Pandemic: Reconciling Goals of Patents and Public Health Initiatives”, *Fordham Intellectual Property, Media & Entertainment Law Journal*, Vol. 20, No. 3, 2010, pp. 991 – 1048.

③ 刘强、刘忠优：《协同创新战略与专利制度互动研究》，《科技与法律》2018年第1期。

④ 刘强：《交易成本与专利强制许可问题研究》，《行政与法》2009年第4期。

的结果。”[①] 由于利益分享机制不完善，印度尼西亚等发展中国家的卫生部门曾拒绝分享流感病毒基因序列等信息，致使世界卫生组织流感监测系统（GISRS）的作用及研发合作受到很大挑战。[②] 在新冠肺炎等流行性疾病医疗产品研发中同样面临类似的问题，从基因序列、实验试剂、实验仪器到临床数据，均有可能获得专利权或者其他知识产权的保护。在此类情况中，任何研发参与者都无法拥有研发产业链中的所有知识产权，也没有单独实施所有技术的权利，但是每个专利权人都具有排除他人实施研发活动的独占性权利，这会阻碍下游产品的研发和创新。如果其中有若干专利权人基于机会主义目的实施策略性行为，将加剧“反公地悲剧”造成的不利影响。

为了解决专利丛林问题，在生物技术领域构建专利池成为有效的路径选择。所谓专利池，实际上是针对特定产品或者特定领域，由若干专利权人就专利权许可实施达成的一揽子协议。[③] 根据 2007 年美国司法部和联邦贸易委员会发布的指南，专利池可以抑制专利阻遏、降低交易成本、减少专利诉讼，促进技术推广和新技术的开发。[④] 生物技术专利具有技术分散化、保护范围窄、标准化程度低等方面的特点，导致生物技术专利池对交易成本的减少并不像其他专利池那么明

① D. Beldiman, “Patent Chokepoints in the Influenza - Related Medicines Industry: Can Patent Pools Provide Balanced Access? ” *Tulane Journal of Technology and Intellectual Property*, No. 15, 2012, pp. 31 - 60.

② A. Sloan, “IP Neutrality and Benefit Sharing for Seasonal Flu: An Argument in Favor of WHO PIP Framework Expansion”, *Chicago - Kent Journal of Intellectual Property*, Vol. 17, No. 2, 2018, pp. 296 - 321.

③ 詹映、朱雪忠：《标准和专利战的主角——专利池解析》，《研究与发展管理》2007 年第 1 期。

④ U. S. Department of Justice and the Federal Trade Commission, “Antitrust Enforcement and Intellectual Property Rights: Promoting Innovation and Competition”, https://www.ftc.gov/reports/antitrust - enforcement - intellectual - property - rights - promoting - innovation - com petition - report, 2020 - 2 - 1.

显，构建专利池的难度更大。① 考虑到生物领域基础性专利权对于下游研发活动的控制力较强，因此专利池较为容易形成垄断地位，若配合较为倾向于发明者的专利申请审查和专利侵权认定规则，将会触及反垄断问题。② 为了进一步加强我国在应对突发疫情方面的药品及疫苗研发能力，在研发产业链中应当发挥在病毒等基础性研究领域的优势地位，提高应对疫情的能力，有必要加强该领域的专利池建设。③ 对新冠肺炎药品研发专利池进行规制的重点目标不是在国内现有研发水平上实施过严的反垄断标准，而是破除跨国医药企业在流行性疾病药物等领域的垄断地位，增进我国公共健康福利。

在突发疫情方面，已在 SARS 等技术领域组建了专利池，对于整合相关专利、节约交易成本、促进专利实施发挥了重要的机制性作用。④ 为了促进新冠肺炎领域的药品研发活动，也有必要构建相应的专利池。相关专利权人可以制定交叉许可协议，促进专利许可合理有效地达成及实施，从而实现开放式创新。目前，根据结合紧密程度，专利池可以分为契约型和组织型两种。契约型专利池较为松散，主要依靠当事人之间的平等契约进行组建和维持，未设立专门的组织机构；组织型专利池则较为紧密，由专门机构负责专利池运作，通常同技术标准制定组织存在重叠关系。⑤ 在新冠肺炎药品研发领域，初始

① 陈泽宇：《生物技术专利的反公地悲剧及其应对》，《知识产权》2019 年第 3 期。

② 刘鑫：《TPP 背景下基因药品专利池之构建、管理与运行》，《电子知识产权》2015 年第 11 期。

③ 吴椒军：《构建我国生物产业专利池的对策研究》，《华东经济管理》2008 年第 11 期。

④ D. Beldiman, "Patent Chokepoints in the Influenza - Related Medicines Industry: Can Patent Pools Provide Balanced Access? " *Tulane Journal of Technology and Intellectual Property*, No. 15, 2012, pp. 31 - 60.

⑤ 余文斌等：《我国专利池构建与运作模式研究》，《科技管理研究》2009 年第 12 期。

阶段专利权人和专利数量较少，设立专门组织机构成本较高，因此可以采用契约型专利池。在研发活动发展一段时间以后，随着专利数量逐步增加，专利权人不断加入，可以构建组织型专利池。该领域的专利池应当采用阶段性管理模式，从而体现不同研发环节专利许可的特点。

在新冠肺炎药品领域，由于专利丛林问题，如果专利权人实施索要高额药价、高额许可费或者拒绝许可专利、专利阻遏等机会主义行为，将会使得“反公地悲剧”问题更为严重。[①] 此外，由于突发公共卫生事件社会关注度高，加之疫情发展时间紧迫，当事人实施机会主义行为并加以掩饰的成本较高，因此实施此类行为的可能性不大，会导致专利权被执行的可能性降低和法律上的价值下降。[②] 特别是终端药品或者疫苗研发单位，受到社会舆论监督和社会责任感影响，并不希望因为实施机会主义行为影响公司形象，进而阻碍公司其他高回报产品的市场销售。例如，香港大学等研究单位申请 SARS 病毒专利时强调，目的仅在于防止他人抢先申请，属于“防御性专利”[③]，吉利德公司就瑞德西韦专利表态时也表示将患者利益放在首位。[④] 但是，此类药品研发中其他环节的专利权人则有可能隐蔽地实施机会主义行为，从而试图获取超过其专利权技术贡献程度的许可费收益。对此，也应当采用专利池等机制推动新冠肺炎药品研发中的专利权许可，从而促进药品和疫苗得到更为有效的开发。

---

① 刘强：《专利阻遏与专利强制许可》，《安徽大学法律评论》2010 年第 2 期。

② D. D. Crouch, “Nil: The Value of Patents in a Major Crisis Such as an Influenza Pandemic”, *Seton Hall Law Review*, Vol. 39, No. 4, 2009, pp. 1125 – 1136.

③ M. Rimmer, “The Race to Patent the Sars Virus: The Trips Agreement and Access to Essential Medicines”, *Melbourne Journal of International Law*, Vol. 5, No. 2, 2004, pp. 335 – 374.

④ 范凌志、白云怡、胡雨薇等：《瑞德西韦专利“抢注”，圈里人怎么看》，《环球时报》2020 年 2 月 6 日第 4 版。

三 新冠肺炎药品专利强制许可问题

为了解决专利药品供给不足的问题，避免对公共健康造成损害，可以在必要时对新冠肺炎药品或者疫苗专利颁发强制许可。药品专利引发了各种担忧，可能会影响以低成本获得基本药物，并因此逐步削减全球公众的健康福利。[①] 在强制许可颁发后，具备实施能力的药品生产企业可以在未经专利权人许可的情况下实施专利技术，制造专利药品或者疫苗并提供给医疗机构和患者使用，从而实现对疾病的有效治疗。[②] 治疗流行性疾病的药品价格偏高是普遍面临的问题。以流感药品奥司他韦为例，每个病人一个疗程（一般为 5 天）的价格为 300 元左右。[③] 考虑到甲流患者人数较多，这可能会对公众造成较为明显的药费负担。专利权可能造成药品或者疫苗的价格过高或者生产能力不足，由此降低患者在合理负担水平下获得药品或者疫苗的可能性。因此，专利强制许可是具有重要价值的制度安排，有必要积极通过颁发专利强制许可促进公众获得新冠肺炎药品或者疫苗。

《TRIPS 协定》第 31 条授权 WTO 成员在允许的条件下颁发强制许可。《TRIPS 协定与公共健康多哈宣言》（以下简称《多哈宣言》）第 5 段第（b）项进一步明确了成员有权自主颁发强制许可并决定颁发理由。在禽流感等流行性疾病情形中，颁发专利强制许可或者通过其他形式给予非自愿专利许可成为应对公共健康危机的

---

① ［美］弗雷德里克·M. 阿伯特、［瑞士］托马斯·科蒂尔、［澳］弗朗西斯·高锐：《世界经济一体化进程中的国际知识产权法》，王清译，商务印书馆 2014 年版，第 153 页。

② 李双元、李欢：《公共健康危机所引起的药品可及性问题研究》，《中国法学》2004 年第 6 期。

③ 王玉香等：《湖南省县级以上医疗机构奥司他韦使用现状调查》，《中国公共卫生管理》2018 年第 1 期。

重要选择。[1] 我国台湾地区针对罗氏公司的达菲（Tamiflu）颁发过强制许可，世界卫生组织对禽流感发布的警示成为该疫情构成“紧急情况”的依据。[2] 根据《TRIPS 协定》第 31 条第（b）项，WTO 成员原则上应当首先争取专利权人授予自愿许可，即按合理商业条款经过努力从权利人处协商获得授权，但是在全国紧急状态或在其他极端紧急情况之下可以豁免这一要求。《TRIPS 协定》并未对何谓“全国紧急状态”或者“极端紧急情况”做出解释，《多哈宣言》第 5 段第（c）项允许各国自行决定何种情况构成此类情形。一般而言，新冠肺炎及其他突发疫情等重大公共卫生事件可以被理解为属于此类情况。美国奥巴马政府曾经针对 H1N1 型猪流感宣布过紧急状态，有学者认为，这应当属于颁发专利强制许可条件中的紧急状态。[3] 只要能构成紧急状态，则可以不经自愿许可协商谈判而直接颁发强制许可，避免时间拖延致使疫情不能得到有效控制。

交易成本是颁发专利强制许可的重要因素。[4] 新冠肺炎等突发公共卫生领域技术转移的交易成本因素更为复杂多样，为专利强制许可提供更为显著的制度经济学动因。一方面，交易成本可能成为跨国药品制造商实施价格机会主义行为的诱因。专利权人可能在不同国家之间进行不合理的价格歧视，甚至对发展中国家消费者按照相对于其收入水平较为昂贵的价格收取药品费用。[5] 考虑到不同国家

---

① 张忠霞、文希凯：《禽流感与专利权》，《中国发明与专利》2005 年第 12 期。

② 廖尤仲：《评台湾地区“经济部”智慧财产局飞利浦 CD－R 光盘及罗氏药厂克流感专利强制授权案》，《知识产权法研究》2009 年第 1 期。

③ D. Dziuba, “Trips Article 31Bis and H1N1 Swine Flu: Any Emergency or Urgency Exception to Patent Protection”, *Indiana International & Comparative Law Review*, Vol. 20, No. 2, 2010, pp. 195－212.

④ 刘强：《交易成本与专利强制许可问题研究》，《行政与法》2009 年第 4 期。

⑤ ［美］弗雷德里克·M．阿伯特、［瑞士］托马斯·科蒂尔、［澳］弗朗西斯·高锐：《世界经济一体化进程中的国际知识产权法》，王清译，商务印书馆 2014 年版，第 178 页。

的监管机制存在差别，尤其是药品专利领域反垄断监管机制的差异性和信息不对称性，发现并限制这种国际性价格歧视行为可能是比较困难的。另一方面，交易成本也有可能成为药品专利权人在全球维持高药价和避免利益损失的经济因素。例如，专利权人可能担心在发展中国家低价销售的药品回流到发达国家市场，或者由于低价销售行为暴露了药品边际成本而影响高价药品的定价和销售。① 在新冠肺炎药品领域，由于各国疫情严重程度不同，加之各国专利制度及药品监管制度的差异，将使得医药企业专利许可的交易成本更高，通过专利强制许可促进药品实施的现实需求也会更为强烈。

考虑到疫情发展虽然较为紧急，但是在初期阶段对其是否构成公共卫生的重大威胁尚存在不同意见，能否在此时就颁发强制许可可能存在争议。有学者提出“预防性原则”作为针对突发疫情药品专利颁发强制许可的原则之一。② 根据其观点，将下列四项因素作为考虑实施预防性原则的认定标准：如果不采取行动，公共卫生必然受到严重或不可逆转的损害；与这种威胁有关的风险存在不确定性；必须对这种风险进行善意的评估；为达到预期的卫生目标必须采取措施。③ 在此情况下，国内不必实际出现紧急情况，便可以在较早的时间内就专利药品颁发强制许可。根据此原则，实际上是将《TRIPS 协定》及《多哈宣言》所规定的颁发强制许可的条件进一步拓宽，有利于发生

---

① P. K. Yu, “Virotech Patents, Viropiracy, and Viral Sovereignty”, *Arizona State Law Journal*, Vol. 45, No. 4, 2013, pp. 1563 – 1662.

② J. R. Andrew, “Swine Flu, Bird Flu, Sars, Oh my? Applying the Precautionary Principle to Compulsory Licensing of Pharmaceuticals under Article 31 of Trips”, *Michigan State Law Review*, No. 2, 2011, pp. 405 – 444.

③ J. R. Andrew, “Swine Flu, Bird Flu, Sars, Oh my? Applying the Precautionary Principle to Compulsory Licensing of Pharmaceuticals under Article 31 of Trips”, *Michigan State Law Review*, No. 2, 2011, pp. 405 – 444.

疫情的国家尽早地通过强制许可生产和使用药品，消除迫在眉睫的公共健康威胁。

在新冠肺炎药品领域可能存在基础专利与改进专利之间交叉颁发强制许可的问题。从有关新闻报道来看，中国科学院武汉病毒研究所就瑞德西韦在治疗新冠肺炎中的医疗用途申请发明专利，属于吉利德公司早前已经申请的瑞德西韦药品化合物专利和该药品在治疗冠状病毒肺炎用途专利的改进专利和从属专利，并且属于该化合物的第二医疗用途发明。[①] 已知化合物的第二医疗用途发明起初并不被承认作为可授予专利的客体，但是其地位逐步被认可并纳入专利保护范围，并且其医疗价值和市场价值在某些药品中甚至可能超过原始用途。[②] 万艾可专利就是典型例证[③]，在瑞德西韦中也存在类似现象。该药物研发之初主要是为了治疗埃博拉病毒，但是并未体现明显的市场价值，从该药物并未完成临床试验就可以反映出这种情况。[④] 直到此次瑞德西韦被认为具有治疗新冠肺炎的潜在效果，才使其重新进入公众视线。假设武汉病毒研究所专利申请能够获得授权，并且基于疫情防控情况需要强制性许可，考虑到该专利实施必然要对基础专利进行实施，可以根据《专利法》的规定就后者颁发强制许可[⑤]，以保证相关

---

① 张维：《药物产品专利与用途专利有啥区别》，《法制日报》2020 年 2 月 7 日第 4 版。

② 刘媛：《现代生物技术专利问题研究》，法律出版社 2018 年版，第 43 页。

③ 黄宏斌等：《生物信息技术加速开发旧药新用途》，《生物化学与生物物理进展》2012 年第 1 期。

④ 徐子金、王平：《抗新型冠状病毒潜力药物——瑞德西韦》，《中国现代应用药学》2020 年第 3 期。

⑤ 《专利法》第 51 条规定："一项取得专利权的发明或者实用新型比前已经取得专利权的发明或者实用新型具有显著经济意义的重大技术进步，其实施又有赖于前一发明或者实用新型的实施的，国务院专利行政部门根据后一专利权人的申请，可以给予实施前一发明或者实用新型的强制许可。在依照前款规定给予实施强制许可的情形下，国务院专利行政部门根据前一专利权人的申请，也可以给予实施后一发明或者实用新型的强制许可。"

技术能够得到顺利实施。[①] 同时，在针对吉利德公司基础专利权颁发强制许可以后，该公司也可以请求就武汉病毒所改进专利颁发强制许可，从而形成双方交叉获得对方专利强制许可的权利配置。

四　新冠肺炎医疗发明专利法政策学问题

首先，专利制度的构建和实施应当与我国发展水平相适应。我国经过改革开放40多年的发展，已经成为名副其实的经济大国和知识产权大国。[②] 以国内生产总值（GDP）为例，我国已经从2003年发生SARS时的11.7万亿元增长到99.1万亿元，增长了近8倍。[③] 在同一时期，我国人均GDP从1千美元左右增长到1万美元以上，迈入了中高收入国家行列。[④] 根据全国统计年鉴，医药制造业企业的研发经费从2013年的348亿元增加到2018年的581亿元，但是发明专利申请量仅从2013年的1.05万件增加到2018年的1.15万件。[⑤] 这说明，在研发经费投入显著增加的情况下，医药领域企业的研发能力有待进一步增强。根据预测，到2022年我国药品市场规模将达到1450亿美元。[⑥] 与此同时，我国专利制度经过30多年的发展也不断得到完善，制度改进的动力从外部压力转变为内生需求，制度发展的主动性不断

① 张维：《药物产品专利与用途专利有啥区别》，《法制日报》2020年2月7日第4版。

② 强刚华：《试论中国知识产权法院技术调查官制度的建构》，《电子知识产权》2014年第10期。

③ 国家统计局：《中国统计年鉴—2004》，中国统计出版社2004年版，第24—25页；《经济运行总体平稳 发展质量稳步提升》，《中国信息报》2020年1月19日第1版。

④ 《经济运行总体平稳 发展质量稳步提升》，《中国信息报》2020年1月19日第1版。

⑤ 国家统计局：《中国统计年鉴—2014》，中国统计出版社2014年版，第616页；国家统计局：《中国统计年鉴—2019》，中国统计出版社2019年版，第635页。

⑥ 葛琛、万淑贞：《500强医药跨国公司：全球布局与在华投资》，《国际经济合作》2019年第6期。

增强。[①] 随着本国经济实力的增强，可以将知识产权从弱保护转变为强保护，以较高标准的知识产权法律规范保障经济社会的持续发展。[②] 在应对新冠肺炎医疗发明领域的专利问题时，也要考虑我国发展水平与SARS时相比已经迈上新的台阶。例如，随着我国生物领域科技水平的提高，就病毒基因序列及药物用途等发明获得专利保护的需求也随之增强，有必要在专利申请审查政策方面加以调整。[③] 2019年，我国针对人类胚胎干细胞专利审查标准进行修改和放宽，主要目的就是为了适应该领域创新主体获得专利保护的需求以及医学伦理道德观念的转变。[④] 在新冠肺炎疫情防控中，我国在该疾病医疗领域的研发能力得到突出体现[⑤]，公众对于加快研发并尽快获得突破的呼声也较为强烈。因此，适当放宽专利审查标准，以促进该领域基础研究性发明或者医用治疗性发明获得专利授权并加以充分实施将显得尤为必要。

其次，加强法律制度及行政部门之间的协调配合。在新冠肺炎疫情的专利问题中，既涉及《专利法》，也涉及《传染病防治法》《药品管理法》等其他法律规定，有必要加强不同法律规定之间的协调。卫生健康及知识产权等领域行政管理部门的协调也体现了专利制度与公共卫生政策目标之间是能够协调一致、共同推进的。美国法院有关判决认为，知识产权法的目的是通过设定专有权

---

① 吴汉东：《中国知识产权法律变迁的基本面向》，《中国社会科学》2018年第8期。

② 吴汉东、刘鑫：《改革开放四十年的中国知识产权法》，《山东大学学报》（哲学社会科学版）2018年第3期。

③ 袁志明、王忠泽：《对SARS冠状病毒基因组发明专利保护的思考》，《知识产权》2003年第4期。

④ 何可：《引导创新主体提高专利申请质量》，《中国质量报》2019年4月11日第2版。

⑤ 宁心：《科学防治显身手》，《湖南日报》2020年2月1日第1版。

利促进公共利益。[①] 由此，可以在《专利法》的专利强制许可条款中，针对《传染病防治法》中涉及紧急状态的条款进行援引，从而明确在公共健康领域基于国家紧急状态或者其他特别紧急情况的适用条件，为促进专利强制许可的颁发提供链接性制度规则的依据。另外，要加强专利行政部门与卫生医药行政部门的协调。在我国台湾地区就达菲颁发专利强制许可的程序中，是由其卫生部门提出申请，再由经济主管部门批准的。[②] 巴西卫生监督管理局也在协调公共健康专家与专利部门中发挥了重要作用。[③] 我国有必要优化突发疫情药品专利强制许可的审批机制，在启动颁发强制许可程序时由卫生健康部门提出申请，或者在颁发强制许可审查程序中纳入该部门的意见。在国务院进行机构改革以后，国家知识产权局和国家药品监督管理局均划归国家市场监督管理总局管理，有利于实现专利行政部门与药品管理行政部门的协调，有必要进一步发挥该机制的协调作用。

再次，对于新冠肺炎医疗专利进行动态管理。在突发疫情领域，考虑到疫情暴发突然性强、持续周期短、研发资金投入时间集中等特点，研发活动开展和获得专利授权情况的变动性和不确定性较强。在疫情暴发前，对于该病毒的研究可能较少，能够获得专利保护的发明不多。根据专利检索，目前我国包含冠状病毒相关发明内容的专利申请有1700多项，其中涉及新冠病毒的专利申请有830多项[④]，但是能

---

① M. Kaplan, "The 2009 H1N1 Swine Flu Pandemic: Reconciling Goals of Patents and Public Health Initiatives", *Fordham Intellectual Property, Media & Entertainment Law Journal*, Vol. 20, No. 3, 2010, pp. 991－1048.

② 廖尤仲：《评台湾地区"经济部"智慧财产局飞利浦CD－R光盘及罗氏药厂克流感专利强制授权案》，《知识产权法研究》2009年第1期。

③ P. K. Yu, "Virotech Patents, Viropiracy, and Viral Sovereignty", *Arizona State Law Journal*, Vol. 45, No. 4, 2013, pp. 1563－1662.

④ 数据来源为国家知识产权局官方网站，2020年12月根据检索式"摘要＝冠状病毒"进行检索得到。

够直接有效治疗新冠肺炎的药物较少。在疫情暴发初期，随着政府和社会关注度陡然提高，该领域研发活动投入显著增加，同时也会增加专利许可协商的难度，甚至可能出现上游专利权人为获取高额许可费而实施机会主义行为的现象。① 如果不能在很短时间内达成许可协议，有可能延误后续诊断工具、药品或者疫苗的研发活动，造成公共健康危机加剧的局面。为此，有必要在政府公共资金进行基础研究经费投入时，对研发单位提出专利许可或者实施要求，或者签订协议约定在其不实施的情况下可以由政府指定其他单位从事后续研发，从而避免错过宝贵的研发时机。此外，在确定公共资金资助领域时，应当着力解决可能存在的知识产权制度“失灵”问题，尤其是由于市场规模过小而不能激发民间资金投资研发的领域更是如此。②

最后，加强新冠肺炎医疗专利领域国际合作。各国可以将突发疫情等公共健康领域知识产权问题的国际协调平台，从世界贸易组织逐步转移到世界卫生组织等相关国际组织。有学者认为，世界贸易组织存在结构性失衡问题，主要是由代表制造商利益的贸易代表团在进行协商，将其作为对影响社会福利的公共健康相关国际规则进行协商的平台并非较好的选择。③ 世界卫生组织在突发疫情防控中发挥着重要作用，也应当反映到公共健康领域专利制度的实施和完善之中。在疫情暴发初期阶段，为了提高防控效果并减轻疫情影响，世界卫生组织在其工作机制下推进病原体确定、基因序列测

---

① A. S. Rutschman, “IP Preparedness for Outbreak Diseases”, *UCLA Law Review*, Vol. 65, No. 5, 2018, pp. 1200 – 1267.

② A. Kapczynski, “Order without Intellectual Property Law: Open Science in Influenza”, *Cornell Law Review*, Vol. 102, No. 6, 2017, pp. 1539 – 1648.

③ ［美］弗雷德里克·M. 阿伯特、［瑞士］托马斯·科蒂尔、［澳］弗朗西斯·高锐：《世界经济一体化进程中的国际知识产权法》，王清译，商务印书馆 2014 年版，第 154 页。

定及药物研发等工作。[①] 该组织原则上尽量避免知识产权问题阻碍公共卫生目标，特别是疫情控制目标的实现。《防范框架》在序言中提道："知识产权不妨碍，而且不应当妨碍会员国采取措施保护公众健康。"因此，在该组织框架下，有可能对医药企业获得专利保护的需求进行谈判地位方面的限制。病毒基因序列的共享机制可能会影响研发单位获得专利授权，从而使其难以得到市场利益回报。世界卫生组织为了协调解决大流行性流感等突发公共卫生领域的知识产权问题制定了相应的合作框架，有学者认为，应当将其拓展到季节性流感药物及疫苗研发中。[②] 在新的形势下，可以将此类框架机制的适用范围扩大到新冠肺炎疫情等新型流行性传染病中，或者针对新冠肺炎疫情中的药品及疫苗研发构建病毒基因信息共享及研发成果知识产权利益分配机制，使得不同国家和不同科研机构之间的利益能够得到合理保护与有效平衡。

第二节　智慧医疗研究工具专利延展性许可问题

智慧医疗发明是高新技术创新的重要领域。随着智慧医疗技术的发展，人工智能算法不仅可以成为技术方案的组成部分，而且可以作

① 马海生：《"非典"专利热中的冷思考——由"非典"事件看专利法中的利益平衡》，《知识产权》2003 年第 4 期。

② A. Sloan, "IP Neutrality and Benefit Sharing for Seasonal Flu: An Argument in Favor of WHO PIP Framework Expansion", *Chicago - Kent Journal of Intellectual Property*, Vol. 17, No. 2, 2018, pp. 296 - 321.

为研究工具用于生成技术方案。在智慧医疗领域，人工智能算法可以用于开发药物或者其他发明，成为在研发过程中发挥重要作用乃至主导作用的研发手段。[①] 随着人工智能算法开发者利益诉求的扩张化和多元化，通过延展性许可获得许可费收益或者其他市场利益的动力不断增强。为此，有必要研究智慧医疗领域以人工智能算法为代表的研究工具的专利延展性许可问题，从而协调上下游研发者之间的利益关系，为促进人工智能技术及智慧医疗产业的发展提供制度保障。

一 智慧医疗研究工具专利引发专利延展性许可问题

（一）智慧医疗领域研发活动较为活跃

智慧医疗是人工智能技术与医疗技术结合发展的产物。有学者将智慧医疗定位为综合应用新一代信息技术以及生物技术、纳米技术，整合所有医疗资源和设备，创新医疗健康管理和服务，形成全息全程的健康动态监测和服务体系。[②] 狭义的智慧医疗主要是指医学诊断、治疗和疾病管理活动的智能化，广义的智慧医疗则包括医疗发明研发活动和手段的智能化，本节所讨论的智慧医疗研发工具专利问题主要涉及后者。大数据时代下，人工智能与各领域深度融合是新的发展趋势，“AI + 医疗”是探索较早和发展较为成熟的范例之一，也是目前智慧医疗领域研发的主要内容。人工智能技术可以在医疗领域中的两个方面获得应用：其一，直接将人工智能算法作为技术方案的组成部分加以应用，从而智能化地获得诊断或者

① 刘强、尚国鹏：《人工智能生成发明与专利创造性标准问题研究》，《福建江夏学院学报》2019 年第 3 期。

② 裘加林等：《智慧医疗》，清华大学出版社 2015 年版，前言第 4 页。

治疗效果。例如，对于医疗影像进行自动识别并得出受检查者是否患有疾病的结论。[①] 通用电气（GE）医疗中国公司研发了 IGS（Image Guide System）智能移动介入机器人 Discovery IGS730，配合不同的临床解决方案及复合手术室整体解决方案进行训练，可以在心脏、神经、血管、肿瘤等多个领域介入应用。[②] 西门子医疗的人工智能产品 AI－RadChest CT 可以完成识别非心电图触发 CT 影像上的肺部损伤等多种不同的医疗任务。[③] 此外，斯坦福大学研究人员开发了一种深度学习算法，在识别皮肤癌的准确率上已经与专业皮肤科医生不相上下；北卡罗来纳大学教堂山分校的研究人员开发的一种算法，在预测 2 岁前自闭症高危儿童是否会在 2 岁以后被诊断为自闭症的准确度高达 88％。[④] 人工智能在医疗领域的直接应用可以提高诊疗活动的准确率和效率，克服人类医生经验不足或者精力有限的问题。其二，将人工智能作为研发手段开发药品等医疗领域的其他发明，并且间接地获得诊疗效果。此类发明可以被认为属于人工智能算法研究工具，其功能主要在于作为研究手段生成用于诊疗的药物或者其他发明。在美国食品药品管理局（FDA）《通往新医药产品关键路径的挑战与机遇》报告中认为，生物技术在医疗领域中的应用有其特殊性，使用研究工具是通往新技术、新药品等医疗研发成果的关键路径。[⑤]

---

① R. M. Galimova, etc.,“Artificial Intelligenced Developments in Medicine in the Last Two Years”, *Chronic Diseases and Transnational Medicine*, Vol.5, No.1, 2019, pp.64－68.

② 秦勉：《“他们”是高智能医疗“傻瓜机器人”》，《北京科技报》2014 年 3 月 31 日第 36 版。

③ 洪岩：《浅析人工智能技术的专利保护——以医疗领域为例》，《知识产权》2018 年第 12 期。

④ 涂仕奎等：《关于智能医疗研究与发展的思考》，《科学》2017 年第 3 期。

⑤ U.S. Dep't of Health & Human Servs, Food & Drug Admin,“Challenge and Opportunity on the Critical Path to New Medical Products”, https://www.who.int/intellectualproperty/documents/en/FDAproposals.pdf, 2020－3－1.

值得注意的是，根据美国国家卫生研究院（NIH）发布的《研究资助和生物医学研究资源获取与传播合同接受者的原则及指南》，数据库以及计算机软件等也属于生物技术领域的研究工具。[①] 虽然该指南没有直接提及人工智能算法，但是也为将此类算法作为研究工具提供了解释空间。在生物技术领域，研究工具可以被分为产品类工具及方法类工具两种类型[②]，前者具有实物形态并且主要被用于科学实验，后者则主要被用于对产品类工具进行操作或者模拟人类思维活动。由此，方法类工具可以被进一步分为有形性方法工具与无形性方法工具，作为研究工具的人工智能算法属于模拟人类思维的无形性方法工具。

在智慧医疗领域，针对药物或者其他类型医疗发明的研发活动较为活跃。我国医疗领域作为人工智能技术和生物技术的重点应用领域，近年来获得迅速发展。根据 2018 年国家卫生健康委员会发布的消息，我国重点疾病和关键技术领域取得重大突破，产生了在国际上具有示范和带动作用的优势医疗技术，各专科共申请专利约 7789 项。[③] 在智慧医疗研发活动中，研究工具承载着巨大的使用价值以及潜在的后续收益。如单克隆抗体自 1981 年首次被批准应用于临床以来，基于该研究工具研制成的单克隆抗体类药物已成为代表全球制药水平的高端生物药。[④] 2017 年，全球已上市的单克隆抗体药物中销售

---

① National Institutes of Health（NIH），Public Health Service，DHHS，"Principles and Guidelines for Recipients of NIH Research Grants and Contracts on Obtaining and Disseminating Biomedical Research Resources：Final Notice"，Federal Register，1999，64（246）：90 –96.

② 周围：《研究工具的可专利性探析——以美国法例为借镜》，《法学评论》2014 年第 6 期。

③ 李万详：《我国医疗关键技术领域取得重大突破》，http：//www. gov. cn/xinwen/2018 –06/09/content_5297338. html，2019 年 11 月 26 日。

④ 李其翔、张红：《新药药物靶标开发技术》，高等教育出版社 2006 年版，第 3 页。

额高于10亿美元的就有22个。[①] 因而，研究工具开发者通常不仅寻求获得对工具本身的专利保护，更积极地寻求研究工具专利的延展性权利，其中包括专利延展性权利要求和延展性许可费。[②] 延展性权利要求固然是研究工具开发者较为彻底的解决方案，但是受到《专利法》规则的限制，因此可能转而寻求延展性专利许可作为替代路径。

（二）人工智能算法成为重要研发工具

在传统药品研发领域，上游研究工具对于下游药品或者其他医疗产品的研发非常关键。以胚胎干细胞研究为例，胚胎干细胞在一定程度上属于该领域上游的基础性技术成果和下游相关技术的研究工具，若对胚胎干细胞相关技术授予专利，则此种垄断权可能会导致后续相关技术研究要经过多次专利许可而难以进行。[③] 人工智能算法能够提高药品等医疗产品领域的研发效率和准确率，节约研发成本和时间，因此日益成为研发机构所使用的重要研发工具。例如，可以基于有机化学知识建构计算机合成化合物和虚拟筛选模型，再将该模型用于替代药品的功效和毒性的生物化学测试，从而识别潜在具有针对特定疾病目标的药物活性的新化合物。[④] 人工智能算法研究工具的开发和改进主要依赖于计算机程序代码的编写，其中人工智能流程可以确保自动、

---

① 高倩等：《全球单克隆抗体药物研发现状及发展趋势》，《中国生物工程杂志》2019年第3期。

② A. C. Server, etc., "Reach – Through Rights and the Patentability, Enforcement, and Licensing of Patents on Drug Discovery Tools", *Hastings Science & Technology Law Journal*, Vol. 21, No. 1, 2009, pp. 21 – 122.

③ 参见本书第一章第一节。

④ H. Chen, O. Engkvist, "The Rise of Deep Learning in Drug Discovery", *Drug Discovery Today*, Vol. 23, No. 6, 2018, pp. 1241 – 1250.

一致运行并且自我纠错，能够最大限度地节约成本。例如，在药物开发领域，基于人工智能算法的预测模型可用于快速筛选和鉴别具有所需特性的潜在药物；基于人工智能算法的信息生物标记物可用于监控药物的有效性。[①] 随着人工智能算法的自动化、智能化程度不断提高，其在药物领域研发的效果也会不断增强。

传统意义上的研究工具往往要使用生物活体等医学材料，并进行多次实验才能研制成功，失败风险较大，前期开发和后期使用的成本都比利用人工智能算法研究工具更高。人工智能算法具有可以精准分析复杂生物网络的优势，有助于发现适用于特定人群的药物。[②] 例如，深度学习可以用于化合物药物活性或者可能副作用的预测，提高药物研发准确率。[③] Atomwise 公司运用超级计算机分析已有数据库，并用人工智能和复杂算法来模拟药品研发的过程，在研发早期阶段评估新药研发风险，可以使得药物研究的成本降至数千美元，并且评估可以在几天内完成。[④] 由此，通过人工智能算法的改进和实施可以大幅度地降低药物开发在各个阶段所面临的风险，提高药物研制的成功率，使得耗费资源较多的临床试验等环节能够更有效率。在宏观层面，还可以设计基于领域本体的药品研发信息抽取算法，结果证明该算法能够有效抽取目标信息。[⑤] 此外，还可以利用人

① W. Duch, K. Swaminathan, "Artificial Intelligence Approaches for Rational Drug Design and Discovery", *Current Pharmaceutical Design*, No. 13, 2007, pp. 1 – 13.

② 王海星等：《人工智能在医疗领域应用现状、问题及建议》，《卫生软科学》2018 年第 5 期。

③ K – K Mak, M. R. Pichika, "Artificial Intelligence in Drug Development: Present Status and Future Prospects", *Drug Discovery Today*, Vol. 24, No. 3, 2019, pp. 773 – 780.

④ 周海辉等：《肿瘤大数据在抗肿瘤药物应用中的研究进展》，《现代药物与临床》2018 年第 11 期。

⑤ 蒋艳辉等：《一种基于领域本体的药品研发信息抽取方法》，《情报杂志》2012 年第 12 期。

工智能算法改进临床试验的设计，并对临床试验的数据进行分析和个性化用药。[①] 在某些情况下，研发人员甚至只要对同一算法不断进行改进，就可以将关键算法应用到多个不同医疗领域的后续开发。目前，结合了人工智能的技术已成为通用研究工具，可广泛应用于药物开发的各个阶段，识别和验证药物靶标，设计新药物，重新定位药物用途，提高研发效率。[②] 随着人工智能算法在药品研发中的工具性作用不断加强，针对此类算法的研发投入也逐步提高，有关研发主体获得专利保护以及专利许可费收益的动力也逐步体现出来。

（三）研发工具专利延展性许可成为重要许可形式

人工智能算法本身获得专利保护的需求日益提升，并且在符合受到技术性条件约束以及能够应用到具体技术领域等条件下可以获得专利授权，从而能够成为专利许可的对象。[③] 由于研究工具专利延展性权利要求赋予专利权人向所有侵权者寻求救济的对世权，此类权利要求因不符合《专利法》关于充分公开等方面的要求而无法得到认可。[④] 在此规则下，研究工具专利权人难以直接就下游研发成果的产品市场销售行为起诉专利侵权。[⑤] 延展性专利许可所涉及的标的不仅限于权利人就研究工具所拥有的专利发明，还延伸到未来基于该专利

---

① 董建华：《顺势而行——美国 HIT 如何迎接大数据时代的来临》，《医学信息学杂志》2013 年第 9 期。

② H. Chen, O. Engkvist, "The Rise of Deep Learning in Drug Discovery", *Drug Discovery Today*, Vol. 23, No. 6, 2018, pp. 1241 – 1250.

③ 刘强：《人工智能算法发明可专利性问题研究》，《时代法学》2019 年第 4 期。

④ 周围：《研究工具的可专利性探析——以美国法例为借镜》，《法学评论》2014 年第 6 期。

⑤ A. C. Server, etc., "Reach – Through Rights and the Patentability, Enforcement, and Licensing of Patents on Drug Discovery Tools", *Hastings Science & Technology Law Journal*, Vol. 21, No. 1, 2009, pp. 21 – 122.

所产生的发明创造，并以意思自治为基础收取延展性许可费。在此类专利许可中，计算研究工具许可费的依据不再限于该专利本身的应用，还会延及利用该研发工具所开发下游产品的商业化收益中，并根据一定比例提取许可费。下游产品并未被涵盖在研发工具专利权的法定保护范围之内，但是并不会由此排斥其所获利润基于许可协议被上游专利权人部分享有。[1] 生物医学研究具有累积性，大量后续研究建立在早期研究基础之上，人工智能等高科技产业与之有相同的发展模式，同样也严重依赖研究工具来促进后续发明。[2] 因此，研发工具专利权延展性许可能够在一定程度上保证权利人基于市场效益获得许可费收益，从而激励其进一步开发具有市场前景的研发工具。

智慧医疗领域研究工具延展性许可同样存在法律规制问题，而且还会因为人工智能算法的技术特性使得不同利益方及其与公共利益之间的矛盾进一步加剧。智慧医疗领域中的研究工具有从物质实体转向虚拟程序的趋势，呈现出内容数字化的特征。人工智能的本质是建立在大数据基础上自主学习、分析和决策的算法。[3] 智慧医疗领域中的研究工具在某种程度上等同于算法，并且正是由于底层算法的改进，才使得基于核心算法开发的医疗产品具有突出的技术性能和广泛的实用性。[4] 因此，对于利益矛盾的法律协调，需要考虑到专利延展性许可对于智慧医疗产业的双重影响，在保护研究工具专利权人利益的同

---

① M. S. Mireles, "An Examination of Patents, Licensing, Research Tools, and the Tragedy of the Anticommons in Biotechnology Innovation", *University of Michigan Journal of Law Reform*, Vol. 38, No. 1, 2004, pp. 141 – 236.

② J. Nielson, "Reach – through Rights in Biomedical Patent Licensing: A Comparative Analysis of Their Anti – Competitive Reach", *Federal Law Review*, Vol. 32, No. 2, 2004, pp. 169 – 204.

③ 李婕：《垄断抑或公开：算法规制的法经济学分析》，《理论视野》2019 年第 1 期。

④ 洪岩：《浅析人工智能技术的专利保护——以医疗领域为例》，《知识产权》2018 年第 12 期。

时，避免被许可人承受过重的许可费负担或者交易成本障碍，为研究工具专利许可寻求更为合理的法律规制路径。

二 智慧医疗研究工具专利延展性许可规制的困境

在智慧医疗领域，同其他生物技术领域类似，对研究工具专利延展性许可的法律介入面临着促进其积极作用发挥和抑制其消极影响的双重任务。在智慧医疗领域规制研究工具专利许可存在价值目标协调的问题：若否定研究工具专利可进行延展性许可，将损害其开发者应得的经济收益和研发积极性；若对于其保护范围过于延伸则极易造成专利垄断，损害公共利益和阻碍下游技术发展。因此，在通过《专利法》或者《反垄断法》规则对于延展性许可协议加以调整时，必须兼顾两方面的利益，并促进公共利益的实现。

（一）《专利法》规制路径

在研究工具专利许可中采用延展性许可条款原则上属于当事人意思自治的范围，类似于其他专利许可协议中根据由专利零部件所组装的设备市场销售额确定许可费的条款。《专利法》在此方面限制不多，而且相关司法案例在许可协议或者转让协议中给予当事人较大的意思自治空间。[①] 在延展性专利许可中，如果许可费是经过当事人自由协商并加以合理确定的，并不会构成专利权滥用等违法情形。[②] 在人工智能算法研究工具专利许可中，算法开发者与使用者之间通常可以通

---

① 刘强、沈伟：《专利权用尽的售后限制研究——以专利权保留规则的构建为视角》，《知识产权》2016 年第 2 期。

② A. C. Server, etc., "Reach - Through Rights and the Patentability, Enforcement, and Licensing of Patents on Drug Discovery Tools", *Hastings Science & Technology Law Journal*, Vol. 21, No. 1, 2009, pp. 21 - 122.

过自由协商约定是否根据延展性许可计算费用标准，但是仍然受到法律规则的约束。根据目前的《专利法》制度规则，以下两方面问题有待解决。

第一，专利权滥用规则门槛较高问题。《专利法》（第四次修改）第20条引入了禁止滥用专利权的规定。此前主要依赖《民法典》第132条禁止民事权利滥用规则在专利领域的适用。[①] 专利权滥用是指超出专利权利要求保护范围或者保护期限主张权利，并且损害对方利益或者公共利益的行为，属于独立于滥用垄断地位的一种违法行为。[②] 人工智能算法被用于研发工具时，虽然在研发结果上已经超出该专利保护范围，但是从研发过程来说还是使用了算法专利，因此延展性许可原则上并不属于滥用情形。考虑到专利权法定主义，就侵权行为起诉应当仅限于专利权保护范围，其滥用范围较为明确；与此对应，专利权许可合同则更多地属于意思自治范围，基于商业原因就专利权保护范围以外的产品获得许可费并未明显违反禁止权利滥用原则。[③] 但是，若专利权人在延展性许可协议中基于其在沉淀成本等方面的优势索取过高的许可费，则仍有可能构成专利权滥用。特别是对于人工智能算法发明而言，由于其技术领域适用面较宽，通过其他渠道收回成本的可能性大，实施机会主义行为造成财富逆向流动的诱因也较强，所以应当适当降低专利权滥用的认定门槛。美国医药领域政策文件对于研究工具延展性许可费的态度较为排斥，也蕴含了降低构成专利权滥用门槛的价值导向。例如，在前述美国国家卫生研究院指南中指

---

① 彭诚信：《论禁止权利滥用原则的法律适用》，《中国法学》2018年第3期。

② 张冬：《专利权滥用争议的法律协调——以专利法与反垄断法的关联为视角》，《河北法学》2009年第6期。

③ 结合《合同法》第329条和《最高人民法院关于审理技术合同纠纷案件适用法律若干问题的解释》第10、11条，延展性专利许可合同条款并未被列为侵害他人技术成果、非法垄断技术或者妨害技术进步的情形。

出：应当在联邦资助项目完成的研究工具发明中最大限度地减少延展性专利许可费，以免对药物研发造成潜在的损害。① 人工智能算法研究工具类似于“技术基础设施”，属于构成竞争关系的多个研发机构共同使用的研发资源，其不同于创新的物质技术基础，而特指技术创新中的共性技术、基础技术和专用技术。② 有美国学者认为，考虑到同一项人工智能算法研究工具可能在使用者进行的多项药品研发中发挥作用，但是也存在被许可人部分药品的研发与该算法工具并无联系的情形，如果专利权人要求将并非该算法工具研发成果的药品发明也作为许可费计算基础则可能构成专利权滥用。③ 目前，人工智能算法研发工具专利权人所订立的延展性专利许可协议在何种条件下属于滥用而导致合同条款不可执行并不明确，有必要在适用时合理降低构成专利权滥用的认定标准，从而实现对此类行为的有效规制。

第二，延展性许可费标准不明确问题。在人工智能算法研究工具中，利用该研究工具所产生的发明创造可能具有较高的商业价值，但是该价值也难以在研究工具开发阶段体现出来，从而导致研究工具专利权的估值难度要比能够体现为终端产品的专利权高得多，使得其实际产生的价值容易被忽略。④ 人工智能算法研究工具的开发需要投入大量研发成本，开发者为相关技术领域后续发展开拓技术源头做出了较大贡献。在延展性专利许可协议纠纷中，如果当事人就许可费约定

---

① National Institutes of Health (NIH), Public Health Service, DHHS, “Principles and Guidelines for Recipients of NIH Research Grants and Contracts on Obtaining and Disseminating Biomedical Research Resources: Final Notice”, Federal Register, 1999, 64 (246): 90 – 96.

② 张鸿武：《科技创新需重视技术基础设施建设》，《光明日报》2018 年 7 月 3 日第 11 版。

③ A. C. Server, etc., “Reach – Through Rights and the Patentability, Enforcement, and Licensing of Patents on Drug Discovery Tools”, *Hastings Science & Technology Law Journal*, Vol. 21, No. 1, 2009, pp. 21 – 122.

④ 刘强：《交易成本视野下的专利强制许可》，知识产权出版社 2010 年版，第 347 页。

不明，法官应当如何裁定面临困境。延展性专利许可费属于计算专利实施许可费用的一种方式，其需要以被许可人同意为前提，通常并未达到权利滥用的程度。法院在专利侵权案件中裁定赔偿数额时，也会面临是否根据下游产品市场价值判定涉案研究工具专利侵权损害赔偿的问题。在希比亚神经科学公司诉卡杜斯制药公司案中，法官根据“合理专利许可费”认定侵权赔偿数额。① 有学者认为，该案采用延展性专利许可费作为裁定赔偿金额的依据，说明部分法院已经拓展了延展性许可费的适用范围。② 在人工智能算法研究工具专利许可中，计算许可费标准的复杂程度比其他研究工具延展性许可情形更高。在智能研发过程中，不同性质的有形与无形研究工具共同发挥作用，难以对彼此之间的贡献程度加以衡量并确定较为明确的比例标准。有形性研发工具一般具有普遍性市场交易价格，较为容易评估其价值；但是部分人工智能算法个性化较强，通用性较弱，因此评估其价值也将更为困难。由此，在司法案件中，有效界定延展性专利许可及其许可费的合理性将是《专利法》适用需要解决的重要问题。

（二）《反垄断法》规制路径

对涉嫌垄断行为相关市场的界定是反垄断案件裁判的重要环节，其目的是判断行为主体不合理地利用其市场支配地位的范围。涉及知识产权反垄断案件中的相关市场界定有其特殊性。根据以往相关研究，在知识产权密集型产业中对经营者市场支配地位的认定和相

---

① Sibia Neurosciences, Inc. v. Cadus Pharmaceutical Corporation, 225 F. 3d 1349 (Fed. Cir. 2000).

② A. C. Server, etc., “Reach – Through Rights and the Patentability, Enforcement, and Licensing of Patents on Drug Discovery Tools”, *Hastings Science & Technology Law Journal*, Vol. 21, No. 1, 2009, pp. 21 – 122.

关行为合理性的判断关注较多，而对于作为基础的相关市场界定却关注不多。[①] 在人工智能算法研究工具延展性许可中，如果专利权人具有反垄断法意义上的市场支配地位，则有可能构成滥用垄断地位的行为，从而受到反垄断法的规制。考虑到基础性的人工智能算法在不同的药物研发领域均有应用，因此由其产生的专利权形成垄断地位的可能性也较强，并且可能存在研发工具市场垄断、药品发明（或者其他下游发明）技术市场垄断，以及产品市场垄断三者并存的情况，从而需要解决垄断地位在相关市场乃至相邻市场延伸的问题。在探讨人工智能生成发明可专利性问题时，有学者认为“授予人工智能生成的发明专利权会导致发明过度集中，产生较为严重的垄断危机”，主张慎重考虑对此类发明授予专利权。[②] 人工智能算法研究工具专利主要影响技术市场竞争关系，因此对于相关市场的界定也主要在此领域加以考察。根据我国现行执法规定或者政策导向，在涉及知识产权许可的反垄断执法中，“相关商品市场可以是技术市场，也可以是含有特定知识产权的产品市场”；界定涉及知识产权排除、限制竞争行为的相关市场，“通常遵循相关市场界定的基本依据和一般方法，同时考虑知识产权的特殊性”。[③] 在人工智能算法研究工具专利许可的反垄断规制中，相关市场及其市场支配地位界定的复杂程度也较高。如果专利权人将算法工具市场的垄断地位不合理地加以利用，并企图通过延展性许可延伸至下游技术市场获得过高的许可费，则可能构成《反垄断

---

① 王先林：《知识产权领域反垄断中相关市场界定的特殊问题》，《价格理论与实践》2016 年第 2 期。

② 李宗辉：《人工智能生成发明专利授权之正当性探析》，《电子知识产权》2019 年第 1 期。

③ 参见 2020 年国家市场监督管理总局颁布的《关于禁止滥用知识产权排除、限制竞争行为的规定》第 3 条第 2 款和 2017 年国务院反垄断委员会公布的《关于滥用知识产权的反垄断指南（征求意见稿）》第 2 条第（2）项。

法》规制的对象。

在人工智能算法专利权人具备市场支配地位后，基于研究工具专利就下游产品获得不合理的延展性许可费可能构成滥用垄断地位。但是，依据该规则认定构成违反反垄断法的法律标准尚不明确，特别是何谓索取不合理高价许可费也并未具有明确的界限。在垄断行为内容方面，延展性专利许可并不涉及固定下游产品销售价格等反垄断法上的本身违法行为①，因此主要依据合理性原则判定该协议内容是否违法。欧盟法院认为，原则上不能由任何客观标准证明为正当的特别高价构成市场垄断地位的滥用，但是这似乎与知识产权给予权利人获得垄断性高价的制度合理性基础又存在矛盾之处。② 美国判例法中对于突破专利权利要求范围计算许可费是否违反《反垄断法》的态度不尽相同。例如，在真力时广播公司与黑泽汀研发公司一案中，法院只禁止许可人直接或间接地将延展性许可作为向对方颁发专利许可的前提条件，即被许可人要么接受许可人提供的许可方式，要么无法取得许可。③ 以真力时案为基础，在拜耳公司与豪斯制药公司一案中，法院认为拜耳公司没有提供任何证据表明豪斯公司的行为违法，虽然豪斯公司曾多次提出邀约，并且拜耳公司拒绝其延展性许可方式，但是拜耳公司均未回复新的许可方案，因此法院最终认定豪斯公司不构成专利权滥用。④ 在对待延展性许可的问题上，美国法院通常并未进行《反垄断法》上的细致分析，而是判断许可人是否强迫被许可人选择支付延展性许可费，并且法院对于该种行为是否等同于专利权滥用也

① 吕明瑜：《论知识产权许可中的垄断控制》，《法学评论》2009 年第 6 期。

② 王先林：《知识产权与反垄断法——知识产权滥用的反垄断问题研究（修订版）》，法律出版社 2008 年版，第 259 页。

③ Zenith Radio Corp v. Hazeltine Research, Inc. 395 U.S. 100, 89 S.Ct. 1562 (1969).

④ Bayer AG v. Housey Pharmaceuticals, Inc. 228 F. Supp. 2nd 467 (2002).

未给出结论。[①] 在人工智能算法研发工具情形下，法院针对延展性专利许可中滥用垄断地位的认定标准也将存在不确定之处。此外，在面临垄断行为威胁时，能否构建合理高效的许可机制将成为研发企业不得不面临的问题。单纯依靠反垄断执法机构事后执法难以系统性地解决人工智能算法研究工具专利许可中交易成本较高的问题。

三　智慧医疗研究工具专利延展性许可规制的完善

（一）专利法规制路径的完善

第一，降低智慧医疗专利权滥用门槛。在研究工具延展性许可费方面，若不考虑相关影响因素，则会导致延展性许可费叠加、许可费用过高等问题，从而引发专利权滥用的风险。为了解决专利权滥用问题，结合《专利法》第四次修改，应当在智慧医疗领域适当降低认定门槛。由于延展性许可对于智慧医疗产业研发活动的影响具有两面性，不可否认延展性许可费的合理性，但同时需要通过降低专利权滥用认定标准，进一步对该类突破专利保护范围收取许可费用的情形做出限制，避免专利许可费叠加及市场机制不完善所造成的消极影响。专利权滥用不仅涉及许可费标准问题，还涉及专利权人对下游研发市场及产品市场的过度介入及干扰问题。人工智能算法研究工具的使用者需要获得专利权人的许可并向其支付专利许可费，专利权人还有可能要求介入下游研发产品的商业化，从而造成使用者的商业谈判负担过重，不利于其有效地将研发产品推向市场，这也属于专利权滥用的范畴。[②] 基于这两

① 宁立志、周围：《延展性许可费条款的反垄断法分析》，《现代法学》2015 年第 3 期。

② M. A. Heller, R. S. Eisenberg, "Can Patents Deter Innovation? The Anticommons in Biomedical Research", *Science*, Vol. 280, No. 5364, 1998, pp. 698 – 701.

方面因素，人工智能算法研究工具延展性许可费比例标准总体上应当低于有形性研发工具，以适应其开发及使用的技术特点。一方面，考虑到人工智能算法研究工具的应用面非常广泛，某些通用算法甚至可以在多个技术领域分别加以利用①，获得收益的途径较为丰富，不必集中在涉诉延展性许可协议中收取所有经济利益；另一方面，在人工智能算法研发药物等领域，由于药物研发所涉及算法较多，“反公地悲剧”问题可能比传统药物研发活动更为严重②，尤其需要注意解决由此产生的交易成本过高对研发活动的阻碍问题。对此，可以要求研究工具必须与药品发明具有直接联系，否则不能作为计算延展性专利许可费的基础。③ 在对相关生物技术授予知识产权或者许可过程中要持谨慎的态度，并注意对公共利益的保护，防止延展性许可抑制下游企业对于后续研发的积极性。④ 因此，算法研究工具延展性许可费的收取标准原则上应当低于基于传统生物医学材料研究工具的费用。

第二，明确计算延展性许可费的相关影响因素。在计算研究工具专利延展性许可费时，可以参考技术标准专利许可中的合理非歧视原则，考虑以下影响因素加以确定⑤：其一，研究工具在后续研发成果中的贡献度。研究工具确实为后续开发所必须使用到的基础技术，但这并不意味着其是之后以此衍生或者辅助产生的成果价值的唯一来

---

① 刘强：《人工智能算法发明可专利性问题研究》，《时代法学》2019 年第 4 期。

② 陈泽宇：《生物技术专利的反公地悲剧及其应对》，《知识产权》2019 年第 3 期。

③ A. C. Server, etc., “Reach – Through Rights and the Patentability, Enforcement, and Licensing of Patents on Drug Discovery Tools”, *Hastings Science & Technology Law Journal*, Vol. 21, No. 1, 2009, pp. 21 – 122.

④ K. A. Stafford, “Reach – through Royalties in Biomedical Research Tool Patent Licensing: Implications of NIH Guidelines on Small Biotechnology Firms”, *Lewis & Clark Law Review*, Vol. 9, No. 3, 2005, pp. 699 – 718.

⑤ 刘强：《技术标准专利许可中的合理非歧视原则》，《中南大学学报》（社会科学版）2011 年第 2 期。

源。对于基础算法的改进和终端产品的临床试验同样需要投入大量成本，而研究工具在此之中的贡献比例应当作为延展性许可费的计算依据。并且，智慧医疗产品技术研发难度较高，开发过程中往往使用多种研究工具，若不分别量化各项研究工具的贡献度，则会对被许可人重复收取延展性许可费，加重其负担。其二，终端产品中包含的非技术因素。被许可人的商业化收益并不完全来源于研究工具以及产品自身的技术价值，被许可人的经营能力、商业信誉、市场环境等非技术的因素也可能对智慧医疗产品销售利润有实质性贡献，却与研究工具专利技术方案没有直接联系。因此，在计算延展性许可费时，应当考虑非技术因素的影响并在研发成果或者终端产品利润中予以扣除。其三，研发工具开发中的风险因素。传统的专利实施许可费用即便高昂也是相对固定且可能是一次性支付的，企业可以通过后续其他途径提高产品销售利润以抵销较高的许可费成本。[①] 延展性专利许可可以在一定程度上降低研究工具专利许可协议双方当事人的风险[②]，这应当反映在对许可费标准的司法裁判考虑因素中。由于研究工具专利延展性许可费将权利主张范围拓展到利用研究工具产生的后续成果上，研究工具的使用者将面临重复的许可申请以及支付多份许可费用，因此有必要将开发风险作为影响因素纳入其中。此类风险因素既包括人工智能算法研究工具本身的开发风险，也包括该研究工具在后续研发活动过程中存在的研发风险和商业化风险。这种风险估值可以通过有关行业的平均研发风险或者平均利润率等因素推算得知，从而合理反映研发市场的总体风险状况。值得注意的是，以上对于延展性许可费计

① 宁立志、周围：《延展性许可费条款的反垄断法分析》，《现代法学》2015 年第 3 期。

② M. A. Heller, R. S. Eisenberg, "Can Patents Deter Innovation? The Anticommons in Biomedical Research", *Science*, Vol. 280, No. 5364, 1998, pp. 698 – 701.

算标准影响因素的认定，既可以在专利许可合同许可费条款司法认定中加以适用，也可以作为反垄断执法中延展性许可费是否构成滥用垄断地位的认定标准，从而实现法律标准的一致性和可预期性。

（二）《反垄断法》规制路径的完善

第一，合理界定智慧医疗研发领域的相关市场。根据传统相关市场的界定方式，研究工具专利权人如果能够利用延展性许可费获取高额利润，并且智慧医疗终端产品的消费者无法转向其他替代品，则该市场便是反垄断意义上的相关市场。技术市场概念的引入与界定是为避免法院和执法部门因适用传统的商品市场界定而可能导致的错位，包括认定下游商品市场的竞争会限制上游技术市场的支配力。[①] 也就是说，研究工具专利延展性许可费的收取有时并不必然会造成下游终端智慧医疗产品价格的显著变化，但仍然会造成上游相关技术垄断。人工智能算法属于研发工具，在相关市场判定中属于技术市场范畴，同时也属于更为具体的研发工具市场领域。在研发工具领域中，人工智能算法等软件工具不同于有形研发工具，会形成更为细分的无形性研发工具相关市场。因此，应当在此市场范围内认定涉诉人工智能算法研究工具是否具有市场支配地位。在利用该算法工具完成的药品等研发成果产生以后，可以将上下游市场作为相邻市场加以对待。除此之外，在引入技术市场概念的同时要注意考虑技术的可获得性。人工智能算法研究工具专利往往可替代性弱、获取难度较大，但同时又是下游继续开发的必经之路，因此对于该类技术在界定相关市场时应当合理缩小技术领域范围和时间范围，对其延展性许可费是否构成垄断

① 熊文聪：《反垄断法中“技术市场”概念的引入与界定》，《东方法学》2018 年第 2 期。

行为采取较为严格的标准。

第二，推进人工智能算法研发工具的开放共享。在人工智能算法介入发明活动的情况下，保持研发工具市场与下游技术市场中数据及算法专利的开放性是克服滥用垄断地位行为危害的重要路径。① 研发工具开放共享包括半开放式和开放式两种类型，专利池属于半开放式共享，而开源社区则属于开放式共享。其一，专利池许可是智慧医疗领域解决延展性许可反垄断问题的重要路径，能够为解决“反公地悲剧”及交易成本过高问题发挥重要作用。美国专利商标局在其2000年公布的专利池白皮书中指出，在生物技术领域运用专利池，可增进创新和研发，去除专利瓶颈，并加速产品的开发，这与通过反垄断法规制延展性许可的价值目标较为契合。② 此外，行业性专利联盟可以增强专利权人对人工智能生成现有技术的风险应对能力。③ 人工智能算法适用面十分广泛，同一基础算法可以适用于不同技术产品甚至不同技术领域，这导致下游多个领域终端产品的开发者需要上游基础算法的反复许可和重复支付延展性许可费。构建专利池可以解决多次许可谈判所带来的交易成本过高的问题，对于促进专利流转、减少专利诉讼可以起到重要作用，同时也有利于滥用垄断地位问题的解决。其二，有必要构建智慧医疗研究工具的开源社区或者开放创新社区，以提高研发效率并推动相关公共利益的实现。开源社区在软件开发领域已经较为流行，智慧医疗中人工智能算法发明具有软件的内容和特点，可以借助其将开源社区延伸到智慧医疗技术领域。例如，开放发

---

① 吴汉东等：《人工智能对知识产权法律保护的挑战》，《中国法律评论》2018 年第 2 期。

② 周慧菁、曲三强：《研究工具专利的前景探析——兼评专利权实验例外制度》，《知识产权》2011 年第 6 期。

③ 刘鑫：《人工智能生成技术方案的专利法规制——理论争议、实践难题与法律对策》，《法律科学》（西北政法大学学报）2019 年第 5 期。

明网络（Open Invention Network，OIN）是涉及 Linux 系统的开源社区，其开放性比商业化专利池更为灵活，也更具有公益性。[①] 在智慧医疗领域，也应当构建相应的开放创新组织，推动研究工具专利许可在更为开放的平台上进行流转。除此之外，智慧医疗研究工具开源社区应当发挥多主体（包括国际组织、政府和非营利组织等）的协同合作，对于智慧医疗产业特定领域提供资助，在一定程度上减少研究工具专利延展性许可费带来的消极影响。[②] 美国国家卫生研究院通过多种资助方式和研究基金来支持大学、科研单位等机构的科学家展开研究工作。[③] 考虑到政府资助项目开发的研究工具具有更多公益性，也会要求相应专利权人避免利用延展性许可阻碍下游研发活动的有效开展，在一定程度上实现研发工具的开放共享。因此，有必要将生物领域研究工具开放共享延伸到涉及医药研发的人工智能算法工具，从而更为有效地解决延展性许可可能带来的反垄断问题。

人工智能技术不仅发展快速，不断更新换代，还加速深入不同技术领域，并且进入人们日常生活之中。"AI + 医疗"是人工智能与医疗领域深度融合的成果，人工智能算法成为智慧医疗领域主要的研究工具。由于人工智能本身在法律地位、生成物属性等方面还存在较大争议，人工智能算法发明的可专利性尚没有明确定论，导致算法研究工具专利延展性许可的消极影响更为容易显露，若不加以限制将造成上游专利的技术垄断。智慧医疗领域的研究工具专利延展性许可涉及《专利法》《反垄断法》等多项法律规定，需要克服生物技术研究工具延展性许可相关法律规定的不足，以及传统反垄断法适用于该领域

① 张平：《互联网开放创新的专利困境及制度应对》，《知识产权》2016 年第 4 期。

② 陈婕：《国际知名专利运营服务机构商业模式与思考》，《中国发明与专利》2018 年第 5 期。

③ 陈泽宇：《生物技术专利的反公地悲剧及其应对》，《知识产权》2019 年第 3 期。

的缺失。因此，应当在明确研究工具延展性许可双重影响的基础上，不断完善相关法律规定，以促进智慧医疗产业的发展。

第三节　有害技术专利问题

一　有害技术专利问题及其危害

高新技术创新在产生增进社会福利的正面效果的同时，也存在产生部分有害技术并引发负面效果的可能性。利用废旧皮革制备食用明胶技术获得专利授权①以及中药烟草技术申报国家科技进步奖②等事件引发了对于有害技术得到专利授权和保护问题的思考，也拷问着专利制度安排的合理性和有效性。有害技术获得专利授权，意味着国家行政部门对该技术有益效果的官方肯定，代表社会一般道德价值的权威判断，危及了专利制度的社会公信力。对于权利人而言，专利授权可能成为其不诚信商业行为的推手，这无疑是对专利制度的滥用。因此，有必要对专利制度进行必要的调整和明确，才能有效化解公众对专利制度产生的质疑，同时也能更有效地对专利制度加以利用。

有害技术包括本身会造成负面效果的技术，也包括因误导专利产品的消费者而扩大负面效果的技术。前者包括利用废旧皮革制造食用明胶技术，用该技术制造的普通药用胶囊会危害人体健康；而中药烟草技术则属于后者，烟草吸食者受到利用专利所进行的商业宣传的误

---

① 参见社论《“皮革食用明胶专利”不容轻描淡写》，《新京报》2012 年 4 月 28 日。

② 参见杜安娜、李华、杨洋《30 位院士联名抵制烟草技术参评国家科学技术进步奖》，《广州日报》2012 年 4 月 11 日。

导和欺骗，将会增加吸食量进而损害健康。两种类型的有害技术均会对公共健康、环境保护等核心公共利益造成损害。但是，根据现有的专利审查标准和机制，是难以将有害技术排除在专利授权范围之外的，结果导致了国家通过专利这一合法形式对有害技术在道德上予以肯定、公众对专利制度合理性产生质疑、有害技术信息通过专利形式公开和传播等问题，需要通过对专利制度进行完善来加以应对。

二 目前专利制度存在的主要问题

（一）妨害公共利益的发明创造范围不明确

我国《专利法》第5条的规定，违反法律、违反社会公德和妨害公共利益的发明创造不能够获得专利权。《法国知识产权法典》第L.611—17条规定："公布或者实施将违反公共秩序或者社会公德的发明，不得授予专利权。[①]"《日本专利法》第32条、《实用新型法》第4条和《外观设计法》第5条均体现了危害公序良俗及公共卫生健康的发明不能授予专利。《TRIPS协定》第27条第2款也规定，"各成员可拒绝对某些发明授予专利权，如在其领土内阻止对这些发明的商业利用是维护公共秩序或道德，包括保护人类、动物或植物的生命或健康或避免对环境造成严重损害所必须的，只要此种拒绝授予并非仅因为此种利用为其法律所禁止"。其中对于公共秩序的理解主要包括公共安全和社会的整体秩序[②]。例如，如果一项发明创造是为了制造信封炸弹，显然属于损害公共秩序的情况，不能授予专利权。因

① 《法国知识产权法典》，黄晖译，商务印书馆2003年版，第85页。

② UNCTAD－ICTSD, *Resource Book on TRIPS and Development*, Cambridge: Cambridge University Press, 2005, p. 379.

此，损害公共健康的发明创造是不能获得专利权的。但是，目前在专利审查过程中对于该条执行不严，原因是受到《TRIPS 协定》第 27 条第 1 款要求对所有领域技术在专利授权的问题上给予平等待遇，以及对妨害公共利益的法定标准掌握过于宽松的影响，导致很多具有现实或者潜在损害公共利益的技术获得了专利权。在我国食品安全形势严峻时对专利审查提出更为严格的标准是有必要的，有利于公众重拾对专利制度的信心。

专利权人利用专利进行产品宣传是重要的商业手段。但是，有害技术获得专利权可能导致对消费者的误导，进而损害公众利益，也应当被归入不授予专利权的情形。以中药烟草技术为例，其表面上具有增进公共健康的作用，可以减少烟草焦油对于口腔的刺激，但是实质上可能反而引起香烟吸食者的误解，导致香烟使用的数量增加，危害公共健康。① 世界卫生组织《烟草控制框架公约》明确规定："烟草制品使用'低焦油'等词语属于虚假、误导、欺骗。吸极低焦油、低焦油卷烟患肺癌死亡的风险和吸中度焦油卷烟一样。"根据笔者于 2020 年 7 月对国家知识产权局官方网站公布的专利信息进行的查询，属于利用中药制备烟草或者香烟的专利就达到 560 件以上。② 例如，2003 年申请的第 03123339. 2 号专利，就是涉及一种低含量尼古丁的烟草。根据其说明书记载，该技术的特点在于："烟草含有中草药成份真木、白芷、甘草、苦菜以及食品成份桂花、茉莉花、荷叶、茶叶。具体制备方法：先将中药制取药水，然后将药水均匀地喷洒在烟草上，拌匀，再与食品成份混合即为所需的产品。"在技术效果方面，该专利申请文件中明确表示"本发明的烟丝尼古丁很低，

---

① 商西：《亦云"烟草院士"当选遭多方质疑》，《京华时报》2011 年 12 月 12 日。

② 检索策略为：摘要 = 中药 and（烟草 or 香烟）。

吸烟者抽后具有清头明目，痰少口香，而且可预防和治疗鼻塞、头痛、胸闷气短等，吸烟者释放的烟味具有清香气味，可减轻对被动吸烟人的危害”。但是，香烟中的有害物质达到200多种，其中致癌物质就达到80种，单纯减少尼古丁或者焦油含量不足使香烟的危害实质性减少。此类由于误导性信息而导致公共利益损害的技术也应当排除在专利授权范围以外，但是目前我国《专利法》第5条的规定和《专利审查指南》对该条的解释并未将此包含在内，导致专利审查时难以将其排除。

（二）专利权的属性和权能导致误解

公众对有害技术获得专利权持质疑态度的重要原因，在于误认为授予专利权就意味着允许其制造和上市流通，即专利权为损害公共利益的产品披上了合法外衣。然而，这实际上是对专利制度的误解。对于专利权的性质到底属于实施权还是禁止权存在争议，对于《专利法》不甚了解的企业、社会公众和部分学者认为专利权是属于既包括实施权①，也包括禁止权，因而其属性是类似于商标权的。但是，从《专利法》第11条所规定的权能来说，专利权仅包括禁止权而不包括实施权。欧洲专利局在其1990年审理的哈佛鼠专利授权案件中指出，“专利申请人获得专利授权并不意味着取得了实施权利技术的合法权利”（欧洲专利局第T0019/90号裁决）。日本专利法也并未赋予权利人实施专利权的合法权利。② 但是，我国《专利法》的条款并没有澄清这种权能属性，使得人们对专利制度的性质产生了误解，反而损害

① 刘春田：《知识产权法》（第四版），高等教育出版社2010年版，第222页。

② ［日］田村善之：《日本知识产权法》，周超、李雨峰、李希同译，知识产权出版社2011年版，第191页。

了专利制度的公信力。2006 年版《专利审查指南》原本有关于专利产品市场准入的规定，“直接作用于人体的电、磁、光、声、放射或其结合的医疗器具关系到人们的健康和生命安全，因此对这类产品的实用新型申请授予专利权只是根据《专利法》有关初步审查的规定做出的，并不意味着该专利产品具备了市场准入的条件，专利权人在实施该专利之前应当根据相关法规办理相应审批手续”。在 2010 年修改《专利审查指南》时删除了该规定，实际上是考虑到不仅该技术领域的专利授权有此性质，而应当拓展到所有技术领域。但是，缺乏专利法律法规的明确规定，反而给质疑专利制度合理性的一方增加了事实基础，有必要重新纳入类似的规定。

事实上，根据对《专利法》第 11 条的解释，专利权对除了专利权人以外的其他主体实施专利技术的权利产生影响，根本未涉及专利权是否有权实施专利技术的问题。至于专利权人自身实施专利技术的权利，则既不从获得专利权开始，也不因为专利权终止而结束，其实施专利技术的合法性受到其他行政法或者他人专利权而不是其自身拥有的专利权的限制。① 从专利制度的性质看，这不是专利法规定的漏洞，而是由专利制度本身的性质决定的。如果将专利权人能否实际制造产品并加以市场销售也纳入专利审查的范围，将使得专利制度承载应当由其他法律或者行政部门履行的职责，不利于将尚未成熟的技术方案申请获得专利权，加上专利审查本身需要较长的周期，因此将限制对技术的保护和传播。

《专利法》第 5 条在规定违反法律的发明创造不授予专利权的同时，《专利法实施细则》第 10 条将仅在商业化实施或者滥用情况下违

---

① 刘强：《专利权人实施专利技术权利的法律问题研究》，《安徽工业大学学报》（社会科学版）2007 年第 3 期。

反法律的技术排除在外。对于发明创造的产品生产、销售或者使用受到法律的限制或者约束的情况，例如各种医用毒药和麻醉品等，并未否定其可获得专利授权。由此可见，授予专利权与专利权人对专利技术进行实际实施的权利是相互分离的。但是，由于专利法的措辞不明确，没有体现专利权与专利权人实施专利技术权利的真实关系，导致获得专利权的企事业单位和社会公众会对专利权的属性和权能产生误解。有必要在对专利权的权能从正面进行规定的同时，对其从负面加以适当地排除。

值得注意的是，尽管授予专利权并不意味着赋予专利权人实施专利技术的权利，但是授予专利权的决定仍然体现了政府部门基于公共利益的评价，特别是认可该技术方案对经济和社会发展能够产生有益效果。不授予有害技术专利权，也不意味着放任其危害社会，因为相应产品的生产销售仍然受其他法律的限制。因此，必须在对公共利益可能造成的损害后果方面进行严格要求，对于潜在风险较为严重的专利申请应当予以驳回。与此同时，专利申请人应当在申请文件中对负面效果进行相应的信息披露。

（三）专利授权实用性要求存在缺失

实用性是专利授权的实质性条件，主要是要求专利技术能够在工业上得到应用并产生积极效果，也就是能够解决一定的技术问题。通常在专利审查中，对于实用性的审查标准仅限于将无再现性或者违背自然规律的技术方案排除在授权范围以外。尽管 2010 年修改后的《专利审查指南》也规定，“具备实用性的技术方案应当能够产生预期的积极效果，明显无益或者脱离社会需要的发明创造不具备实用性”。但是，只强调该标准会产生要求过低的问题，并且没有考虑到负面效果对于实用性的减损问题，因此对于有害技术的专利申请也不能将其驳回。

美国宪法对于专利立法宗旨的规定突出了实用性的要求，例如美国宪法第 1 条第 8 款规定：“对著作家和发明家对其著作和发明在限定期间内的专有权利进行保护，以促进科学与实用技艺的发展。”美国法院在历史上对于专利技术的实用性也采用过不同的态度。前述洛威尔诉刘易斯案中的裁决采用了标准较高的有益实用性，要求发明必须符合社会的道德价值，否则不具备实用性，实际上就是将违反社会公德和妨害公共利益的发明创造通过否认其具有实用性而不给予专利授权。此后，道德考量逐步减弱，导致具有误导性和欺骗性的技术获得专利授权的情况增多。例如，1999 年美国联邦巡回上诉法院审理的杰西维普公司诉奥兰奇邦公司案涉及一种分发饮料的设备，其在使用时通过球体装置展现给消费者的饮料并非实际分发给消费者，而仅仅是为了吸引消费者的注意力，因此具有一定的欺骗性。[①] 法院在该案中没有进行道德衡量，允许获得专利的技术将一件物品被设计成从外观上呈现为另外一种物品。此后，对于实用性的标准更多地采用基本实用性或者特定实用性。但是，由于该案件没有涉及关系到人体健康或者公共利益的专利技术，不能因此认为已经普遍地降低了实用性的标准。

（四）说明书充分公开要求未涉及负面效果

《专利法》要求说明书清楚、完整地描述申请专利的技术方案，并且使得所属技术领域的普通技术人员不经过创造性的劳动能够理解

---

① Juicy Whip, Inc. v. Orange Bang, Inc. 185 F. 3d 1364 (1999).

和实施该技术方案。根据《专利法实施细则》，在说明书中要公开发明或者实用新型的内容，除了需记载要解决的技术问题和技术方案以外，还要求说明有益效果。但是，《专利法》对于可能产生的负面效果不要求说明，使得其作为有害技术专利的性质得不到体现。为了维护普遍认为属于基本人权的生命权和健康权，专利申请制度需要做出相应的调整。如果在专利申请所涉及的技术领域与人体健康有关，应当将其中相关的国家标准及专利产品是否符合上述标准的相关数据作为法定的信息公开范围，并对专利产品可能存在的危害效果进行明确的风险提示。特别是对于化学物质而言，其有益技术效果并非通过技术方案本身就可以体现，通常需要通过实验数据才能够说明，而其对环境或者人体健康的损害后果也是如此。

在废旧皮革制造食用明胶专利中，就涉及该领域食品药品国家标准问题，而专利说明书当中进行的信息披露存在不真实、不完整的状况。法律应当允许审查员将此作为驳回专利权或者宣告专利无效的事由。在1995年开始实施的国家强制性标准《食品添加剂明胶》中明确要求，食用明胶为“动物之皮、骨及腱、鳞等原料所生产”，并且该标准对于食用明胶中铬含量做出2mg/kg的上限要求。而专利号为98112702.9（一种制备高铬明胶的方法）和98104622.3（用碎革皮生产药用明胶的工艺）两项专利的说明书中却明确记载铬元素含量高于国家标准，而审查员做出授权决定时未加以考虑。因此，专利申请说明书不披露显著负面效果或者违反国家强制性安全标准的相关信息，将使得专利审查员无法直接和有效判断技术方案是否会造成足以损害公共健康或者造成严重的环境污染等危害公共利益的后果，妨碍了有害技术在专利审查过程中被发现和驳回。此外，专利申请是否充分公开技术内容也可能影响对其是否具备实用性的认定①，因此申请人是否对于有害技术的负面效果也予以充分公开应当作为对专利申请实用性的审查内容。依靠专利授权以后的无效宣告程序等事后措施进行救济，其所产生的社会成本高于事前预防并不授予专利权。专利审查部门要在负面效果审查上承担更多的责任。

（五）专利权无效宣告的法律效力问题

有害技术如果获得专利权，由于其违反了专利实质性授权条件的情况，因此，专利授权以后，任何人可以请求国家知识产权局宣告专利权无效。目前，专利无效宣告请求的审查部门为国家知识产权局专利局复审和无效审理部。目前，对于提请专利权无效宣告请求的主体仅限于民事主体，并且在无效宣告请求程序中采用当事人主义，因此做出专利授权决定的国家知识产权局无权依职权宣告专利无效，对于有害技术专利而言启动无效宣告程序也受此限制。为了克服该制度缺陷，对于涉及《专利法》第 5 条等规定而不应当授予专利权的有害技术的情况，应规定专利审查部门可以提请国家知识产权局宣告专利无效。

对于有害技术专利权，国家知识产权局可以根据《专利法》第 5 条、第 22 条第 4 款和第 26 条第 3 款等规定，以该专利妨害公共利益、不具备实用性或者说明书公开不充分等为理由宣告该专利无效，宣告无效的专利被视为自始无效。我们应当注意到，有害技术专利被宣告无效的法律后果的惩罚性不足，特别是对原专利权人根据专利转让合同、专利实施许可合同和已经生效的法院判决书或调解书收取的专利

---

① 宋岩：《专利实用性与充分公开的竞合适用问题浅析》，《知识产权》2015 年第 12 期。

转让费、专利实施许可费和专利侵权损害赔偿金不必退还，即专利无效宣告的决定原则上不具有追溯力。这固然可以保障专利转让及专利许可的交易安全[①]，但是也会存在难以剥夺有害技术专利所产生的非法获益的问题。尽管《专利法》第 47 条第 2 款规定，因专利权人的恶意给他人造成的损失应当给予赔偿，或者依照规定不返还专利侵权赔偿金、专利使用费、专利权转让费，明显违反公平原则的，应当全部或者部分返还。但是，何为“恶意”没有得到明确的解释，使得有害技术专利权人在专利权被宣告无效以后仍然不必返回所获得的利益，造成对当事人的不公平。

在进行法律适用时，有必要将恶意范围进行拓展，即不仅对被许可人或者受让人存在恶意，而且将获取专利权过程中存在的恶意进行明确，从而杜绝故意将有害技术获得的专利权进行许可或者转让。根据民法原则，禁止当事人滥用民事权利就是防止恶意行为发生的一般规定。从经济学角度来说，制裁恶意行为是为了保护信息不对称中处于信息弱势一方的权益，而有害技术专利权人不仅滥用了对专利权受让人或者被许可人的信息优势，而且滥用了对专利审查行政机关的信息优势，刻意隐瞒了专利技术的有害后果，应当加以制裁；从社会学角度来说，恶意行为破坏了风险社会和复杂环境中尤为强调的信任关系[②]，尽管专利权人与被许可人或者受让人之间，以及专利权人与专利审查行政机关之间均不是相互熟悉之人，不能根据其历史交易记录进行具体的道德判断和信任程度认定，但是基于社会机制而形成的抽象交易系统和信任网络是不容破坏的，因此必须对有意破坏这种信任

① 杨志祥、马德帅、刘强：《知识产权制度的商法性质考辩及其发展趋势》，《知识产权》2013 年第 12 期。

② 李猛：《论抽象社会》，《社会学研究》1999 年第 1 期。

关系而就有害技术专利申请专利权的主体给以必要的惩治；从伦理学角度来说，恶意行为也是不道德的，尽管在市场经济中法律不能对交易者在道德层面提出过高的要求，但是仍然必须维护道德的底线，包括不能利用专利制度这一国家认可的法律保护机制来获得对有害技术的社会承认和独占利益。因此，对于以有害技术获得的专利权，特别是明知属于有害技术而积极获得专利权的主体，应当通过认定其具有恶意而剥夺其经济利益。

（六）有害技术专利信息公开问题

用信息公开作为换取独占性法律保护的对价是专利制度的重要利益平衡机制，技术信息公开同法律保护同属于专利制度两大主要功能。[①] 专利权是否充分公开申请专利的技术方案是能否获得专利权必须支付的信息对价。我国对于专利信息公开的要求是比较严格的。发明专利申请在申请日后 18 个月即行公开，然后再进行实质审查，因此无论发明专利申请是否得到授权，技术信息均已公开；对于实用新型和外观设计技术信息在专利授权时进行公告。根据《专利法》第 21 条第 2 款规定，国务院专利行政部门应当完整、准确、及时发布专利信息，定期出版专利公报。根据现有制度，所有专利信息一经公开均可以在互联网上查阅到，其中就包含有害技术专利的技术信息。因此，有害技术信息通过专利渠道进行公开是完全有可能的。

值得注意的是，在有害技术专利信息公开问题上，专利无效宣告仅涉及专利的法律效力问题，对专利信息公开问题并无影响。因此有害技术专利的技术信息仍然通过公开的网络为公众所知，并且可能为

---

① 冯晓青、赵秀姣：《国家知识产权文献及信息资料库建设内容选择及建构思路探析》，《武陵学刊》2012 年第 5 期。

不法之徒加以利用，继续产生损害公共利益的后果。因此，有必要在特定的情况下，对于专利信息给予撤回，以免流毒社会。

三　应对有害技术专利问题的制度完善

面对有害技术获得专利权的问题，专利法及专利制度应当积极加以应对，弥补专利制度在此问题上存在的漏洞。应当在一定程度上抛弃对所有领域的技术采用完全平等的理念和做法，事实上在多个具体专利制度中已经做出类似的规定，例如《专利法》第 5 条第 2 款对依赖遗传资源完成的发明创造和《专利法》第 52 条（《专利法》（第四次修改）第 57 条）关于半导体技术专利强制许可的规定。对于有害技术专利应当给予清楚的界定并在授权标准和程序上进行特别的规定，以适应公众对专利制度的期待和对公共利益的维护。

第一，可以考虑明确妨害公共利益的发明创造不授予专利权的范围，在《专利法实施细则》第 10 条增加一款作为第 2 款，规定“具有现实或者潜在损害公共健康和破坏环境等负面效果的发明创造属于专利法第 5 条规定的妨害公共利益的发明创造，不授予专利权”。这样规定的好处有两个方面：一是将作为部门规章的《专利审查指南》中有关损害公共健康和破坏环境等方面的规定提升到行政法规层面，展现了我国专利制度应对有害技术专利问题的决心和能力；二是将潜在损害公共利益的技术也排除在专利授权的范围之外，主要是为了应对专利权人可能通过不恰当的商业宣传对社会公众产生误导、欺骗，进而导致损害健康的技术通过专利传播和利用的情形。

第二，明确将专利授权与专利权人实施专利技术的权利相分离。可以在《专利法》第 11 条增加一款作为第 3 款，规定“发明和实用新型专利权被授予对于专利权人实施专利技术的权利不产生法律影响。法律、行政法规规定实施专利权保护的技术需要报经批准的，在实施前应当依法办理批准手续”。在专利审查中，专利审查部门不应承担过重的产品安全审查义务。[①] 通过该规定，可以明确专利权的属性仅限于禁止权，以便消除公众对于专利产品就是合法产品的误解，避免对专利审查授权制度附加不必要的并且应当由其他行政部门行使的市场准入审查功能，使得专利制度回归到对智力成果保护和对市场竞争秩序的规范与调整上。

第三，明确实用性中对于有益技术效果的要求。对于可能产生的负面效果要能够在现有技术或者专利申请说明书中记载应对的解决方案，否则可以认为其不具备实用性的要求。可以将《专利法》第 22 条第 4 款修改为“实用性，是指该发明或者实用新型能够制造或者使用，能够产生积极效果，并且能够通过有效手段克服其负面效果”。对于负面效果的解决手段，应当包括完全消除负面效果对公众的影响，也包括避免负面效果产生的技术手段，并且在专利申请时应当是在技术上可能和经济上可行的。例如，对于利用废旧皮革制造食用明胶的技术，在进行专利申请时要在说明书中提供方便的检测方法，使得食用明胶的使用者可以方便地检测和识别明胶来源以及其中铬元素的含量，否则将认为其负面效果是无法克服的，不符合实用性的标准。

第四，对于说明书充分公开的要求进行拓展，将负面效果纳入披露义务要求。可以对《专利法实施细则》第 17 条第 1 款第（3）项进行修改，对于发明内容的公开要求修改为“写明发明或者实用新型所要解决的技术问题以及解决其技术问题采用的技术方案，并对照现有

---

① 刘强：《专利权人实施专利技术权利的法律问题研究》，《安徽工业大学学报》（社会科学版）2007 年第 3 期。

技术写明发明或者实用新型的有益效果，以及申请人明知或者应当知道的可能影响公共利益的负面效果”。通过该规定不仅要求申请人披露有益效果，还要披露负面效果，以实现专利权人与社会公众利益的平衡。在负面效果披露的范围方面，可以进行两方面的限制。其一是限于申请人明知或者应当知道，对于通过现有技术手段无法了解的潜在负面效果则不必披露；其二是涉及可能影响公共利益的负面效果：包括环境保护和公共健康等，对于一般的负面效果可不必披露。对于负面技术效果需要用实验数据加以说明的，应当进行说明。

第五，拓展无效宣告程序的启动范围和明确无效宣告的溯及力问题。可以在《专利法》第 45 条增加一款作为第 2 款，规定“国务院知识产权行政部门认为公告授予的专利权不符合专利法第 5 条规定的，可以依职权启动无效宣告程序，并通知专利权人参加”。有学者提出，在专利无效宣告程序中可以扩大专利复审部门依职权审查的范围。① 为解决撤销有害技术专利效力的问题，可以在专利无效宣告启动程序中增加专利无效审查部门依职权宣告无效的情形。增加专利无效审查部门依职权进行无效宣告程序，可以体现国家知识产权局主动应对有害技术专利问题的决心。在程序设计方面，依职权启动和依当事人请求启动的无效宣告程序主要区别在于没有请求人，因此证据来源主要依靠专利无效审查部门依职权调取，也不应设定举证期限的限制。对于无效宣告决定溯及力问题，需要对《专利法》第 47 条第 2 款中“恶意”问题进行明确。配合前面对于《专利法》第 22 条第 4 款和第 26 条第 3 款规定的修改，可以在《专利法实施细则》中第 65 条增加规定第 3 款，“因违反专利法第 5 条，或者因违反专利法第 22

① 管育鹰：《专利授权确权程序优化问题探讨》，《知识产权》2017 年第 11 期。

条第4款关于能够通过有效手段克服其负面效果，或者因违反专利法第26条第3款对于负面效果披露的要求而被宣告无效的，属于存在专利法第47条第2款规定的‘恶意’的情形”。同时，可以规定，“明知或者应当知道技术方案负面效果而未披露的，构成该款规定的‘恶意’的情形”。

第六，有害技术专利信息应当被排除在公开的范围以外。可以在《专利法实施细则》第91条增加一款作为第2款，规定“对于因违反专利法第5条，或者因违反专利法第22条第4款关于能够通过有效手段克服其负面效果，或者因违反专利法第26条第3款对于负面效果披露的要求而被宣告无效的专利，或者被依法认定为有害技术的专利信息，国务院专利行政部门应当将其提供的相应专利公报、发明专利申请单行本以及发明专利、实用新型专利、外观设计专利单行本收回，并撤销或者屏蔽其在互联网公布的相关信息”。以此，可以避免有害技术信息通过专利发布等方式在专利宣告无效以后继续为不法经营者所利用。

参考文献

一　中文著作

曹军:《选择与回应：知识产权“三审合一”实务模型构建与探究》，人民法院出版社 2008 年版。

崔国斌:《专利法——原理与案例》，北京大学出版社 2012 年版。

何家弘:《中外司法体制研究》，中国检察出版社 2004 年版。

孔祥俊:《知识产权法律适用的基本问题——司法哲学、司法政策与裁判方法》，中国法制出版社 2013 年版。

李其翔、张红:《新药药物靶标开发技术》，高等教育出版社 2006 年版。

刘强:《3D 打印与知识产权法》，知识产权出版社 2017 年版。

刘强:《交易成本视野下的专利强制许可》，知识产权出版社 2010 年版。

刘尚志等:《美台专利诉讼——实战与裁判解析》，元照出版有限公司 2005 年版。

刘媛:《现代生物技术专利问题研究》，法律出版社 2018 年版。

齐树洁：《英国民事司法改革》，北京大学出版社 2004 年版。
裘加林、田华、郑杰、程韧、秦浪编著：《智慧医疗》（第二版），清华大学出版社 2015 年版。
王先林：《知识产权与反垄断法——知识产权滥用的反垄断问题研究（修订版）》，法律出版社 2008 年版。
王震：《基因专利研究》，知识产权出版社 2008 年版。
吴汉东：《知识产权制度基础理论研究》，知识产权出版社 2009 年版。
徐雁：《知识产权“三合一”诉讼制度研究——以平行程序和技术问题为切入点》，厦门大学出版社 2014 年版。
杨和钰：《中国法制史》，四川人民出版社 1991 年版。
尹新天：《中国专利法详解》，知识产权出版社 2011 年版。
袁娟、宋鱼水：《知识产权人才管理与开发》，知识产权出版社 2008 年版。
张玲：《日本专利法的历史考察及制度分析》，人民出版社 2010 年版。
张乃根：《美国专利法：判例与分析》，上海交通大学出版社 2010 年版。

二　中文期刊

白鸽、李谦、王大鹏、钟辉：《从复审角度评析人胚胎干细胞的可专利性》，《中国发明与专利》2017 年第 11 期。
卞辉：《社会管理创新中的律师社会责任探析》，《西北大学学报》（哲学社会科学版）2014 年第 1 期。
卞建林：《司法在国家治理现代化中的地位和作用》，《法制与社会发展》2014 年第 5 期。
曹博：《美国联邦巡回上诉法院的演进及启示——兼谈我国知识产权

审判体制改革的方向》，《法学杂志》2015 年第 6 期。
曹新明：《建立知识产权法院：法治与国家治理现代化的重要措施》，《法制与社会发展》2014 年第 5 期。
陈柏强、刘增猛、詹依宁：《关于职务科技成果混合所有制的思考》，《中国高校科技》2017 年第 S2 期。
陈秉群：《高校科技成果转化及其转让收益和股权奖励模式探讨》，《中国高校科技》2012 年第 8 期。
陈光中：《国家治理现代化标准问题之我见》，《法制与社会发展》2014 年第 5 期。
陈桂兵：《职务技术成果权属分配机制的创新——以西南交通大学为例》，《中国高校科技》2017 年第 S2 期。
陈婕：《国际知名专利运营服务机构商业模式与思考》，《中国发明与专利》2018 年第 5 期。
陈磊、李昌超：《知识产权法院审理中的先决问题研究》，《中南大学学报》（社会科学版）2016 年第 5 期。
陈柳钦：《高新技术产业发展的知识产权支持研究》，《新疆社会科学》2007 年第 6 期。
陈默：《高新技术产业发展的影响因素分析》，《现代经济信息》2016 年第 4 期。
陈瑜：《美国专利实用性探析与启示》，《技术经济与管理研究》2014 年第 11 期。
陈泽宇：《生物技术专利的反公地悲剧及其应对》，《知识产权》2019 年第 3 期。
程雪梅、何培育：《欧洲统一专利法院的考察与借鉴——兼论我国知识产权法院构建的路径》，《知识产权》2014 年第 4 期。

邓建志：《知识产权专业本科教育问题研究》，《知识产权》2017 年第 11 期。

丁明磊：《地方探索职务科技成果权属混合所有制改革的思考与建议》，《科学管理研究》2018 年第 1 期。

董建华：《顺势而行——美国 HIT 如何迎接大数据时代的来临》，《医学信息学杂志》2013 年第 9 期。

杜强强：《从恭敬到不从命——在知识产权审判中法院对待行政行为公定力的态度变迁》，《行政法学研究》2006 年第 4 期。

杜伟：《高校知识产权应用型人才培养路径探究》，《政法论丛》2013 年第 6 期。

樊涛：《我国商事审判制度的反思与重构》，《河北法学》2010 年第 2 期。

范长军、李波：《人类胚胎干细胞技术的可专利性——欧洲法院 Brüstle v. Greenpeace e. V. 专利案述评》，《科技与法律》2014 年第 3 期。

冯晓青、王翔：《我国知识产权学历教育及教学科研机构研究》，《武陵学刊》2015 年第 2 期。

冯晓青、赵秀姣：《国家知识产权文献及信息资料库建设内容选择及建构思路探析》，《武陵学刊》2012 年第 5 期。

高倩、江洪、叶茂、郭文娟：《全球单克隆抗体药物研发现状及发展趋势》，《中国生物工程杂志》2019 年第 3 期。

高子华：《论胎儿利益的保护》，《长春工业大学学报》（社会科学版）2013 年第 1 期。

葛琛、万淑贞：《500 强医药跨国公司：全球布局与在华投资》，《国际经济合作》2019 年第 6 期。

葛洪义：《一步之遥：面朝共同体的我国法律职业》，《法学》2016 年第 5 期。

耿博：《争议之判：法院直接宣告专利权无效案——接受司法审查后的行政权能否被司法权所取代》，《知识产权》2005 年第 6 期。

龚跃、杜珍媛、余枫霜：《人类胚胎干细胞科技的专利困境与路径选择》，《医学与哲学》（A）2016 年第 11 期。

管荣齐：《中国专利创造性条件的改进建议》，《法学论坛》2012 年第 3 期。

管育鹰：《专利授权确权程序优化问题探讨》，《知识产权》2017 年第 11 期。

郭寿康、李剑：《我国知识产权审判组织专门化问题研究——以德国联邦专利法院为视角》，《法学家》2008 年第 3 期。

何敏、张浩泽：《论按份共有规则在职务发明制度中的确立》，《科技与法律》2018 年第 5 期。

何敏、肇旭：《WARF 胚胎干细胞专利复审案分析》，《科技与法律》2008 年第 5 期。

郃中林：《境外知识产权专门法院制度对我国的启示与借鉴》，《法律适用》2010 年第 11 期。

洪结银、陶雨：《产业特性与专利联盟经济效率——以生物技术产业为例》，《科技进步与对策》2017 年第 20 期。

洪岩：《浅析人工智能技术的专利保护——以医疗领域为例》，《知识产权》2018 年第 12 期。

侯庆辰：《论企业共同开发完成后之专利权共有——以我国台湾地区法律为论述基础》，《科技与法律》2014 年第 5 期。

侯莹、杨登才、朱相宇、张丽：《国际化知识产权人才的合作培养路径》，《中国高校科技》2018 年第 11 期。

胡波：《共享模式与知识产权的未来发展——兼评“知识产权替代模式说”》，《法制与社会发展》2013 年第 4 期。

胡波：《专利法的伦理基础——以生物技术专利问题为例证》，《法制与社会发展》2008 年第 2 期。

黄宏斌、梁芳、熊炜、李小玲、曾朝阳、李桂源：《生物信息技术加速开发旧药新用途》，《生物化学与生物物理进展》2012 年第 1 期。

黄汇、石超然：《知识产权复合型人才培养实践教学创新研究——以西南政法大学为例》，《工业和信息化教育》2018 年第 2 期。

黄容霞、雷纳特·维坎德：《大学教育如何为未来培养人才？——基于瑞典环境与发展研究中心可持续发展教育模式的分析》，《现代大学教育》2016 年第 2 期。

江必新：《论审判管理科学化》，《法律科学》（西北政法大学学报）2013 年第 6 期。

江洪波、陈大明、于建荣：《世界各国干细胞治疗相关政策与规划分析》，《生物产业技术》2009 年第 1 期。

蒋大兴：《审判何须对抗——商事审判“柔性”的一面》，《中国法学》2007 年第 4 期。

蒋莉：《英国知识产权教育的经验以及对中国的启示》，《教育教学论坛》2018 年第 15 期。

蒋艳辉、姚靠华、周双文、王薇：《一种基于领域本体的药品研发信息抽取方法》，《情报杂志》2012 年第 12 期。

金一平、吴婧姗、陈劲：《复合型人才培养模式创新的探索和成功实践——以浙江大学竺可桢学院强化班为例》，《高等工程教育研究》2012 年第 3 期。

康凯宁：《职务科技成果混合所有制探析》，《中国高校科技》2015 年第 8 期。

蓝建中：《日本诱导多功能干细胞培养技术获欧洲专利》，《浙江大学学报》（农业与生命科学版）2011 年第 4 期。

李芬莲：《知识产权教育之探索》，《电子知识产权》2007 年第 10 期。

李婕：《垄断抑或公开：算法规制的法经济学分析》，《理论视野》2019 年第 1 期。

李猛：《论抽象社会》，《社会学研究》1999 年第 1 期。

李双元、李欢：《公共健康危机所引起的药品可及性问题研究》，《中国法学》2004 年第 6 期。

李巍：《高新技术企业涉税风险及其税负内控管理》，《管理观察》2017 年第 32 期。

李玉璧：《我国知识产权教育及政策研究》，《教育研究》2005 年第 5 期。

李玉林：《论法国特殊商事审判制度——以商事法院与商事法官为中心》，《山东审判》2008 年第 3 期。

李宗辉：《人工智能生成发明专利授权之正当性探析》，《电子知识产权》2019 年第 1 期。

梁璐、刘曦昊：《高新技术企业金融资产配置与财务绩效的相关性研究》，《财务与金融》2019 年第 5 期。

梁平、陈焘：《论我国知识产权纠纷解决机制的多元构建》，《知识产权》2013 年第 2 期。

廖尤仲：《评台湾地区“经济部”智慧财产局飞利浦 CD－R 光盘及罗氏药厂克流感专利强制授权案》，《知识产权法研究》2009 年第 1 期。

刘岸：《英国何以成为世界制药研究中心——专访英国驻华大使吴思田》，《中国战略新兴产业》2014 年第 15 期。

刘彬：《关于建立和完善国家知识产权专业技术人员评价体系的思考》，《知识产权》2013 年第 12 期。

刘凤、张明瑶、康凯宁、陈光：《高校职务科技成果混合所有制分析——基于产权理论视角》，《中国高校科技》2017 年第 9 期。

刘红臻：《国家治理现代化的法学解读与阐释——“民主、法治与国家治理现代化学术研讨会”综述》，《法制与社会发展》2014 年第 5 期。

刘凯、于维同：《促进高新技术产业发展的法律支撑制度设计——以沈阳市为例》，《商场现代化》2015 年第 7 期。

刘启明：《伟哥专利无效案引发的思考》，《中国发明与专利》2010 年第 11 期。

刘强：《机会主义行为规制与知识产权制度完善》，《知识产权》2013 年第 5 期。

刘强：《技术标准专利许可中的合理非歧视原则》，《中南大学学报》（社会科学版）2011 年第 2 期。

刘强：《技术网络化背景下的专利侵权判定——以云计算技术专利权为视角》，《北方法学》2014 年第 2 期。

刘强：《交易成本与专利强制许可问题研究》，《行政与法》2009 年第 4 期。

刘强：《人工智能对知识产权制度的理论挑战及回应》，《法学论坛》2019 年第 6 期。

刘强：《人工智能算法发明可专利性问题研究》，《时代法学》2019 年第 4 期。

刘强：《人文精神与我国知识产权教育》，《贵州师范大学学报》（社会科学版）2015 年第 6 期。
刘强：《专利权人实施专利技术权利的法律问题研究》，《安徽工业大学学报》（社会科学版）2007 年第 3 期。
刘强：《专利阻遏与专利强制许可》，《安徽大学法律评论》2010 年第 2 期。
刘强、胡姝娴：《人工智能背景下知识产权制度的困境及变革路径》，《重庆工商大学学报》（社会科学版）2019 年第 4 期。
刘强、刘忠优：《协同创新战略与专利制度互动研究》，《科技与法律》2018 年第 1 期。
刘强、罗凯中：《高校职务发明奖酬法律问题研究》，《电子知识产权》2017 年第 1 期。
刘强、马欢军：《协同创新战略背景下的专利转让纠纷法律适用——以经济学分析为视角》，《大理大学学报》2018 年第 3 期。
刘强、母运龙：《人工智能科技政策与知识产权立法互动研究》，载陈云良主编《经济法论丛》（总第 33 卷），法律出版社 2019 年版。
刘强、尚国鹏：《人工智能生成发明与专利创造性标准问题研究》，《福建江夏学院学报》2019 年第 3 期。
刘强、沈立华、马德帅：《我国专利侵权损害赔偿数额实证研究》，《武陵学刊》2014 年第 5 期。
刘强、沈伟：《专利权用尽的售后限制研究——以专利权保留规则的构建为视角》，《知识产权》2016 年第 2 期。
刘强、汪永贵：《协同创新战略背景下的专利权共有问题》，《武陵学刊》2018 年第 1 期。
刘鑫：《TPP 背景下基因药品专利池之构建、管理与运行》，《电子知识产权》2015 年第 11 期。

刘鑫:《人工智能生成技术方案的专利法规制——理论争议、实践难题与法律对策》,《法律科学》（西北政法大学学报）2019 年第 5 期。

刘鑫:《职务发明权利归属的立法变革与制度安排——兼评〈专利法修订草案（送审稿）〉第 6 条》,《法学杂志》2018 年第 2 期。

刘艳芳、师晓荣、刘会英、杨秦、赵良、卞志家、张朝磊、何瑜、孙海燕:《浅议日本专利创造性标准的变迁及对我国的启示》,《中国发明与专利》2017 年第 7 期。

刘银良:《从美国知识产权案件之统计分析看联邦巡回上诉法院的角色与功能》,《知识产权》2014 年第 12 期。

刘育昌:《基于 AGIL 模型建构律师社会责任研究》,《暨南学报》（哲学社会科学版）2014 年第 3 期。

刘媛:《欧美人类胚胎干细胞技术的专利适格性研究及其启示》,《知识产权》2017 年第 4 期。

卢明纯:《论反垄断法在知识产权领域内的适用》,《中南大学学报》（社会科学版）2010 年第 2 期。

陆文娟:《黄石市高新技术产业金融供给侧改革研究》,《湖北师范大学学报》（哲学社会科学版）2017 年第 5 期。

吕明瑜:《论知识产权许可中的垄断控制》,《法学评论》2009 年第 6 期。

罗培新:《论商事裁判的代理成本分析进路》,《法学》2015 年第 5 期。

马海生:《“非典”专利热中的冷思考——由“非典”事件看专利法中的利益平衡》,《知识产权》2003 年第 4 期。

宁立志、周围：《延展性许可费条款的反垄断法分析》，《现代法学》2015 年第 3 期。

潘皞宇：《论知识产权国际化的保护模式及我国的应对策略》，《法学评论》2015 年第 1 期。

裴雪涛：《干细胞与再生医学研究及其产业化前景》，《生物产业技术》2009 年第 3 期。

彭诚信：《论禁止权利滥用原则的法律适用》，《中国法学》2018 年第 3 期。

彭春、孙国荣：《大民事审判格局下商事审判理念的反思与实践——以基层法院为调查对象》，《法律适用》2012 年第 12 期。

彭耀进：《中国干细胞知识产权保护的困境与对策》，《生命科学》2016 年第 8 期。

钱建平：《基于特色专业建设的知识产权人才培养路径选择》，《江苏高教》2013 年第 2 期。

钱建平：《论高校对知识产权人才的错位培养》，《江苏社会科学》2010 年第 6 期。

钱建平：《知识产权人才的知识结构与培养模式研究》，《中国大学教学》2013 年第 11 期。

钱孟姗译：《日本知识产权战略大纲》，《网络法律评论》2004 年第 1 期。

强刚华：《试论中国知识产权法院技术调查官制度的建构》，《电子知识产权》2014 年第 10 期。

邱洪华：《知识产权强国建设中的知识产权教育推进机制研究》，《知识产权》2016 年第 10 期。

邵冰欣：《河南省知识产权服务业发展规划研究》，《创新科技》2018

年第 3 期。

沈晓梅、李芝辰、王磊：《江苏高新技术产业效率评价与驱动因素分析——基于 Malmquist - CLAD 的实证检验》，《华东经济管理》2020 年第 7 期。

［日］时井真：《日本创造性判断的现状及其应用可能性》，载易继明主编《私法》（第 26 卷），华中科技大学出版社 2016 年版。

史际春、胡丽文：《政策作为法的渊源及其法治价值》，《兰州大学学报》（社会科学版）2018 年第 4 期。

史新章：《我国台湾地区知识产权司法体制改革实践与启示》，《知识产权法研究》2011 年第 1 期。

宋彪：《论产业政策的法律效力与形式——兼评可再生能源政策》，《社会科学研究》2008 年第 6 期。

宋伟、牛巍、曹镇东：《论克隆技术对我国现行法律制度的影响》，《科技与法律》2010 年第 5 期。

宋岩：《专利实用性与充分公开的竞合适用问题浅析》，《知识产权》2015 年第 12 期。

苏世芬：《复合型法律人才培养模式研究》，《青海社会科学》2008 年第 6 期。

隋文香、张子睿：《促进高新技术产品创新的知识产权政策研究》，《科技与法律》2008 年第 4 期。

孙海龙、姚建军：《司法鉴定与专家辅助人制度研究——以知识产权审判为视角》，《人民司法》2008 年第 3 期。

孙敏洁：《合作研发中的专利共有新探》，《兰州学刊》2011 年第 8 期。

孙智：《新时代创新型国家建设与知识产权制度回应——基于国家创

新能力相关指标的分析》，《贵州师范大学学报》（社会科学版）2017年第6期。

谭华霖、张军强：《知识产权司法保护绩效评价研究》，《社会科学》2012年第5期。

唐恒、付丽颖、冯楚建：《高新技术企业知识产权管理与绩效分析》，《中国科技论坛》2011年第5期。

唐华东、王大鹏：《对我国人胚胎干细胞专利法律保护的思考》，《知识产权》2013年第5期。

陶凯元：《知识产权审判应当坚持正确的司法政策》，《紫光阁》2016年第11期。

陶鑫良：《职务发明性质之约定和职务发明报酬及奖励——我国专利法第四次修订中有关职务发明若干问题的讨论》，《知识产权》2016年第3期。

涂仕奎、杨杰、连勇、黄晓霖、沈红斌、张丽清、徐雷：《关于智能医疗研究与发展的思考》，《科学》2017年第3期。

万志前、朱照照：《论职务科技成果转化利益分配的约定优先原则》，《华中农业大学学报》（社会科学版）2017年第3期。

王博雅、向晶：《我国企业知识产权人才建设问题分析及政策建议》，《知识产权》2018年第2期。

王澄：《对实用性审查标准的一点思考》，《知识产权》2010年第2期。

王国金：《科技创新人才培养与高校知识产权教育》，《中国高等教育》2006年第20期。

王海星、田雪晴、游茂、陆雪秋、顾泽龙、程龙：《人工智能在医疗领域应用现状、问题及建议》，《卫生软科学》2018年第5期。

王瑞龙：《知识产权共有的约定优先原则》，《政法论丛》2014 年第 5 期。

王先林：《知识产权领域反垄断中相关市场界定的特殊问题》，《价格理论与实践》2016 年第 2 期。

王小莉：《“中国知识产权代理行业社会责任感研讨会”在京召开》，《知识产权》2007 年第 1 期。

王亚新：《民事诉讼法修改中的程序分化》，《中国法学》2011 年第 4 期。

王延光：《人类胚胎干细胞的来源与伦理思考》，《医学与哲学》2002 年第 2 期。

王玉香、毛玉芳、罗美玲、余明东、罗昊、邓志红、殷黎、胡世雄：《湖南省县级以上医疗机构奥司他韦使用现状调查》，《中国公共卫生管理》2018 年第 1 期。

王玥、许丽、施慧琳：《从专利角度分析国际干细胞技术研发态势》，《竞争情报》2017 年第 3 期。

王珍愚、单晓光：《略论中国大学知识产权教育的发展与完善》，《法学评论》2009 年第 4 期。

王子灿：《干细胞专利与科学的不确定性》，《武汉大学学报》（哲学社会科学版）2015 年第 2 期。

［日］位田隆一：《日本的人类胚胎干细胞研究》，王德顺译，《医学与哲学》2004 年第 4 期。

魏浩：《知识产权保护强度与中国的高新技术产品进口》，《数量经济技术经济研究》2016 年第 12 期。

魏衍亮：《浅议“非典专利争夺战”》，《知识产权》2003 年第 4 期。

文希凯：《国外胚胎干细胞利用立法综述》，载国家知识产权局条法司

《专利法研究（2002）》，知识产权出版社2002年版。

吴汉东：《国家治理现代化的三个维度：共治、善治与法治》，《法制与社会发展》2014年第5期。

吴汉东：《民法法典化运动中的知识产权法》，《中国法学》2016年第4期。

吴汉东：《中国知识产权法律变迁的基本面向》，《中国社会科学》2018年第8期。

吴汉东、刘鑫：《改革开放四十年的中国知识产权法》，《山东大学学报》（哲学社会科学版）2018年第3期。

吴汉东、张平、张晓津：《人工智能对知识产权法律保护的挑战》，《中国法律评论》2018年第2期。

吴椒军：《构建我国生物产业专利池的对策研究》，《华东经济管理》2008年第11期。

吴秀云、潘荣华：《人胚胎干细胞发明的可专利性探讨》，《科技管理研究》2015年第6期。

夏佩娟：《日本在全球首颁iPS细胞专利》，《中国发明与专利》，2010年第1期。

向波：《职务发明的判定及其权利归属问题研究——兼论〈专利法修改草案〉第6条的修改和完善》，《知识产权》2016年第9期。

肖超、宋陆茜、常春康：《骨髓间充质干细胞：一种新的诊断标志物》，《诊断学理论与实践》2016年第4期。

辛涛、黄宁：《高校复合型人才的评价框架与特点》，《清华大学教育研究》2008年第3期。

熊文聪：《反垄断法中“技术市场”概念的引入与界定》，《东方法学》2018年第2期。

徐海燕、刘俊海：《论商事纠纷的裁判理念》，《法学杂志》2010 年第 9 期。

徐卓斌：《3M 公司职务发明报酬纠纷案评析》，《科技与法律》2015 年第 4 期。

徐子金、王平：《抗新型冠状病毒潜力药物——瑞德西韦》，《中国现代应用药学》2020 年第 3 期。

杨德桥：《美国专利法上的专利实用性判断标准研究》，《知识产权》2015 年第 5 期。

杨德桥：《专利之产业应用性含义的逻辑展开》，《科技进步与对策》2016 年第 20 期。

杨华权：《论爬虫协议对互联网竞争关系的影响》，《知识产权》2014 年第 1 期。

杨志祥、马德帅、刘强：《知识产权制度的商法性质考辩及其发展趋势》，《知识产权》2013 年第 12 期。

叶林：《商法理念与商事审判》，《法律适用》2007 年第 9 期。

叶美霞、曾培芳、李羊城：《德国知识产权人才培养模式研究及其对我国的启示》，《科学管理研究》2008 年第 5 期。

仪军、李青：《我国知识产权领域技术调查官选任问题探析》，载《专利代理》2017 年第 1 期。

易继明：《美国〈创新法案〉评析》，《环球法律评论》2014 年第 4 期。

易玲：《我国专利诉讼中技术法官制度面临的挑战》，《湘潭大学学报》（哲学社会科学版）2014 年第 3 期。

余文斌、罗婷、刘秋霞、任守鹏、甘霖：《我国专利池构建与运作模式研究》，《科技管理研究》2009 年第 12 期。

袁真富：《基于侵权抗辩之专利默示许可探究》，《法学》2010 年第 12 期。

袁志明、王忠泽：《对 SARS 冠状病毒基因组发明专利保护的思考》，《知识产权》2003 年第 4 期。

曾培芳、叶美霞、刘红祥：《中美知识产权人才培养模式比较研究》，《科技进步与对策》2008 年第 12 期。

詹映、朱雪忠：《标准和专利战的主角——专利池解析》，《研究与发展管理》2007 年第 1 期。

张冬：《专利权滥用争议的法律协调——以专利法与反垄断法的关联为视角》，《河北法学》2009 年第 6 期。

张广良：《知识产权法院制度设计的本土化思维》，《法学家》2014 年第 6 期。

张怀印、单晓光：《欧洲专利一体化的最新进展——拟议中的"统一专利法院"述评》，《欧洲研究》2012 年第 4 期。

张铭慎：《如何破除制约入股型科技成果转化的"国资诅咒"？——以成都职务科技成果混合所有制改革为例》，《经济体制改革》2017 年第 6 期。

张鹏：《新技术发展对专利代理行业的影响与应对》，《专利代理》2019 年第 2 期。

张平：《互联网开放创新的专利困境及制度应对》，《知识产权》2016 年第 4 期。

张韬略、黄洋：《〈德国专利法之简化和现代化法〉评述——浅析德国专利法律的最新修改》，《电子知识产权》2009 年第 10 期。

张为付、武齐：《外国直接投资与我国对外贸易的实证研究》，《国际贸易问题》2005 年第 12 期。

张小玲：《职务发明专利归属模式比较研究》，《研究与发展管理》2007年第6期。

张小燕、齐树洁：《程序输入的新渠道——“法庭之友”制度及其借鉴意义》，载廖益新《厦门大学法律评论（2006年第1辑）》，厦门大学出版社2006年版。

张晓都：《生物技术发明的实用性》，载国家知识产权局《专利法研究》（2001），知识产权出版社2001年版。

张勇、朱雪忠：《商业世界 vs. 思想王国——以实用性要件为主线的专利制度发展研究》，《科技与法律》2006年第2期。

张忠霞、文希凯：《禽流感与专利权》，《中国发明与专利》2005年第12期。

赵万一：《商法的独立性与商事审判的独立化》，《法律科学》（西北政法大学学报）2012年第1期。

赵鑫、邵奇、李东艳：《人工智能技术在智能化法律服务中的应用》，《信息通信技术》2019年第1期。

赵雨菡、魏江、吴伟：《高校科技成果转化的制度困境与规避思路》，《清华大学教育研究》2017年第4期。

赵蕴华、周立娟、张旭、傅俊英、李柏志：《基于专利分析的干细胞技术创新趋势研究》，《现代生物医学进展》2014年第23期。

肇旭：《解读美国人类胚胎干细胞研究现行法律与政策》，《武汉科技大学学报》（社会科学版）2010年第5期。

肇旭：《人类胚胎干细胞研究的伦理观分析》，《伦理学研究》2012年第1期。

郑鹏程、刘长云：《知识产权滥用反垄断相关市场界定制度变迁研究》，《湖湘论坛》2017年第3期。

郑友德、孙鉴：《关于知识产权复合型人才培养计划的基本构想》，《电子知识产权》2007 年第 1 期。

周海辉、张海霞、严婷婷、葛卫红：《肿瘤大数据在抗肿瘤药物应用中的研究进展》，《现代药物与临床》2018 年第 11 期。

周汉华：《法律教育的双重性与中国法律教育改革》，《比较法研究》2000 年第 4 期。

周慧菁、曲三强：《研究工具专利的前景探析——兼评专利权实验例外制度》，《知识产权》2011 年第 6 期。

周江洪：《法制化途中的人工胚胎法律地位——日本法状况及其学说简评》，《华东政法大学学报》2015 年第 5 期。

周围：《研究工具的可专利性探析——以美国法例为借镜》，《法学评论》2014 年第 6 期。

周园：《高校知识产权本科人才培养的路径探寻——以知识产权服务业需求为导向》，《重庆理工大学学报》（社会科学）2018 年第 8 期。

三　中文译著

[德] M. 雷炳德：《著作权法》，张恩民译，法律出版社 2005 年版。

[日] 稗贯俊文：《日本的生物技术产业与竞争政策——关于 Research Tool 发明专利中的授权问题》，韩懿译，载 [日] 田村善之主编《日本现代知识产权法理论》，法律出版社 2010 年版。

[澳] 彼得·达沃豪斯、约翰·布雷斯韦特：《信息封建主义》，刘雪涛译，知识产权出版社 2005 年版。

[美] 道格拉斯·C. 诺思：《经济史上的结构和变革》，厉以平译，商务印书馆 1992 年版。

［美］弗雷德里克·M. 阿伯特、［瑞士］托马斯·科蒂尔、［澳］弗朗西斯·高锐：《世界经济一体化进程中的国际知识产权法》，王清译，商务印书馆 2014 年版。

高木善幸、拉瑞·奥尔曼、姆拉泽·西尼拉主编：《知识产权教学原则与方法》，郭寿康、万勇译，知识产权出版社 2011 年版。

［美］罗纳德·科斯：《企业的性质》，载《企业、市场与法律》，盛洪、陈郁译，三联书店上海分店 2009 年版。

［日］青山纮一：《日本专利法概论》，聂宁乐译，知识产权出版社 2014 年。

［日］田村善之：《日本知识产权法（第 4 版）》，周超等译，知识产权出版社 2011 年版。

［美］威廉·M. 兰德斯、理查德·A. 波斯纳：《知识产权法的经济结构》，金海军译，北京大学出版社 2005 年版。

四　英文论文

A. C. Server, N. Mousavi, J. M. Love, "Reach – Through Rights and the Patentability, Enforcement, and Licensing of Patents on Drug Discovery Tools", *Hastings Science & Technology Law Journal*, Vol. 21, No. 1, 2009, pp. 21 – 122.

A. Kapczynski, "Order without Intellectual Property Law: Open Science in Influenza", *Cornell Law Review*, Vol. 102, No. 6, 2017, pp. 1539 – 1648.

A. Plomer, K. S. Taymor, C. T. Scott, "Challenges to Human Embryonic Stem Cell Patents", *Cell Stem Cell*, Vol. 2, No. 1, 2008, pp. 13 – 17.

A. Sloan, "IP Neutrality and Benefit Sharing for Seasonal Flu: An Argument in Favor of WHO PIP Framework Expansion", *Chicago – Kent Journal of Intellectual Property*, Vol. 17, No. 2, 2018, pp. 296 – 321.

A. S. Rutschman, "IP Preparedness for Outbreak Diseases", *UCLA Law Review*, Vol. 65, No. 5, 2018, pp. 1200 – 1267.

C. Bohannan, H. Hovenkamp, " IP And Antitrust: Reformation and Harm", Boston College Law Review, Vol. 51, 2010, pp. 905 – 992.

D. Beldiman, "Patent Chokepoints in the Influenza – Related Medicines Industry: Can Patent Pools Provide Balanced Access? " *Tulane Journal of Technology and Intellectual Property*, No. 15, 2012, pp. 31 – 60.

D. Bishop, "Lessons from SARS: Why the WHO Must Provide Greater Economic Incentives for Countries to Comply with International Health Regulations", *Georgetown Journal of International Law*, Vol. 36, No. 4, 2005, pp. 1173 – 1226.

D. Dziuba, "Trips Article 31Bis and H1N1 Swine Flu: Any Emergency or Urgency Exception to Patent Protection", *Indiana International & Comparative Law Review*, Vol. 20, No. 2, 2010, pp. 195 – 212.

D. D. Crouch, "Nil: The Value of Patents in a Major Crisis Such as an Influenza Pandemic", *Seton Hall Law Review*, Vol. 39, No. 4, 2009, pp. 1125 – 1136.

D. Lim, "Self – replicating Technology and the Challenge for the Patent and Antitrust", *Cardozo Arts and Entertainment Law Review*, Vol. 32, No. 1, 2013, pp. 131 – 223.

D. Xenos, "The European United Patent Court: Assessment and Implications of the Federalization of the Patent System in Europe", *Scripted*,

Vol. 10, No. 2, 2013, pp. 246 – 277.

E. M. Kane, "Achieving Clinical Equality in an Influenza Pandemic: Patent Realities", Seton Hall Law Review, Vol. 39, No. 4, 2009, pp. 1137 – 1172.

H. Chen, O. Engkvist, "The Rise of Deep Learning in Drug Discovery", *Drug Discovery Today*, Vol. 23, No. 6, 2018, pp. 1241 – 1250.

J. Nielson, "Reach – through Rights in Biomedical Patent Licensing: A Comparative Analysis of Their Anti – Competitive Reach", *Federal Law Review*, Vol. 32, No. 2, 2004, pp. 169 – 204.

J. R. Andrew, "Swine Flu, Bird Flu, Sars, Oh my? Applying the Precautionary Principle to Compulsory Licensing of Pharmaceuticals under Article 31 of Trips", *Michigan State Law Review*, No. 2, 2011, pp. 405 – 444.

J. R. Green, S. Scotchmer, "On the Division of Profit in Sequential Innovation", *RAND Journal of Economics*, Vol. 26, No. 1, 1995, pp. 20 – 33.

J. Shum, "Moral Disharmony: Human Embryonic Stem Cell Patent Laws, WARF, and Public Policy", *Boston College International and Comparative Law Review*, Vol. 33, No. 1, 2010, pp. 153 – 178.

K – K Mak, M. R. Pichika, "Artificial Intelligence in Drug Development: Present Status and Future Prospects", *Drug Discovery Today*, Vol. 24, No. 3, 2019, pp. 773 – 780.

K. A. Stafford, "Reach – through Royalties in Biomedical Research Tool Patent Licensing: Implications of NIH Guidelines on Small Biotechnology Firms", *Lewis & Clark Law Review*, Vol. 9, No. 3, 2005, pp.

699 – 718.

L. Bonetta, "European Stem Cell Patents: Taking the Moral High Road?", *Cell*, Vol. 132, No. 4, 2008, pp. 514 – 516.

M. A. Heller, R. S. Eisenberg, "Can Patents Deter Innovation? The Anticommons in Biomedical Research", *Science*, Vol. 280, No. 5364, 1998, pp. 698 – 701.

M. Kaplan, "The 2009 H1N1 Swine Flu Pandemic: Reconciling Goals of Patents and Public Health Initiatives", *Fordham Intellectual Property, Media & Entertainment Law Journal*, Vol. 20, No. 3, 2010, pp. 991 – 1048.

M. S. Mireles, "An Examination of Patents, Licensing, Research Tools, and the Tragedy of the Anticommons in Biotechnology Innovation", *University of Michigan Journal of Law Reform*, Vol. 38, No. 1, 2004, pp. 141 – 236.

M. Rimmer, "The Race to Patent the Sars Virus: The Trips Agreement and Access to Essential Medicines", *Melbourne Journal of International Law*, Vol. 5, No. 2, 2004, pp. 335 – 374.

N. Holder, "The Community Patent – Breakthrough or Set Back", *European Intellectual Property Review*, No. 2, 2004, pp. 44 – 55.

P. K. Yu, "Virotech Patents, Viropiracy, and Viral Sovereignty", *Arizona State Law Journal*, Vol. 45, No. 4, 2013, pp. 1563 – 1662.

P. Mendes, "The Economic and Bargaining Implications of Joint Ownership of Patents", *The Licensing Journal*, Vol. 5, No. 2, 2015, pp. 4 – 11.

P. P. Soo, "Enforcing a Unitary Patent in Europe: What the U. S. Federal Courts and Community Design Courts Teach Us", *Loyola of Los Angeles International and Comparative Law Review Law Reviews*, Vol. 35, No. 1, 2012, pp. 55 – 97.

P. R. Gugliuzza, "Rethinking Federal Circuit Jurisdiction", *The Georgetown Law Journal*, Vol. 100, No. 5, 2012, pp. 1437 – 1505.

P. R. Michel, "The Court of Appeals for the Federal Circuit Must Evolve To Meet the Challenges Ahead", *American University Law Review*, Vol. 48, No. 6, 1999, pp. 1177 – 1203.

P. Y. Lee, "Inverting the Logic of Scientific Discovery: Applying Common Law Patentable Subject Matter Doctrine to Constrain Patents on Biotechnology Research Tools", *Harvard Journal of Law & Technology*, Vol. 19, No. 1, 2005, pp. 79 – 109.

R. Arora, "Rising Issues Relating to Balancing Public Access With Patentability in the Field of Human Embryonic Stem Cell Research in India", *OIDA International Journal of Sustainable Development*, Vol. 6, No. 2, 2013, pp. 65 – 76.

R. A. Posner, "Will the Federal Court of Appeals Survive Until 1984: An Essay on Delegation and Specialization of the Judicial Function", *Southern California Law Review*, No. 3, 1983, p. 785.

R. C. Dreyfuss, "The Federal Circuit: A Continuing Experiment in Specialization", *Case Western Reserve Law Review*, Vol. 54, No. 3, 2004, pp. 769 – 801.

R. M. Galimova, I. V. Buzaev, K. A. Ramilevich, L. K. Yuldybaev, A. F. Shaykhulova, "Artificial Intelligenced Developments in Medicine in the Last Two Years", *Chronic Diseases and Transnational Medicine*,

Vol. 5, No. 1, 2019, pp. 64 –68.

R. P. Merges, L. A. Locke, "Co – ownership of Patents: A Comparative and Economic View", *Journal of the Patent & Trademark Office Society*, Vol. 72, No. 6, 1990, pp. 586 –599.

R. P. Merges, "Commercial Success and Patent Standards: Economic Perspectives on Innovation", *California Law Review*, Vol. 76, No. 4, 1988, pp. 803 –876.

R. R. Rader, "Specialized Courts: The Legislative Response", *American University Law Review*, Vol. 40, No. 3, 1991, pp. 1003 –1014.

T. J. O'Heam, "Patent Law Reform via the Federal Courts Improvement Act of 1982: The Transformation of Patentability Jurisprudence", *Akron Law Review*, Vol. 17, No. 3, 1984, pp. 453 –472.

T. Sichelman, "Myths of (un) Certainty at the Federal Circuit", *Loyola of Los Angeles Law Review*, Vol. 43, 2010, pp. 1161 –1194.

W. Duch, K. Swaminathan, "Artificial Intelligence Approaches for Rational Drug Design and Discovery", *Current Pharmaceutical Design*, No. 13, 2007, pp. 1 –13.

Y. C. Su, A. W. Chan, "Mary Doe's Destiny: How the United States Has Banned Human Embryonic Stem Cell Research in the Absence of a Direct Prohibition", *Richmond Journal of Law & Technology*, Vol. 14, 2008, pp. 1 –31.

Y. Peng, "The Patentability of Human Embryonic Stem Cell Technology in China", *Nature Biotechnology*, Vol. 34, No. 1, 2016, p. 37.

五　日文论文

［日］森康晃:《iPS 細胞の特許と日本のバイオ・イノベーション

の方向性について》,《人文社会科学研究》2009 年第 3 期。

[日] 石埜正穂、翁雅男:《iPS 細胞技術の展開と特許争奪競争における現状分析》,《パテント》2010 年第 14 期。

[日] 石埜正穂、翁雅男:《iPS 細胞技術の展開と特許争奪競争における現状分析》,《パテント》2010 年第 63 期。

[日] 竹田英樹、壬生優子:《再生医療関連特許とiPS 細胞》,《日本知財学会誌》2008 年第 1 期。

六　德文论文

J. Straus, Zur Patentierung humaner embryonaler Stammze llen in Europa – Verwendet die Stammzellforschung menschliche Embryonen für industrielle oder kommerzielle Zwecke? GRUR Int 59, 2010 (11): 911 –923.

P. H. D. Batista, Zur Patentierung menschlicher embryonaler Stammzellen – kritische Würdigung der Entscheidung des EuGH im Fall Brüstle, GRUR Int, 2013: 514 –524.

作者已发表的相关论文

1. 刘强、蒋芷翌：《我国人类胚胎干细胞可专利性问题——以专利复审委员会决定为样本》，载《福建江夏学院学报》2018 年第 1 期。

2. 刘强、刘忠优：《日本胚胎干细胞可专利性问题及其启示》，载《苏州大学学报（法学版）》2019 年第 1 期。

3. 刘强、徐芃：《英国人类胚胎干细胞可专利性问题研究——兼论对我国专利法的借鉴意义》，载《大庆师范学院学报》2019 年第 5 期。

4. 刘强、马欢军：《人类胚胎干细胞专利实用性问题研究》，载《安阳师范学院学报》2018 年第 1 期。

5. 刘强：《国家治理现代化视角下的知识产权司法审判体制改革》，载《法学评论》2015 年第 5 期。

6. 刘强、汪永贵：《知识产权司法审判的商事化改革》，载《湖南大学学报（社会科学版）》2019 年第 1 期。

7. 刘强：《中欧知识产权专门法院比较研究》，载《湘潭大学学报（哲学社会科学版）》2015 年第 6 期。

8. 刘强、刘星：《高校科技成果混合所有制的专利制度问题研究》，载《武陵学刊》2019 年第 2 期。

9. 刘强：《复合型知识产权人才培养：特点、政策与理念》，载《武陵学刊》2019 年第 6 期。

10. 刘强：《复合型知识产权人才培养模式的若干思考》，载《安阳师范学院学报》2019 年第 6 期。

11. 刘强：《新冠肺炎疫情专利问题若干思考》，载《福建江夏学院学报》2020 年第 1 期。

12. 刘强、蒋芷翌：《智慧医疗研究工具专利延展性许可问题研究》，载《武陵学刊》2020 年第 2 期。

13. 刘强：《有害技术专利问题研究》，载《武陵学刊》2013 年第 1 期。

后　记

在本书即将付梓之际，向近年来对我开展相关知识产权课题研究工作进行了指导、帮助的各位专家、同仁表示衷心感谢。感谢中南大学党委副书记蒋建湘教授、法学院党委书记毛俊响教授、法学院院长许中缘教授、法学院副院长何炼红教授、法学院蒋言斌教授，以及法学院的全体同事。

本书各章节分别为中国法学会部级法学研究课题“人类胚胎干细胞专利问题研究”（CLS（2018）D123）、国家知识产权局软科学研究项目“智慧医疗产业专利问题研究”（SS19－B－19）、湖南省智库专项课题“高校科技成果混合所有制研究”（18ZWC12）和湖南省教育科学规划“十二五”2013年度青年专项资助课题“复合型知识产权人才培养模式和路径研究”（XJK013QGD004）等科研课题研究成果，特此说明。

感谢中国社会科学出版社为本书出版提供的大力支持。

感谢我指导的汪永贵、刘忠优、蒋芷翌、马欢军、徐芃以及同济大学博士生刘星等同学在资料搜集和翻译中提供的协助。

感谢我的家人，父母、岳父母、爱人王乐、一对儿女亮亮及堂堂，家人的关心和照顾让我可以全身心投入到研究工作当中。

刘　强

2021年1月

于长沙湘江河畔